Hans Wollschläger

»Tiere sehen dich an«

Hans Wollschläger

Schriften

in Einzelausgaben

Hans Wollschläger

»Tiere sehen dich an«

Essays, Reden

WALLSTEIN VERLAG

Inhalt

»Tiere sehen dich an«
oder
Das Potential Mengele

Man wird Tiere sehen auf der Erde, die werden einander bekämpfen ohn' Unterlaß, und wird ein gewaltiger Schade sein durch sie und vielfältiger Tod auf jeglicher ihrer Seiten; dieselben werden kein Ende nehmen in ihrer Bösartigkeit; durch ihre wilden Kräfte werden die Bäume der großen Wälder der Welt hinsinken, und wenn sie sich sattgefressen haben, wird es die Nahrung ihrer Begierden sein, Tod zu bringen und Drangsal und Erschöpfung und Furcht und Schrecken allem, was da beseelt ist; und in ihrem grenzenlosen Hochmut werden sie sich zum Himmel erheben wollen, doch die übergroße Schwere ihrer Glieder wird sie niederhalten; nichts wird auf Erden bleiben noch unter der Erde noch im Wasser, was nicht verfolgt, verschleppt oder verdorben würde, und wird solches verschleppt werden von einem Lande ins andre; und es wird der Wanst jener das Grab sein und der Durchgang aller beseelten Körper, welche durch sie zu Tode kommen –: O Erde, wie geht es an, daß du dich nicht öffnest und stürzest sie in die tiefsten Klüfte deiner großen Abgründe und Höhlen, daß sich dem Himmel kein so grausames und erbarmungsloses Ungeheuer mehr zeige!

LEONARDO DA VINCI

Und dieser Welt, diesem Tummelplatz gequälter und geängstigter Wesen, welche nur dadurch bestehen, daß eines das andere verzehrt, wo daher jedes reißende Thier das lebendige Grab tausend anderer und seine Selbsterhaltung eine Kette von Martertoden ist, wo sodann mit der Erkenntniß die Fähigkeit Schmerz zu empfinden wächst, welche daher im Menschen ihren höchsten Grad erreicht und einen um so höheren, je intelligenter er ist, – dieser Welt hat man das System des Optimismus anpassen und sie uns als die beste unter den möglichen andemonstriren wollen. Die Absurdität ist schreiend.

Arthur Schopenhauer

Es hat nicht allein jedes Jahrhundert, sondern jedes Jahrzehend seinen besondern Geist, der das ganze Meer menschlicher Meinungen und Neigungen bewegt, und entweder macht, daß alles tobt oder stockt. Politik, Religion, Moral, Literatur, Industrie, Kommerz, Kultur hängen alle so genau zusammen, wie die ganze Kraft der menschlichen Seele, ob man sie gleich den Namen nach trennen muß, um verständlich zu sein, – so wie man von Geist und Leib, Verstand und Willen, höhern und niedern Seelenkräften als verschiedenen Dingen spricht. Keins von allen kann seine besondere Richtung nehmen, vorzüglich bearbeitet oder vernachlässigt werden, ohne daß das Ganze eine Veränderung leide.

Wie es in Ansehung des Intellektuellen mit uns stehe, ob die dermalige Menschenrace der andern auf die Schultern steige, ob wir vor- oder rückwärts gehen, oder ob wir beständig beschäftigt sind, ohne etwas zu produciren, diese Frage bedarf Erörterung. Sie ist nicht so leicht entschieden; allein über die Zusammentreffung gewisser Phänomene in der jetzigen intellektuellen Welt lassen sich wohl einige Worte verlieren.

Es scheint sich ein cynischer Bonsens des Ganzen bemächtigt zu haben, der alles Verhältniß von Groß und Klein zerstört, im Empyräo des allein Nützlichen wandelt, über alle Theorien spöttelt, nichts glauben will, was er nicht mit Händen greifen kann, und alles Edle als unnütz angrinzt. Der Strom der Wissenschaften scheint nicht mehr in einem sichtbaren, tiefen Bette fortzufließen, man hat ihn gedämmt und durch encyclopädische Bemühung in tausend Kanäle und Rinnen abgeleitet, so daß jeder seinen Antheil an der Gemeinheit hat, – allein dafür ist er bis auf den Namen im Sande versiegt und fürs Ganze verloren.

Johann Heinrich Merck

I.

Sie werden in Gefängniszellen gehalten, so eng wie die Stehsärge von Oranienburg; das Licht, das ihnen morgens aufgeht, kommt von der Neonröhre, die angeht; ihre Grundlebensbedürfnisse werden mit der chemischen Keule niedergeschlagen, ihre Grundtriebe ebenso an- und abgestellt, Fortpflanzung und Nachkommenaufzucht auf perverse Art mechanisiert. Ihr einziger Daseinszweck: Selbstaufzucht, Selbstvervielfältigung. Haftpsychosen sind die Regelfolge, Selbstmordversuche; die Lebensdauer, die ihnen zugebilligt wird, liegt tief unter ihrer natürlichen Lebenserwartung; das Urteil, Begnadigung ausgeschlossen, lautet generell auf Lebenslänglich.

Es ist die Rede von Tieren, nicht von Menschen. Die Unterschiede sind bekannt, wenn sie auch vom Menschentier überschätzt werden; der Nicht-Unterschied (um selbst auf der psycho-vegetativen Ebene nicht von jener »Gleichheit« zu reden, die auch innerhalb der Menschenart eine heikle Behauptung wäre): elementare Sensibilität gegenüber Perversionen in der Ordnung des Lebendigen; Geltung des Lustprinzips; Leidensfähigkeit. Wer das bestreitet, dementiert seine eigene Erfahrungs- und Wahrnehmungssensibilität; er widerspricht zudem den Erkenntnissen unserer ersten Verhaltensforscher wie Konrad Lorenz und steht, mit nichts als seinem Selbstinteresse in Händen, als frech anmaßender Idiot da. Als Selbstbetrüger oder Heuchler steht da, wer sich auf Unwissenheit herausredet. Denn es gibt mittlerweile eine umfangreiche Literatur darüber, und für die 30 Prozent Analphabeten, die keine Bücher lesen können, haben auch Fernsehen und Zeitschriften das Nötige getan, um selbst die verklebtesten Augen aufzusperren: für eine Greuel- und Grauensperspektive, ohnegleichen, so weit die Erde reicht und die Welterscheinung von Menschenhand bestimmt wird. Wer in sie hineinschaut, mit allen Sinnen, den seelischen wie den intellektualen, auch jenen, die durch ein paar Lebensfreuden sonst noch leidlich ablenkbar sind, kommt am Ende um alle Fähigkeit, seines Mitlebens froh zu werden –: Was in den Zucht- und Schlachtanstalten der sogenannten zivilisierten Nationen geschieht, gehört, alles erwogen, zu dem wohl stärksten Verbrechen, das zurzeit auf Erden zu registrieren ist; es gehört mit zu einem Problem von allergrundsätzlichster Bedeutung.

Es ist die Rede von Tieren, einigen, vielen: von Hühnern, Kälbern, Schweinen; nicht von Menschen. Aber es ist ersichtlich ein Menschenproblem, und das heißt, daß seine Lösung auf eine Vernunft angewiesen bleibt, die, hier wie anderswo, einen buchstäblich unzureichenden Grund darstellt, es zu lösen: – wäre es ein Tierproblem, mit umgekehrten Rollen, so hätte es der tierische »Instinkt«, Platzhalter vieler »humaner« Eigenschaften, vermutlich längst gelöst. Es ist ein Menschenproblem, und das heißt: es prallt bei seinen tastend kriechenden Lösungsversuchen unweigerlich an jener Grenze ab, wo die Herrschaft des Stammhirns und seiner Grundantriebe beginnt, der elementaren Komponenten des Willens zur Macht: Habgier, Gewinnsucht, Fraß-Süchtigkeit im weitesten wie im engsten Sinn. Denn beiseite gelassen, ob es da – bei Evolutionsteilnehmern, denen ja auch der Kortex gewachsen ist – gegen »die Natur« ginge, – es geht jedenfalls am Ende um nichts Geringeres als die Möglichkeit, die übererbte Raubtiergewohnheit, andere Wesen zu fressen, schrittweise einzuschränken und endlich gar gänzlich durch unraubtierische Ernährungsformen zu ersetzen –: ja, ist das – und man muß, da es anderen Völkern sehr weitgehend gelungen ist, immerhin betreten hinzusetzen: in unserem Kulturkreis – überhaupt denkbar, »machbar«, un-utopisch?

Die Einführung des Vegetarismus hat schon vor knapp 140 Jahren, als er zur Bewegung wurde, alles Mögliche für sich gehabt, nicht zuletzt auch den mampfenden Hohn der Idioten, deren Taschenbacken sich unfehlbar zum Feixen verziehen, wenn eine der primitiven Ideologien, von deren Ertrag sie sich mästen, ins Wackeln gebracht wird. Aber seither sind die Gründe ins Erdrückende gewachsen, und es sind sogar nicht nur moralische, lebenstheoretische Gründe, sondern höchst praktische, die selbst der dickfelligsten Habsucht einleuchten müßten, nämlich hygienische und ökonomische – (wer's nicht weiß, setze sich auf den Hosenboden und mache sich mithilfe der einschlägigen Literatur sachkundig). Hygienische Gründe: nicht nur daß *die fleischproduzierenden Tiere* ein reines Stapellager von Toxika sind, die ihnen von den Profitzüchtern eingestopft werden, – sie stellen auch, im Fall des Massenverzehrs Schweinefleisch, eine direkte Giftquelle dar – (wer's nicht weiß, setze sich); die abendländische Medizin, deren Denken ziemlich dumm ist, beginnt in dieser Hinsicht – wenigstens in ihren besten Köpfen – allmählich die Uralt-Einsichten orientalischer Natur-Völker einzuholen. Ökonomische Gründe: daß der Nahrungsaufwand für Zuchttiere längst weit größer ist als ihr Nahrungsertrag. Vernunftsgründe allesamt, vernünftige Gründe durchweg –: wie kommt es, daß sie jene Barriere der Grundtriebe selbst da nicht zu durchbrechen vermögen, wo sie sich mit ihnen verbünden könnten?

Verbündet sind sie überdies mit noch anderen Überlegungen, und zwar solchen, die längst nicht mehr in den nur meta-physischen Bezirk gehören, wo sie aufs Grinsen des Gemeinen Menschen ein traditionelles Anrecht hätten, sondern vielleicht ganz handfest und hautnah mit in den physischen, in dem sich die gröberen Naturwissenschaften umtun und Rückstandsspuren erfahnden können, von Pestiziden und Schwermetallsalzen, von somatotropen Hormonen und Anabolika –: wie wäre es, wenn die Greuel der Massentierhaltung und -verwertung noch direkteren Anteil hätten am globalen Problem unserer zweiten Jahrhunderthälfte, nämlich der industriell betriebenen Intoxikation des gesamten Planeten und seiner Lebenssysteme? »Die Natur« ist jedenfalls mit dem Lebenssystem Mensch auf weit mehr Ebenen funktionell verbunden als denjenigen eines grob materiellen Energiemetabolismus –: wie, wenn ins Wechselwirkungsspektrum auch Kräfte gehörten, die man bislang gemächlich ins seelische Irgendwo zu separieren gewohnt ist? Was zeigt sich an, wenn gegen den drohenden Zusammenbruch der Waldvegetation zuerst »das Gemüt« rebelliert? Gegen welchen drohenden Zusammenbruch rebelliert »der Geschmack«? Eier von Batteriehühnern schmecken ja nicht nur wie Dreck, sie sind es vermutlich auch, nämlich weil riskant, giftig, schädlich –: sollte es vielleicht sein können, daß sich die Existenzqual ihrer Erzeuger (und das sind eben leider nicht die Händler-Lumpen, die sich gern so nennen und denen man sie gönnte, sondern deren Opfer) – daß sich diese Qual selbst in ihnen manifestiert hat – und sich, als infinitesimale (aber desto tiefer wirksame?) Dosis Angst, Schmerz, »Tod«, beim Verzehr übermittelt? Wenn der Organismus über die vegetative Steuerung oder noch andere Signalnetze durch Leiden funktionell, ja organisch verändert wird, bis hin zum Herzarrest im *Streß* der Schlachthausumwelt, wieso sollte die sich derart manifestierende Destruktionskraft nicht mit den Organen selbst vom Fresser inkorporiert werden – zu seinem unabsehbaren, weil sich endlos akkumulierenden Schaden? Eine Verbindung zwischen den Leiden der Tiere und den sich pandemisch verbreitenden psychischen Krankheiten ihrer menschlichen Mittiere, gar deren täglich unbändigerer Bösartigkeit zu sehen, ist vielleicht weit weniger absurd, als der nüchterne Blick sich einbildet. Die Schulwissenschaften stellen für solche meta-physisch vernetzten Kräfte noch keinerlei Terminologie bereit, die ein stringentes Argumentieren auch in ihrer Sprache erlaubte, weil ihnen aus nur zu guten, nämlich konsequent schlechten Gründen jede Forschungsneugier dafür fehlt; das Thema kann einstweilen nur der Ahnung und »Phantasie« zugewiesen werden. Aber wer in einigen, mittlerweile durchaus geläufigen Vorstellungen der Theoretischen Physik zu denken versteht, sieht jedenfalls den Fragestellungen der Schuldisziplinen Möglichkeiten verschlossen, die im nächsten Jahrtausend über ihr Fortbestehen überhaupt entscheiden dürften. Das nächste Jahrtausend – dies vorauszusagen bedarf schon kaum noch der Phantasie – wird alles hinter sich lassen, was bloß »Technik« war, Mechanik, Materialität, und das Zeitalter der Humanwissenschaft sein – als Natur-Wissenschaft. Wir haben von dem, was »Natur« wirklich meint, wie von dem gesamten Energiephänomen »Leben«, einstweilen noch schlechterdings keine Ahnung; aber das blasierte Lächeln der mechanistischen Wissenschaften ähnelt bereits erkennbar fatal der Miene des Innenministers, wenn er den Super-GAU für unbedenklich erklärt, weil der sich 2000 Kilometer entfernt zugetragen habe, oder der jenes unbeschreiblichen Ministerpräsidenten, der die Strahlungsgefahren mit denen des Alkohols vergleicht. Wir leben in einer Umwelt großspurigster Ignoranz und Inkompetenz; sie haben längst auch die Ernährungswirtschaft zu einem Albtraum gemacht.

Das stärkste Verbrechen, vernunftswidrig mit Sicherheit, lebenswidrig wahrscheinlich –: wie, nochmals, kommt es, daß mit ihm nicht fertig zu werden ist? Müßte einem, wo schon ein so scheinbar primitiver Widerstand wie die – nicht einmal natürlich vorgegebene, sondern bloß erworbene – Eßgewohnheit soviel Vernünftigkeit zur Kapitulation zwingt, nicht um die ganze Weltvernunft angst und bange werden? Ist noch auf die Überwindung von Übelständen zu rechnen, wenn dieser eine, zentrale für *unverzichtbar* erklärt werden muß? Die tolle dumme Vokabel, wie eigens geschaffen für die Zungen von Politikern, damit sich an ihren faustdicken Behauptungen wenigstens die Sprache noch angemessen rächen kann, ist ja ein unzweideutiges Code- und Signalwort fürs Motiv des Eigennutzes, der sich, weil er sich unvermeidlich erkennbar am gesellschaftlichen Ganzen vergreift, als Gemeinnutz darstellen muß –: wie, wäre das Problem am Ende so platitüdenhaft einfach, daß wieder einmal globales Unglück nur deshalb da ist, weil ein paar tausend Schieber um jeden Preis prosperieren wollen? Also *Handel und Industrie*, das Heil-Hitler der Gegenwart –: der einzige Grund? Tatsächlich ist ja die Aufgabe, den Egoismus jener zu überwältigen, deren Ego für die soziale Weltharmonie längst ein gefährliches Neoplasma bildet, in diesem Jahrhundert ins Gigantische gewachsen –: man muß diesen simpelsten Nenner suchen, um zu erkennen, wie restlos alle hochgestochenen Kritischen Theorien in ihr aufgehen; man muß diesen kompliziertesten Nenner finden, um zu sehen, was alles sich im Widerstand der primitiven Eßgewohnheit sträubt – was alles von ihr in wachsender Perversion gegen Vernunft und Leben vertreten wird.

Schließlich auch noch gegen »die Moral«, die aber ja immer erst nach dem Fressen kommt und hier besonders wenig Chancen hat, weil sie in der Konstitution der Groß-Fresser gar nicht vorkommt (das sehr konkrete Warum folgt später) –: lohnt es sich überhaupt, sie mit ins Feld zu führen? Daß der Mensch edel sei, hilfreich und gut, so ganz im Allgemeinen, konstatiert ja leider kein Faktum, sondern eine mehr denn je offene Forderung; gleichwohl mag er gelegentlich mitleidig noch fühlen, und namentlich der deutsche Mensch gilt, so wenig lieb er der Umwelt auch sein kann, vergleichsweise doch als *tierlieb* –: er hat gegen das Robbenmorden viele Briefe nach Kanada geschickt; die Zahl der Wesen, die er niedlich findet, hat zu-, der Froschschenkelverzehr abgenommen; und gegenüber dem Jammer jener

Tiere, die das sachbeschreibende Untier als *hochwertige Pelzträger* definiert, ist immerhin soviel Hör-Empfindlichkeit entstanden, daß es sogar schon die in Breitschwanz oder Chinchilla dahergespreizt kommenden, weit weniger hochwertigen Pelzträgerinnen fühlen müssen, denen es ohne Nachhilfe nicht gegeben ist, die 35 bzw. 150 Pro-Stück-Tierleichen auf der gepflegten Haut zu spüren. Man möchte, als Idealist, der man nun einmal ist, ja gern daran glauben, es warte auch in Deutschland irgendwo am Ende der Evolution das Bewußtsein, daß dem von Tod und Todesnutzung lebenden Massentierhalter eine Bannmeile des Ekels gebührt wie ehemals dem Henker und daß, wer lebendige, mitlebende Wesen so behandelt wie er, in der moralischen Ordnung tief unter der Küchenschabe rangiert; vielleicht versteigt sich die Entwicklung, und sei es ultimo, dann gar so weit, daß sich selbst der Fleischfresser als Auftraggeber und Hehler eines Verbrechens begreift. Man möchte daran glauben – und ist dankbar für jedes kleine Indiz –: zeigte nicht der derzeitige Landwirtschaftsminister doch Zeichen leichter Verlegenheit, als er auf dem Bildschirm die aus Brüssel mitgebrachten EG-Normen für die Käfigmaße der Batteriehühner verkündete? – kam sie, diese Verlegenheit, nur aus dem Umstand, daß sie, diese neuen Maße, erneut seine Entbehrlichkeit dartaten? – war sie nicht doch ein ganz kleiner Widerschein, ein letztes, noch nicht ganz aufgelöstes Spurenelement jener Moral, deren Unglück es eben nur ist, grundsätzlich nach dem Fressen zu kommen? Man klammert sich an noch die letzten Bagatellen und sieht etwa hoffnungsvoll, wie immer notwendiger für den Absatz die Umwandlung des toten Fleisches in eine

Verpacktheit ist, in der man die Herkunft vom lebenden Tier nicht mehr wahrnimmt. Aber dann sieht man das Ganze zugleich in eine Zeitung eingewickelt, in der ebenso munter wie unbewegt gemeldet wird, daß in Amerika die Züchtungsmöglichkeit *federloser Hühner* erforscht werde – oder, zum neuesten Schreien, genveränderter Schweine, und alle Hoffnung fliegt wieder vom Tisch –: nein, es ist nichts mit der Moral; es mangelt, wohin man auch blickt, schon am elementarsten Gespür dafür, wie überflüssig solche Entdeckungen, einschließlich derjenigen Amerikas selbst, immer waren und immer wären; man wird daran erinnert, daß man in einem Gemeinwesen lebt, das sich für den Fall seiner von ihm so genannten *Verteidigung* auf Taten vorbereitet hat, die schon jetzt verhindern, es noch unter die gesitteten Nationen zu rechnen. Vom Tisch mit der Moral; – kehren wir zu den Realitäten dieses Gemeinwesen zurück:

Sie werden in körperenge Kästen gezwängt, damit sie sich nicht bewegen können, auf Wochen und Monate; wo auch ihr kleinstes Zappeln und Zucken die Täter noch stört, gießt man ihnen einen Gipspanzer um; damit sie nicht schreien und beißen, schneidet man ihnen die Stimmbänder durch und vernäht ihnen die Mäuler –: man verätzt ihnen den Magen, die Augen, die Haut; infiziert sie gewaltsam mit den greulichsten Krankheiten, die sie von allein nie bekämen; treibt sie mit Nervengiften in Krämpfe oder Wahnsinn; vergiftet und vergast sie mit den aberwitzigsten Substanzen; implantiert ihnen Elektroden ins Gehirn und jagt ihnen Stromstöße in sämtliche Lebensfunktionen; man zertrümmert ihnen die Knochen, verbrüht und verbrennt sie, setzt sie in Eisbäder und Hitzekammern; man erprobt *Waffenwirkungen* an ihnen bis hin zum kompletten ABC, mit dem die ewigen Klippschüler der Weltgeschichte die Weltverwüstung präparieren –: dies alles bei lebendigem Leibe, meist ohne genügende Anästhesie; und reicht der eine Versuch nicht aus, sie umzubringen, so werden sie dem nächsten überantwortet; eine Überlebenschance gibt es nicht.

Es ist, abermals, von Tieren die Rede, nicht von Menschen, – von jenen Tieren, zu denen der Mensch, gegen alle Widerstände deformativer Ideologien, sogar ein weitgediehenes Verwandtschafts- und Freundschaftsbewußtsein entwickelt hat: vorab von Hunden und Katzen, den Gefährten der einsamen Kindheit, den Gefährten des wieder-einsamen Alters. Und es gibt keinen Zweifel, wie das zu qualifizieren ist, was ihnen in den Großlabors und Versuchsanstalten von Industrie und Medizin und Militär angetan wird: Es ist ein gigantischer Verstoß gegen alles, was die Sorte Homo sapiens im mühseligen Verlauf ihrer geschichtlichen Evolution an Benehmen gelernt hat: der Zusammenbruch einer ganzen Werte-Ordnung, an der Jahrtausende gearbeitet haben: eine Perversion, in der längst nicht mehr nur der einzelne Täter entartet ist, sondern die Tatfähigkeit der gesamten Art, die ihn zuläßt und schützt. Dies in einem Ausmaß, und aufgrund dieses Ausmaßes, das seit dem Weltkrieg, wie nach Wegfall einer Hemmschwelle, gegenüber früheren Zeiten ähnlich crescendiert ist wie die technische Zerstörungsmöglichkeit selbst und die unheimlichsten Parallelen zu denken aufgibt –: 300 Millionen Tierwesen werden weltweit pro Jahr auf eine Weise zu Tode gebracht, die nur noch mit dem Begriff eines kollektiven Sadismus einigermaßen zu fassen ist; 5 Prozent davon verbucht die Bundesrepublik für sich und uns. Das sind Zahlen, die man auf den einzelnen Lebenstag herunterrechnen muß, um sie aus jener Abstraktion zu reißen, in der die Großstatistik sich mit den Greueln verbündet, und auf die eigene Lebenszeit hinauf: in solchen Dimensionen rechnen sonst nur noch jene Leute, in deren Planungen die Einheit *Megatote* geläufig ist, und beides hat auch mehr miteinander zu tun, als es scheint. Die Täter firmieren durchweg unter dem ebenfalls nur noch schwer zu fassenden Begriff *Wissenschaft* – einem wahren Ungetüm, einem Syndikat von Wort, das mit immer mehr Recht, seit es auf allen Bombenerfolgen des Jahrhunderts steht, zum Synonym für Menschenfeindlichkeit, für Humanitätsferne zu werden droht. Daß Deutschland im Weltproporz an der Spitze liegt, zeigt an, daß es sich nur um eine Wirtschaftsleistung handeln kann –: wie, wäre »Wissenschaft« selbst vielleicht in aller Stille eine Kategorie von *Wirtschaft* geworden? Was alles da im längst unheimlichen Verbund an Greueln stattfindet –, es gibt auch darüber mittlerweile die umfassendsten Informationen, in Büchern wie in den Wochen-, Tages- und Augenblicksmedien; nichts davon ist neu. Aber die Greuelhaftigkeit wächst, von Augenblick zu Tag zu Woche, auf eine unheimliche Weise eben dadurch, daß nichts davon mehr neu ist –: das kollektive Mitwissen konstituiert den Tatbestand einer riesigen Komplizenschaft, deren ungehemmtes Fortbestehen die Grundlagengeltung der Ethik selbst infrage stellt und zuletzt die Drohung mit sich bringt, die ganze Entwicklung des Abendlands mit einem welthistorischen Zynismus sondergleichen abzuschließen.

Vivisektion – heute, längst schamlos auch im Wort geworden, *Tierversuche* –: es ist, abermals, ein Menschenproblem, und das heißt abermals: es prallt bei seinen tastend kriechenden Lösungsversuchen unweigerlich an jener Grenze ab, wo die Herrschaft der Freßsucht beginnt – hier derjenigen einer gigantischen Industrie, deren einziges Credo das Schreckenswort *Gewinnmaximierung* bildet und die bei der Ausbreitung ihrer Religion mit Gift und Gas vorgeht wie frühere Heilsideologien mit Feuer und Schwert. Längst greift *die Chemie*, ob Agrar-, ob Pharma-, ob Strahlen-, mit ihren Freßwerkzeugen in sämtliche Lebenssysteme ein, vom Einzelwesen bis zum Großorganismus der Elemente, Erde-Wasser-Feuer-Luft; längst bahnen sich die Folgen erkennbar an, Gleichgewichtsstörungen, die bereits die Grenzen des nur Physikalischen überschreiten, zunehmende Krankheiten, Katastrophen sogar, wörtlich Zusammenbrüche der Natur-Ordnungen, und es ist abzusehen, wann die endgültige Verwüstung erreicht sein wird, wo nur noch die abgenagten Skelette von Flora und Fauna in der Sonne bleichen. Art um Art stirbt aus, und das Wort »Genozid« ist den Ohren der Jetzt- und Letztzeit längst wie der Name eines Medikaments geläufig geworden. Es ist vielleicht einer; es ist das Synonym eines Heil-Mittels, das längst von der ganzen süchtig gewordenen Welt in der Ohnmacht der Sucht geschluckt wird und sie in eine chronische Krankheit getrieben hat, die jene zum Tode ist. Schon schielt das Monstrum Wissenschafts-Wirtschaft über die Grenzen des Planeten hinaus, dessen Existenz ersichtlich ein Absehen hat, und will sich den Kosmos als Marktlücke erschließen –: jeder Seifensieder *informiert* aus seiner *Forschung* und erträumt sich am

Horizont seiner ausgekochten Pläne die Teilnahme und -habe an einem *Weltraumprogramm.* Und für das alles, das längst rechtfertigungsunfähig geworden ist, müssen ausgerechnet die ohnmächtigsten der Opfer zur Rechtfertigung herhalten (wie sie freilich auch stellvertretend den Offenbarungseid leisten für das, was da in Wahrheit am Werk ist, nämlich eine maßstablos skrupellose Destruktion): der monströse Destruktor beruft sich auf die Sorgfalt seiner *Tierversuche*, um – bei sich selbst wie bei anderen – die Erkenntnis zu verdrängen, daß er sich längst habituell einer maßstablosen Verletzung der Sorgfaltspflicht gegenüber der Menschheit schuldig macht. Alles nicht neu, alles tagtäglich mit anzusehen –: gibt es keine Machtmittel dagegen? Müßten nicht wenigstens, wo die Vernunftsgründe versagen, doch die Gegen-Habgier-Gründe der Menschheit weniger ohnmächtig sein? Sie sind es offensichtlich nicht, und es demonstriert sich, wie sehr die Perversion bereits aufs Ganze des Bewußtseins übergegriffen hat –: so sehr hier scheinbar Eigennutz gegen Eigennutz steht, das Egozentrum von Multi-Industrien gegen den Einzelnen und seine fleißige Egozentrik, so unheimlich sehr hat sich ein aberwitziger Konsens ausgebildet, der in den um sich fressenden Konzernen nur das vergrößerte eigene Ego wiedererkennt und anerkennt: – die meisten Zerstörungsprobleme sind zuletzt eben Selbstzerstörungsprobleme und pervers »von Natur«. Dabei wäre eine Welt, die alljährlich nach Schätzung der Vereinten Nationen, über 800 Milliarden Mark *für militärische Zwecke* ausgibt, ja wahrhaftig nicht darauf angewiesen, noch andere Selbstvernichtungsquellen zu erschließen; sie könnte auf die Chemische Industrie verzichten. Wie kommt es, abermals, daß alle ihre Vernunftsgründe nicht ausreichen, jene Barriere der Grundtriebe wenigstens da zu durchbrechen, wo sie sich mit ihnen verbünden konnten?

Nun gibt es natürlich ein Tier-Schutzgesetz –: es wurde 1933 erstmals ausformuliert; es wurde 1972 erneuert, ohne wirklich neue Verhältnisse zu schaffen; es ist dann endlich 1986 abermals novelliert worden, ohne wirklich neue Verhältnisse zu schaffen –: es ist ein Klebe- und Kleisterwerk – eine Flick-Schusterei, deren sich die Legislative schon jetzt vor dem Mehrheitsempfinden der Rechtsgemeinschaft in Grund und Boden schämen muß. Auf der einen Seite reguliert es, wohl nötig genug, die kleine Kriminalität des Bürgers gegenüber den ihm anvertrauten, meist auf Gedeih und Verderb ausgelieferten Tieren, und da hat es einen durchaus sympathischen Klang; auf der anderen Seite aber hat es a priori die Maschen schon eingestrickt, durch die ihm die Großkriminellen der Wirtschafts-Wissenschaft schlüpfen sollen, und da klingt es auf eine Weise zynisch, die kaum ein anderer Gesetzestext für sich in Anspruch nehmen kann. Was darin aufbricht, ist das alte, immer heikle Dilemma der Vereinbarkeit von Verbot und Lizenz, das hier jedoch das gewohnte, ebenso alte und heikle von »Theorie« und »Praxis« weit hinter sich zurückläßt. Daß genehmigungsberechtigte Behörden durch bloße Inkompetenz Rechtsschäden bewirken, ist ein traditionsreiches deutsches Schicksal; daß genehmigungspflichtige Handlungen bei ihnen jedoch derart formular-automatisch zum Rechtsschaden durchzusetzen sind, sobald nur ein selbstverliehener Institutsname mit ein paar akademischen Titelträgern dahinter steht (die es doch wie Sand am Meer gibt oder wie Kalk im Gehirn), das ist gerade in Deutschland doch hocherstaunlich, wo den Rechtsbestimmungen durch die Behördenbeschaffenheit sonst eher ein Übergenüge geschieht. Die Genehmigungs-Praxis der Tierversuche läßt etwas erkennen, was man ohne weiteres zuletzt einen Rechtsskandal nennen muß; aber dieser hat insofern erst nicht seinesgleichen, als er »in der Theorie« bereits vorprogrammiert ist. Denn wenn auch die Exekutive seit Hammurabis Zeiten den Spielplatz aller nur möglichen Fehlbarkeiten und vorsätzlichen Vereitelungen stellt –, bei der Legislative, die den Rechtsgüterschutz auf den Zweck einer definitiven Undurchkreuzbarkeit hin formuliert, ist der Vorsatz zu Fehlbarkeit und Vereitelung rechtshistorisch doch ungewohnt. Bei elementaren Verboten, die dem Schutz des Lebens selber als des höchsten Rechtsguts dienen und in ihm den Mittelpunkt der Rechtsidee selber sichern, kann es die durchkreuzende Ausnahme nicht geben; mehr als vor jedem Verbot sonst, ja schlechthin absolut gilt vor ihnen für alle Mitglieder der Rechtsgemeinschaft jene Gleichheit, die das Grund-Gesetz selber ist und die Basis aller, zumal der demokratischen, Rechtsvorstellungen. Freilich, eine Ausnahme durchbricht gewohnt auch die Prinzipien, und es ist die älteste Perversion, gegen die sich das Rechtsdenken noch kein Heilmittel hat verschreiben können: der *Kriegsfall* nämlich, in dem der Staat – ohne Rechtsauflösung aus positiver Machtvollkommenheit rechtsgelöst handelnd – sein elementares Tötungsverbot für sich selbst ins Gegenteil aufhebt und dieses als Konzession an eine privilegierte Personengruppe vergibt, die dann ihrerseits die restlichen Personen in die Pflicht nimmt und sie – man kann den ungeheuerlichen Tatbestand gar nicht mehr abgehoben formulieren – völlig außer Rand und Band treibt; die Folge ist am Ende regelmäßig allgemeiner Mord und Totschlag und – jedenfalls in Deutschland, das sich darin mit Vorliebe übernimmt – der Zusammenbruch des Staates, der dann wieder von vorn anfängt. Das stehe nun so jämmerlich dahin, wie es ist (und erinnere allenfalls daran, daß sich das Strafrecht heute, nach einer langen, in seinen Revisionen gespiegelten Entwicklung, prinzipiell nicht mehr als Sachwalter einer wie immer begründeten ethischen Wertordnung versteht, sondern als den einer sozialen: daß es nicht das Tun des Täters, sondern lediglich den durch die Tat entstehenden Sozialschaden negativ qualifiziert – und somit weniger als je im Prinzip behindert ist, einem archaischen Muster zu folgen und durch Ausgrenzung des erklärten Feindes aus der Rechtsgemeinschaft diesen Sozialschaden und damit die eigene Schutzpflicht gegenüber selbst dem höchsten Rechtsgut Leben zu verneinen); – das stehe dahin – und ist erträglich nur als der eine und einzige Ausnahmefall überhaupt, gegen dessen Eintritt einstweilen nur die politischen Mittel sich stemmen können und müssen. Was aber, wenn der Staat diese eine Ausnahme um ihre Einzigartigkeit bringt –, wenn die Aufhebung eines elementaren Verbots zugunsten einer privilegierten Personengruppe zur Ermessensfrage von Behörden wird –, welche Mittel wären gegen sie zuständig? Es gibt, wie zwischen Krieg und Frieden, keine Zwischenstufen zwischen Leben und Tod, und wo in solchen Grundfragen ein »Jein« im Gesetz steht, ist das Gesetz selbst, gelinde biblisch gesagt, vom Übel. Es bedarf, das Tierschutzgesetz, noch ehe es in Kraft getreten ist, bereits der Revision –: was für ein erbärmliches Schauspiel! Was für ein hochbedenkliches auch! Denn darüber ließe sich längst lange meditieren, und beklemmend genug: was in diesem »Jein« am Ende alles zum Ausdruck kommt, was von ihm eingestanden wird –: wie, befinden wir uns, wenn die Wissenschaft die eine Ausnahme beantragt und ihr Privileg zum Rechtsbruch anmeldet, etwa per Definition in einem Kriegszustand? Wer sich das Bauwerk der *Zentralen Tierlaboratorien der Freien Universität Berlin* vor Augen bringt, die hierin wie auch andere Lehr- und Forschungsinstitute allzu frei gelassen ist, der sieht sich, hinreichend metaphorisch, einem Schlacht-Schiff aus Beton gegenüber, das nach allen Seiten ringsum Geschützrohre ausgefahren hat, und gerade deren Betongestalt zeigt nur an, daß sie symbolisch für ein Anderes ragen –: aus diesen Rohren wird längst unablässig auf das Lebendige ringsum geschossen. Die Architektur, deren Unsäglichkeiten sich aufs Freiheitsrecht hinausreden, dem Selbstverständnis ihrer Zeit Ausdruck zu geben, tut es ja in der Tat, hier wie anderswo, und man kann sich nur noch über die unbefangene Direktheit wundern, mit der sie es tut –: manchmal gibt sie, die uns Land- und Stadtschaften seit dem Krieg exemplarisch verwüstet hat, das Erz- und Kardinalmotiv des von ihr verstandenen Zeit-Selbst in einem einzigen konzentrierten Paradigma preis: Lebens-Feindschaft, Lebensfeindlichkeit. Kriegszustand, Kampf gegen das Lebendige bis aufs Skalpell –: zuletzt reicht das Paradigma, das für die Tierversuche steht, noch weit über diese hinaus – hinein in eine Todessymbolik, für die auch die Tierversuche wiederum nur paradigmatisch stehen –: was sich in ihnen vollzieht, meint längst einen Versuch an der Menschheit; was sich in der Ohnmacht vor ihnen ankündigt, ist der Lebens-Tod selbst. Wie kommt es, daß, wo die Natur-Wissenschaften wachsen, die Natur welkt und vergeht? Wie erklärt es sich, daß bei den gewachsenen Natur-Wissenschaften seit geraumer Zeit »praktisch« und »am Ende« immer bloß noch eine Bombe herauskommt? Was die Industrie-Wissenschaft, was die Wissenschafts-Industrie produziert, ist fraglos – die erst nur ersten Ergebnisse zeigen es schon – die Zeit-Bombe für den ganzen Planeten und wird wahrscheinlich einmal dessen alles übergreifender Untergang sein, der totale Fraß überhaupt; gegen sie und diese ihre Megakriminalität, neben der sich alle bekannten Delikte wie Lappalien ausnehmen, wäre erforderlich, wäre möglicherweise wirksam nur ein alles übergreifender Gesetzesaufwand, wie ihn die Welt, leider, noch nie gesehen hat... Was heißt es, zuletzt, wenn ein Gesetz sich in sich selbst vor seiner Aufgabe ohnmächtig erklärt, – was heißt es, wenn ein Gesetz, das der Todesabwehr dienen will, seine Souveränität zurücknimmt und sich die Grenzen seiner Abwehr von den Verursachern des Todes selber setzen läßt?

Dies alles sind Moralfragen – Fragen an ein meta-physisches Verständnis –: sind sie noch realistisch? Oder sind sie es schon wieder und erst recht? Die Moral, deren Unglück es ist, grundsätzlich nach dem Fressen zu kommen –: sie kommt erst nach auch dem übertragenen Fressen, dem totalen Fraß, und ihr letztes Unglück wird sein, daß sie »dann« überhaupt nicht mehr kommt, weil dann überhaupt nichts mehr kommt. Ließe sich ihr denn doch noch mit Erfolg ein Vor-Recht einräumen vor der ruinösen Werteordnung der Realität, der Status wenigstens einiger früherer

Zeiten, deren relativen Ruin sie doch auch nicht hat verhindern können, eine fast hoffnungslos letzte Chance? Läßt sie sich überhaupt beiziehen als Maß der nüchternen Beurteilung, ohne daß sich die ihr längst gesellschaftlich verliehene Lächerlichkeit verderblich über das Thema breitet –, müßte man sich, dessen Ernst zu bewahren, nicht peinlich bedacht gerade im Rahmenraum des großen Realitätenkabinetts halten, in dem die nüchterne Beurteilung doch offiziell als einzig und dauernd wohnhaft gemeldet ist? Wäre sie, die Moral und ihre verlangte Priorität, schließlich nicht gar noch »gegen die Natur« selber, deren sie sich annehmen soll? Die Besitzer des Realitätenkabinetts, die versierten Betreiber des Weltlaufs, können auf den Widerspruch gar nicht kregel genug verweisen, und der allgemeine Befund sieht nicht schlecht für sie aus: die menschliche Lebewelt des Fressens und Gefressenwerdens funktioniert ja in der Tat nach dem Grundprinzip der allgemeinen animalischen; sie hat ihr höchstens, neben erheblicher Grausamkeit, die Schläue der Rationalisierung, in beiderlei Sinne, voraus. Das Alias-Wort »Humanität«, das mit vielen prinzipiell guten Gründen im – vergleichsweise ausgezeichneten – Grundgesetz nicht vorkommt und im Strafgesetz erst recht nicht –: beschreibt es nicht eine Lebensauffassung, die in der ganzen Menschheit zuletzt nicht vorkommt? Zumindest nicht mehr, zumindest nicht mehr in den normierten Gesellschaften –: seine Tradition ist, unheilvoll damit verkettet, ersichtlich in die Jahre gekommen, die man der Religion als erster ansah; längst leistet das Jahrhundert seine Meineide auf keine Bibel mehr, längst schwört es mit gespreizten Händen. Es gibt, so scheint es, realistisch kaum noch eine

Sicherung vor dem Durchbruch der Natur gegen die Natur, des Tierischen gegen die Tiere, des Menschen gegen die Menschlichkeit. Welche ließe sich ersinnen, welche andere als die moralische sich hochhalten? Die Vernunft der Nützlichkeit vielleicht – jener, die in der Zerstörung die Selbstzerstörung erkennt und die Erhaltung als Selbsterhaltung anrät? Sie versagt ersichtlich im tagtäglichen Ruin, und es ergibt sich die durchaus atembenehmende Frage, ob ein Bewußtsein, das diesen tagtäglichen Ruin, die Vernichtung des Mit-Lebens in jeder Gestalt, in Tat und Planung ungehemmt zuläßt, mit der Deformation seines Wissens um Gut und Böse nicht längst auch eine hochriskante Störung eben seiner Selbsterhaltungsbalance erlitten hat. Sie versagt ersichtlich –: wie wäre sie wiederherzustellen? Die Ehrfurcht vor dem Lebendigen, als dem tieferen Ebenbild und Anderen des Selbst, ist ein so Elementares, daß sie selbst gewichtige Äußerungen wie die Gottes in der Genesis oder Descartes' im Vernunfts-Diskurs zu bloß sekundären Meinungen stempelt –: versagt sie, die elementare, vielleicht einfach darum, weil das kollektive Selbst-Verständnis längst derart von seiner Schuldigkeit durchdrungen ist, daß es unbewußt die Vernichtungsstrafe als gleichsam natürliche Folge in sich aufgenommen hat? Deformation auch der Vernünftigkeit: Der Täter, der sich als hängensreif erkennt, folgt dem Henker aufs Gerüst und ist der Schlinge mit dem hingestreckten Kopf behilflich: – hilft die Erde ihrem Lebensuntergang vielleicht darum so willig nach, weil sie sich längst als sprengensreif erkannt hat? Dies offenbar trotz, ja mit aller Rationalität und in aller Realität; nur, wo in tieferen Kausalvernetzungen gedacht wird als in denen der klappernden Wirklichkeitsmechanik und ihrer Wissensgeschäfte, ist beider Pleite bereits bewiesen, ihr Bankrott, in den sie treibt, bereits vorwarnend angemeldet. Und so hilft es denn nichts –: ihre Vernunft, über der es nach Freuds zuversichtlichem Wort keine Instanz gibt, muß sich eine solche schaffen, und sei's noch so künstlich und behelfsweise: eine sich selber übergeordnete Verfassung, in der sie eigenhändig ihre Grenzen ausschreibt; sonst ist ihr selbst nicht mehr zu helfen – der Natur, die sie vertritt, nicht gegen die Natur, dem Menschen nicht gegen den Menschen. Die »Moral«, die »Humanität«: mag sie mit grad doppeltem Recht denn gegen die Menschennatur sein, wo diese in ihr Non-plus-ultra rennt; sein wachsender Widersinn verkleinert zuletzt, doch und doch, auch den ihren und den ihrer Hoffnungsutopie. Stärker als je auch verlangt sie von sich den Anspruch, sich »das Gesetz« mitsamt seiner Straflegitimation erneut zu unterwerfen. Es gibt gesetzliche Verbrechen, die keine ethischen sind; schlimmer wären ethische, die keine gesetzlichen werden. Was in der Rechtsphilosophie »Naturrecht« heißt und als Substanzbasis aller Positiven Rechte anerkannt ist, scheint mit der Natur selbst zu zerfallen; ihr Schicksal in der Gegenwart hat auch die von ihr einst geprägten Begriffe in die Enge eines Definitionsdilemmas getrieben, in dem ihnen jeder weitere Wirkungsweg verlegt, jede Zukunft abgeschnitten ist. An ihnen vollzieht sich, literarisch gleichsam, in buchstäblicher Vorformulierung, das heraufkommende Nihil des Jahrhunderts –: wer sie aufzugeben bereit ist, gibt am Ende, als Sammelwerke der Moral, als Summenwerte der Humanität, Gesetz und Recht selber auf. – Was gibt das Tierschutzgesetz auf?

II.

Aber dazu müssen wir nun, Exkurs, ins Detail, und es ist jenes, in dem der Teufel steckt. Denn so viele schlechte Gesetze und Vorschriften es geben mag, hoffnungslos verquaste Produktionen hoffnungsloser Amtsträger, plausibel nur als ins Demokratische verschobene absolutistische Größenwahnsform und als gelungene Selbstdarstellung einer verfilzten Staatsbürokratie, so viele schlechtweg hirnrissige »Bestimmungen« auch, die sich am kaputten Gesellschaftsalltag zu schaffen machen, ausgeheckt von zäh beamteten langsamen Brütern und Triumph nur des den Medizinern abgeguckten Ut-aliquid-fiat-Prinzips, mit dem sie auch die Wirksamkeit gemein haben, – was hier, im Tierschutzgesetz von 1986, triumphiert, ist durchaus mehr als die traditionelle Anspruchslosigkeit der Deutschen in der Wahl ihrer Politiker: Es ist ein schlechtes, schlechterdings Böses Prinzip; es ist die Selbstdurchkreuzung einer legislativen Basisidee; es ist eine Perversion sondergleichen. Daß dies vorsätzlich geschehen sei, als Gelingen einer bösartigen Absicht, gar aus individueller Habsucht, sei's nach Macht oder Geld, wäre dabei eine viel zu arglose Erklärung –: der so naheliegende Eindruck, es seien einfach ein paar Politiker von der Industrie bespendet worden, trügt mit Sicherheit – wie fast alles, was sie von sich geben. Weit schlimmer, gefährlicher, trostloser: daß sich hier eine bloße Zwangs-Handlung dokumentiert hat, die keinerlei aktuellen Impuls mehr nötig hatte, um zu funktionieren: Ausdruck einer in aller Stille gewendeten Beziehung der Mächte Staat und Wissenschaft, Staat und Wirtschaft, Staat und Wissenschaftswirtschaft: Einblick gewährend in den Zustand des gleichsam kollektiven Unbewußten dieser Beziehung: Einblick in einen Tat-Bestand, der leicht den ganzen Staat um seinen Bestand bringen kann und für den die *Unzucht mit Abhängigen* des StGB-Paragraphen 174 eine nur viel zu galante Metapher darstellt. Das Tierschutzgesetz schützt die, vor denen es die Tiere schützen sollte und wollte, und schreibt ihre Rechte fest: – man braucht, wenn man es durchschaut hat, keine große Phantasie mehr, um im Abstrakten zu erschauen, welche Ohnmacht der ganz allgemeine Schutzauftrag des Gesetzgebers hier einbekennt.

Dabei hebt das Gesetz wahrhaftig mit aller Macht an – mit Worten nämlich, wie sie in juridischen Zusammenhängen selten erklingen und in diesem Zusammenhang so auch noch nie erklungen sind:

GRUNDSATZ: ZWECK DIESES GESETZES IST ES, AUS DER VERANTWORTUNG DES MENSCHEN FÜR DAS TIER ALS MITGESCHÖPF DESSEN LEBEN UND WOHLBEFINDEN ZU SCHÜTZEN. NIEMAND DARF EINEM TIER OHNE VERNÜNFTIGEN GRUND SCHMERZEN, LEIDEN ODER SCHÄDEN ZUFÜGEN.

Nicht ausgeschlossen, daß Rechtsphilosophen hier beklommen zumute wird. Denn auffällig ist, wie unbefangen der Gesetzgeber in diesem Text seine sonst wohlbegründete

Zurückhaltung verläßt, das sittliche Verhalten selber zum Rechtsgut zu machen, und vollends die *Mitgeschöpf*-Definition könnte die Phantasie auf abenteuerliche Bahnen leiten – bis hin zu der Überlegung, ob darin nicht geradezu die Anerkennung eines Mitglieds-Status in der Rechtsgemeinschaft zum Ausdruck kommt –: wie viele Haare wären zu spalten, sähen die Tiere sich in der Lage, vor dem Bundesgerichtshof oder gar dem Bundesverfassungsgericht als Kläger aufzutreten! Höher jedenfalls lassen sich Motivation und Selbstverpflichtung in der Sphäre der Ethik schwerlich ansetzen –: das *Tier als Mitgeschöpf* – die *Verantwortung des Menschen*... Und auch entschiedener kaum, bedingungsloser: *Niemand darf Schmerzen, Leiden oder Schäden*... Höchstens die Einschränkung mit dem *vernünftigen Grund* könnte einen schon hier, im *Grundsatz*, leicht irritieren –: die Geschichte der Vernünftigkeit in Deutschland ist ja nicht von einer Art, daß man sich vor allen Zweifeln in Sicherheit wiegen möchte. Niemand darf – nur der Besitzer eines vernünftigen Grundes –: wer mag dieser Niemand sein – wie häufig kommt diese Form des Besitzes vor? Daß vor dem Gesetz, vor dem alle gleich sind, die Besitzenden etwas gleicher sind, ist eine alte Sache; die Rechte wachsen mit dem Vermögen, während die *Verantwortung des Menschen* parallel dazu abnimmt. Nur, wer sind diese Weniger-Verantwortlichen, Mehr-Berechtigten? Der Text legt, mit sehr vernünftigen Gründen, eine größere Halde Buchstaben zwischen seinen Grund-Satz und dessen Aufhebung, die sonst zu auffällig wäre; es wischt erst eine Weile die Augen, die einem nicht zu früh übergehen sollen, und geht zu vielen verantwortungsbewußten Erörterungen über:

Der Zweite Abschnitt reguliert die *Tierhaltung*: § 2 gebietet, in wiederum imponierenden Worten, die angemessene Ernährung und Pflege sowie die verhaltensgerechte Unterbringung und verbietet die Einschränkung der artgemäßen Bewegung –: so werden also die Kälber- und Schweinepferche, zu schweigen von den Legebatterien, nun endlich abgerissen? Oder stellt die forcierte Fleisch- und Eierproduktion den *vernünftigen Grund*, der den Niemand zum Dürfenden macht? Ein § 2a, neu eingefügt, verspricht das alles *näher zu bestimmen* und ermächtigt den betreffenden, bisher durch Betroffenheit noch nicht hervorgetretenen, Bundesminister, *insbesondere Vorschriften zu erlassen*; das muß wohl sein, und man hat in geübter Geduld abzuwarten, wann und wie es sein wird; – nicht jedem Grundrecht droht ja von Bundeshaus aus der Ruin des GG-Artikels 4.3, in dem auch *das Nähere ein Bundesgesetz regelt*, das dann das Gegenteil geregelt hat. Der ermächtigte Minister: das ist der für die Sache *Ernährung, Landwirtschaft und Forsten* – und nicht etwa der für das Innere, bei dem sonst die Verwaltung von Leben und Wohlbefinden der Geschöpfe anliegt; auch der für *Verkehr* und der fürs *Post- und Fernmeldewesen* werden ins Einvernehmen gezogen, weil die Tiere ja gelegentlich zur Benutzung ihrer Institutionen genötigt sind –: sie werden also irgendwann etwas vorschreiben, und es mag sogar gut und nützlich sein, auch wenn die *Verantwortung des Menschen* ihre Sache eigentlich nicht ist. § 3 verbietet nun allerlei, was die Tierhaltung für das Tier mit sich bringen kann: ihm (Abs. 1) *Leistungen abzuverlangen, denen es nicht gewachsen ist – außer in Notfällen*, was immer das heißen mag; es (Abs. 5) auf schmerzvolle Art auszubilden oder (Abs. 6) zu den Possenspielen der Gesellschaft (Film, Werbung o.ä.) heranzuziehen, wenn es dabei leidet; auch (Abs. 9) ihm *durch Anwendung von Zwang Futter einzuverleiben* (gemeint: die *Intensivmast*, vulgo »Stopfen«): – werden nun also die Gänseleberpasteten endlich aus den Freßgassen verschwinden? Oder ist die Nachfrage der Fresser nach hypertrophierten weißen Fettlebern ein zureichend *vernünftiger Grund*, Mitgeschöpfe um Leben und Wohlbefinden zu bringen? Vernünftig ist (Abs. 8) für den Gesetzgeber jedenfalls das Jagdvergnügen, mit dem sich – ja, nicht die naturregulierenden Förster, die's nicht nötig haben, sondern – die Sultane und Bonzen der Gesellschaft die Zeit vertreiben (und noch einiges mehr als die Zeit, was aber, damit uns die Widerlichkeiten nicht ins Uferlose geraten, hier noch beiseite bleiben mag): *ein Tier auf ein anderes zu hetzen*, ist nur verboten, *soweit dies nicht die Grundsätze weidgerechter Jagdausübung erfordern.* Ein ganzes Heer von Niemanden taucht auf, die die *Verantwortung des Menschen* für sich unzutreffend finden dürfen, bloß weil sie einen Jagdschein haben, und man mag in die allgemeinere Perspektive, die sich zugleich auftut, wo die Grundsätze des Weidwerks den Grundsatz des Mitgeschöpfschutzes so mühelos überwältigen, gar nicht mehr blicken. Denn die nächste Masche des Gesetzes ist gleich noch weiter als diese, und durch sie schlüpft der Blick erstmals auf jenes Weite Feld der Möglichkeiten zum Entschlüpfen, das hinter der Letternhalde vor uns liegt: Wo nämlich (Abs. 2) *ein gebrechliches, krankes, abgetriebenes oder altes … in Obhut des Menschen gehaltenes Tier, für das ein Weiterleben mit nicht behebbaren Schmerzen oder*

Leiden verbunden ist, nur zum Zweck der *unverzüglichen schmerzlosen Tötung* veräußert oder erworben werden darf, gilt dies *nicht für ... eine Person oder Einrichtung, der eine Genehmigung ... für Versuche an solchen Tieren erfüllt worden ist.* Die Medizin, der die Behebung von Schmerzen oder Leiden nicht zugetraut werden kann, darf beide wenigstens vergrößern, ut aliquid fiat. Angesichts solcher Leistungen vernünftiger Begründung ist man versucht, denn doch einmal den kleinen Schritt vom Mitgeschöpf zum Geschöpf selbst zu tun und sich vorzustellen, wie dessen zentrale Schutzgesetze unter diesem Prinzip aussähen: das große Du-sollst-nicht – und daneben das Aber-dies-gilt-nicht-für-eine-Person-oder-Einrichtung-mit-Genehmigung –: es ist keineswegs, zumal in Deutschland, nicht auszudenken.

Der Dritte und Vierte Abschnitt (§§ 4-6) befassen sich mit dem *Töten von Tieren* und mit *Eingriffen an Tieren*, genauer gesagt: von und an *Wirbeltieren.* Nun ist die Lebensbeendigung von Lebewesen etwa in der bürgerlichen Tierhaltung ein ganzer Problemkreis für sich, der hier aber gar nicht ins große Auge gefaßt wird: nirgends findet sich auch nur eine leise Ermahnung des Schutzgesetzes, den Mitgeschöpfen den gleichen natürlichen Lebensausklang zuzubilligen, den die Apparatemedizin bei den Geschöpfen mit allen Mitteln, selbst den skrupellosesten, hinauszuziehen versucht und vor dem sie sich ebenso allmächtig gibt wie ohnmächtig vor dem der Tiere – beides nur gleicherweise zu Unrecht. Was vielen Bauern der Vergangenheit sogar bei den *Nutztieren* noch selbstverständlich war, die Gewährung des »Gnadenbrots«, ist der nur auf ihren Nutzen erpichten Gegenwartsgesellschaft zur Gewohnheit des schnell gewährten »Gnadentods« geworden, und die veterinären Spritzen liegen jederzeit bereit – denn: *Ein Wirbeltier töten darf nur, wer die dazu notwendigen Kenntnisse und Fähigkeiten hat* (§ 4.1), wozu ein abgeschlossenes Medizinstudium die ideale Voraussetzung bildet. Immerhin darf die Tötung generell *nur unter Betäubung* erfolgen – *oder sonst, soweit nach den gegebenen Umständen zumutbar, nur unter Vermeidung von Schmerzen* –, und selbst *im Rahmen weidgerechter Ausübung der Jagd sollen nicht mehr als unvermeidbare Schmerzen* entstehen –: wie gut eigentlich schießen unsere Ministerpräsidenten und Diplomaten? Sind ihre Kenntnisse und Fähigkeiten auf diesem Gebiet größer als die uns bekannten? Können sie mit dem Nickfänger so selbstverständlich umgehen, wie sie's mit sagenwir den *strategischen Marschflugkörpern* tun? Sind die von ihnen gegebenen Umstände den Mitgeschöpfen so zumutbar wie uns? Daß ein Gesetz unablässig Fragen weckt, statt Antworten zu geben, und sich ebenso unablässig im Einerseits-Andererseits bewegt, statt das Entweder-oder zu klären, ist ein miserables Vorzeichen für die Exekutive; es wird zu seiner Durchkreuzung noch mehr anhalten als sein Wortlaut selbst. *Für das Schlachten eines warmblütigen Tieres*, den zweiten, größeren Problemkreis für sich, gibt es nur blamabel wenige Worte (als schriee es aus den Schlachthöfen der Fraßgesellschaft nicht jeden Tag gellender zum Himmel!): es darf nur stattfinden, wenn das Tier *vor Beginn des Blutentzugs betäubt worden ist*; mehr Worte finden die Ausnahmen, nämlich die *Notschlachtungen* (die so heißen, weil die Gewinnsucht des Tierhalters im Fall des Unterbleibens in Not gerät), wo die Betäubung nach den wiederum *gegebe-*

nen Umständen nicht möglich ist, – und die *Bedürfnisse von Angehörigen bestimmter Religionsgemeinschaften*, die hier einmal mehr aus der *Verantwortung des Menschen* entlassen werden und ihren ideologischen Urväterhausrat stillschweigend als *vernünftigen Grund* anerkannt sehen. Die *Voraussetzungen näher zu regeln*, auch *bestimmte Tötungsarten und Betäubungsverfahren* allgemein, auch das *Schlachten von Fischen und anderen kaltblütigen Tieren*, wird in § 4b wieder der Bundesminister ermächtigt –: er wird die Regelung kaltblütig vornehmen, und ob wenigstens eine kleine Barriere gegen das derzeitige Elend dabei herauskommt, steht noch weiter dahin. Ebenfalls auf Rechtsverordnungen des Ministers bleiben die Tiere bei den (§ 5) allzu sachlich so genannten *Eingriffen* angewiesen, die vom Enthornen von Kleinrindern bis zum Schnabelkürzen beim Geflügel reichen: nach welchen *Verfahren und Methoden* die *Durchführung von Maßnahmen* dieser Art erfolgen soll, wird der Verordner irgendwann vorschreiben – *soweit dies zum Schutz der Tiere erforderlich ist*. Strikt *verboten* ist jedenfalls (§ 6) *das vollständige oder teilweise Amputieren von Körperteilen oder das vollständige oder teilweise Entnehmen oder Zerstören von Organen oder Geweben eines Wirbeltieres* – jedoch: *Dies Verbot gilt nicht*, wenn der Eingriff etwa *für die vorgesehene Nutzung des Tieres unerläßlich ist* oder Jemand ihn, etwa, für das *Anlegen von Kulturen* (ach, welch ein Wort!) oder die *Untersuchung isolierter Organe, Gewebe oder Zellen erforderlich* findet –: das Mitgeschöpf ist die Nutzsache geblieben, die es immer mehr geworden war im Verlauf der abendländisch angelegten Kultur –: soll man weiterdenken, was das auch für die Geschöpfe untereinander längst heißt? Für wen eigentlich gilt das Verbot, das imgrunde nur noch eine riesige Lizenz formuliert? Damit ganz klar ist, wer auch hier die Genehmigung schlechthin hat, den unbezweifelten Anspruch auf den Vernünftigen Grund, das Generalprivileg für die Verantwortungslosigkeit des Menschen, ist dem Ganzen eigens ein § 6a angefügt, und er lautet, lakonisch und felsenfest: *Die Vorschriften dieses Abschnitts gelten nicht für Tierversuche und für Eingriffe zur Aus-, Fort- und Weiterbildung.* Wir haben die Halde hinter uns; wir sind der gesetzlichen Selbstaufhebung des gesetzlichen Grundsatzes ganz nahe. Denn nun folgt der Fünfte Abschnitt:

Tierversuche (§§ 7-9). Und es wird sehr zaghaft gleich voran ausgedrückt, was das sei: *Eingriffe oder Behandlungen an Tieren* nämlich *zu Versuchszwecken, die mit Schmerzen, Leiden oder Schäden für die Tiere verbunden sein können:* – da weiß das allgemeine Publikum unterdessen schon mehr als der Gesetzgeber, der sich vermutlich auch nur unwissend stellt: die Möglichkeitsform steht für eine Wirklichkeit, deren diese Beschreibung wahrlich spottet. Trotzdem gehen beide natürlich weiter, die Beschreibung wie die Wirklichkeit – in einer Stilgestalt, die konsequenterweise auch mit unvermeidlichen Leiden und Schäden für die deutsche Sprache verbunden ist. Nach dem, was die Tierversuche sind, folgt das, was sie sein sollen –: *unerläßlich* sollen sie sein (zu Zwecken, über die noch gesondert zu reden sein wird) und *ethisch vertretbar* (dies nicht etwa als Versuche, sondern als *Schmerzen, Leiden oder Schäden im Hinblick auf den Versuchszweck*): hier kann die Sophistik voll in ihre Rechte treten, und sie dürfte es kaum schwer haben, zu jenem traditionellen Punkt vorzudringen, wo der Zweck die Mittel schlechthin heiligt. Das ist, als Genehmigung, dann gegeben, *wenn die angestrebten Ergebnisse vermuten lassen, daß sie für wesentliche Bedürfnisse von Mensch oder Tier einschließlich der Lösung wissenschaftlicher Probleme von hervorragender Bedeutung sein werden* – irgendwann, nötigenfalls in grauer Nachzeit –: ach, wer wollte den Medizinern, was immer auch sonst, wohl die Fähigkeit zum Anstreben und Vermuten absprechen! Wann also dürfen Versuche nicht durchgeführt werden? Daß die Lösung wissenschaftlicher Probleme mit in die wesentlichen Bedürfnisse auch der Tiere eingeschlossen wird, fällt bei der Betrachtung dieser denkerischen Pleite nur gleichsam nebenbei mit an –: ja, werden unsere Gesetze eigentlich von sitzengebliebenen Tölpeln formuliert – oder sind da, einzige Alternative, pure Heuchler und Blödverkäufer am Werk, die bloß gelegentlich verunglücken? Wenigstens *zur Entwicklung von Tabakerzeugnissen, Waschmitteln und dekorativen Kosmetika* sind Tierversuche *grundsätzlich verboten* (§ 7.2.5) – einerseits; andererseits wird wieder der Bundesminister *ermächtigt, Ausnahmen zu bestimmen, soweit es erforderlich ist, um konkrete Gesundheitsgefährdungen abzuwehren* –: es bedarf wahrhaftig keiner sonderlichen Phantasie, um den Entwicklungspunkt des Desasters zu sehen, an dem sich die Regel von der totalen Ausnahme bestimmen lassen muß. *Auch Tierversuche zur Entwicklung oder Erprobung von Waffen, Munition und dazugehörigem Gerät sind verboten* (§ 7.2.4), und man möchte wenigstens hier einmal kurz aufatmen – nach all den jüngst noch öffentlich gewordenen Grauensnachrichten aus jenem Militärkreis, wo der Untergang des Abendlandes generalgeprobt wird. Aber das Andererseits fehlt auch hier keineswegs in diesem fatalen Jein-Gesetz; es steht nur eine weitere Buchstabenhalde entfernt, in § 15.3: da obliegt *die Durchführung für Tiere, die sich im Besitz der Bundeswehr befinden*, wem? Wem sonst als *den zuständigen Stellen der Bundeswehr* –, und der *Bundesminister der Verteidigung beruft eine Kommission zur Unterstützung der zuständigen Dienststellen bei der Entscheidung über die Genehmigung von Versuchsvorhaben*, die doch im Einerseits eben noch verboten waren – denn welche anderen Zwecke könnten wohl wiederum in die Zuständigkeit der Militärs fallen als jene der *Entwicklung oder Erprobung von Waffen, Munition und dazugehörigem Gerät*? Ist nun also Schluß mit der albhaften Vorstellung, daß man Tieren die Glieder wegsprengt, um zu sehen, was man Menschen im Ernstfall, gegen den dies nur ein Scherz ist, alles zumuten könnte – mit dem beruhigenden Resultat, daß alles halb so wild ist und man auch mit halb weggerissenem Gesicht noch weiterleben kann? Oder sollen wir uns vorstellen, es gehe um das Problem, wie lange das Mitgeschöpf als niedliches Maskottchen im Bunker der Geschöpfe bei Wohlbefinden bleibt? Man muß den ganzen gräßlichen Wortqualster in seine Stücke zerlegen, um zu erkennen, wozu die vom Verteidigungsminister zu berufende Kommission zu dienen bestimmt ist, nämlich *zur Unterstützung*, nämlich der *zuständigen Dienststellen*, nämlich *bei der Entscheidung*, nämlich *über die Genehmigung*, nämlich *von Versuchsvorhaben*, die verboten sind. Bei dem allen sind natürlich *die Sicherheitsbelange der Bundeswehr* zu berücksichtigen –

falls die Tiere zum Gegenangriff vorgehen oder gar zur Vorwärtsverteidigung, so daß die grundsätzlich auf Schutz und Wohlbefinden geeichte Institution gar nicht anders kann, als mit Waffen, Munition und dazugehörigem Gerät zurückzuschlagen; – oder ist mit dem Nebelwerferwort *Sicherheitsbelange* bloß gefordert, auch diese – wie andere – gesetzlich unterstützten Vorhaben der Einrichtung als Geheime Bundessache zu behandeln? Daß sie schon vorsorglich das Licht scheuen, wäre ja berechtigt genug; auch die Ärzte haben schließlich ihr Geheimnis. Beide zusammen werden die Mitgeschöpfe wie die Geschöpfe noch teuer zu stehen kommen.

Denn dieses Gesetz ist ein reines Ermächtigungsgesetz: das zeigt sich gerade da, wo es den Tätern die Tat zu erschweren unternimmt. Tierversuche bedürfen nämlich generell (§ 8) der *Genehmigung durch die zuständige Behörde*, und das scheint a priori nichts Kleines zu sein, wenn man deutsche Behörden kennt. Sie wird, diese Genehmigung, auch nur *erteilt, wenn* – ja, die Binsenweisheit müßte eigentlich völlig ausreichend sein: wenn – *die Voraussetzungen vorliegen*, nämlich dieses Gesetzes. Aber es steht noch ein bißchen mehr da: die Genehmigung wird *erteilt, wenn – wissenschaftlich begründet dargelegt ist, daß – die Voraussetzungen vorliegen.* Der kleine Unterschied durch diesen Zwischensatz ist groß –: er besagt nichts Geringeres, als daß die Prüfung der zuständigen Behörde sich nicht auf das Vorliegen der Voraussetzungen erstrecken soll, sondern lediglich auf dessen Darlegung, sprich: schriftliche Behauptung; die Bedingung des *wissenschaftlich begründet* erfüllt dabei mühelos ein Mundvoll medizinischen Jargons. Geprüft wird, Behörden-Ideal, bloßes Papier, nicht die Sache – bloß eine bestimmte Form, nicht der Inhalt. Dieser so unauffällig daherkommende Zentralsatz hat eine Vorgeschichte, und sie ist so blamabel wie er selbst. Der Bundesrat nämlich erkannte in der *Darlegung* des Regierungsentwurfs die tatsächlichen Voraussetzungen als *der behördlichen Prüfung entzogen* und schlug vor, den windigen Zwischensatz zu streichen, um die Vorschrift eindeutig zu machen; der Bundestag dagegen wollte so weit nicht gehen, war aber zu einer Verschärfung der Formulierung bereit: danach sollte nun nicht nur *dargelegt*, sondern *glaubhaft gemacht* werden, was zwar *weniger als Beweisen, jedoch mehr als Darlegen* bedeute – und zuletzt gar nichts bedeutet: – was haben Mediziner, allein durch ihren Brustton erfolgreich, nicht alles an Unsinn schon glaubhaft gemacht! Der Bundesrat bedauerte denn auch, die *inhaltliche Prüfung* so nicht gewährleistet zu sehen; zur Kompromißbildung wurde der Vermittlungsausschuß angerufen, und dessen Vorsitzender Dr. Langner, CDU-Abgeordneter, Volljurist, präsentierte nun als Ergebnis seiner Bemühungen, die Bundesrats-Bedenken gegen das *Glaubhaftmachen* auszuräumen, die alte *Darlegung* – gegen die sich dann auf einmal weder im Bundesrat noch im Bundestag mehr eine Mehrheit fand: ein Vorgang, den der hessische Staatsminister Armin Clauss als *gezielte Irreführung* und *Spiel mit gezinkten Karten* qualifizierte: das *makabre Ergebnis* sei, *daß das Gesetz in diesem Punkt ohne die Anrufung des Vermittlungsausschusses immer noch besser gewesen wäre als jetzt.* Makaber ist das Ergebnis des ganzen Gesetzes: eine Tor- und Türöffnung für jede Art Irreführer und Kartenzinker selbst. Das erweist sich mit jedem Schachtelsatz mehr, mit dem die *Voraussetzungen* zur Genehmigung der Tierversuche definiert werden – wenn etwa (§ 8.3.3) *die erforderlichen Anlagen, Geräte und anderen sachlichen Mittel vorhanden sowie die personellen und organisatorischen Voraussetzungen für die Durchführung gegeben* sein müssen, also sichergestellt ist, daß das sonst verbotene *vollständige oder teilweise Entnehmen oder Zerstören von Organen oder Geweben* (§ 6.1) auch zünftig mit einem Skalpell durchgeführt wird und nicht etwa stillos mit dem Metzgermesser. Es erweist sich etwa, wenn man nur einem der Sätze durch seine Verweisungen folgt –: etwa da, wo (§ 8.2.3) im Antrag *darzulegen ist, daß die Voraussetzungen des Absatzes 3 Nr. 5 vorliegen*, nämlich (§ 8.3.5) *die Einhaltung der Vorschriften des § 9 Abs. 1 und 2 und des § 9a Abs. 1 erwartet werden kann*, nämlich (§ 9.1-2) *Tierversuche an Wirbeltieren, ausgenommen Versuche nach § 8 Abs. 7 Nr. 2, nur von Personen mit abgeschlossenem Hochschulstudium* und so weiter *durchgeführt werden*, ausgenommen nämlich (§ 8.7.2) *Versuchsvorhaben, die… der Erkennung insbesondere von Krankheiten, Leiden, Körperschäden oder körperlichen Beschwerden bei Mensch oder Tier oder der Prüfung von Seren oder Impfstoffen dienen* und so immer weiter. Sehr viel Papier ist zu beschreiben – lästig, aber doch zu schaffen, wenn man damit um den *Grundsatz* der *Verantwortung des Menschen* herumkommt –: der *Leiter des Versuchsvorhabens* ist anzugeben *und sein Stellvertreter*; deren Wechsel ist der Behörde anzuzeigen – wobei die Genehmigung aber weiter gilt – wenn sie nicht widerrufen wird; auch Versuche, die wiederum gar nicht der Genehmigung bedürfen, wenn nämlich

(§ 8.7.1) *deren Durchführung ausdrücklich durch Gesetz oder Rechtsverordnung oder durch unmittelbar anwendbaren Rechtsakt eines Organs der Europäischen Gemeinschaften vorgeschrieben oder in einer von der Bundesregierung oder einem Bundesminister mit Zustimmung des Bundesrates im Einklang mit § 7 Abs. 2 und 3 erlassenen allgemeinen Verwaltungsvorschrift vorgesehen oder auf Grund eines Gesetzes oder einer Rechtsverordnung oder eines unmittelbar anwendbaren Rechtsaktes eines Organs der Europäischen Gemeinschaften von einem Richter oder einer Behörde angeordnet oder im Einzelfall als Voraussetzung für den Erlaß eines Verwaltungsaktes gefordert* ist, – auch sie sind *anzuzeigen*, aber nicht etwa bei der Staatsanwaltschaft, sondern der zuständigen Behörde, und enthalten in der Anzeige müssen (§ 8a.2) sein: von den Opfern Art und Zahl, von den Tätern Name und Anschrift, von der Tat Zweck, Art und Ort, Beginn und Dauer und Durchführung (nämlich die Methode des Wahnsinns); ist freilich eine ganze Serie von Taten beabsichtigt, so genügt die Anzeige nur der ersten und am Jahresende die der Gesamtzahl … Was hier die Perspektive zuwuchert, ist der bloße Verwaltungs-Dschungel, und ist man durch ihn hindurch, so bleibt zuletzt kaum noch eine andere Frage übrig als diese: Wann eigentlich werden Tierversuche nicht genehmigt? Wann ist es grundsätzlich, d. h. nach dem *Grundsatz* des § 1, verboten, einem Tier *Schmerzen, Leiden oder Schäden zuzufügen*? Auch der (§ 8b) umständlich vorgeschriebene *Tierschutzbeauftragte* wird da wohl kaum nachhaltig etwas verhindern, weil schon das wiederum ihm vorgeschriebene *abgeschlossene Hochschulstudium der Veterinärmedizin, Medizin oder Biologie – Fachrichtung Zoologie* – verhindern dürfte, daß die Verantwortung des Menschen für das Mitgeschöpf allzu menschenverstandsgesund gegen die Vernünftigen Gründe vorgeht –: einen Verwandtenkrach wird es in dieser harmonischen Großfamilie schwerlich geben. Und sollten ja doch einmal die Geräte und anderen sachlichen Mittel fliegen, so braucht ihm, dem *Tierschutzbeauftragten*, von dem sogar (§ 8b.3.4) ganz realistisch ins Auge gefaßt wird, daß er *selbst ein Versuchsvorhaben durchführt*, nur das Gesetz selbst vorgehalten zu werden, das entsprechend vorgesorgt hat: danach hat er (§ 8b.3) lediglich auf die Einhaltung der Vorschriften *zu achten*, die Versuchstäter *zu beraten*, zu ihren Genehmigungsanträgen *Stellung zu nehmen* und auf die Vermeidung oder Beschränkung der Tat *hinzuwirken* – aber alles ganz gelinde und familiär, nämlich *innerbetrieblich*. Und dort, im Innern des Betriebs, sind (§ 8b.6) *seine Stellung und seine Befugnisse* denn auch *zu regeln*, und es ist dabei – immer von den Tätern, nicht etwa vom Gesetz – *sicherzustellen*, daß er seine *Vorschläge und Bedenken unmittelbar der in der Einrichtung entscheidenden Stelle vortragen kann*. Was das schließlich bedeutet, steht auch ganz direkt da: *Der Tierschutzbeauftragte ist bei der Erfüllung seiner Aufgaben weisungsfrei* –: er braucht keine Weisungen entgegenzunehmen, aber er darf auch selber keine geben. Er trägt und schlägt lediglich vor; die Stelle der Tätereinrichtung entscheidet. Dies alles ist, als Schutz-Gesetz, ein einziger Hohn auf sich selbst. Der Tierschutzbeauftragte soll leisten, was sein legislativer Auftraggeber, der doch der eigentliche Tierschutzbeauftragte ist, selber nicht leistet, und das Scheitern seines Auftrags ist in den

Auftrag selbst einprogrammiert. Dies alles ist: eine vertuschte Pleite der Rechtsvernunft – eine hochtönende Wörterfassade, aufgerichtet zu dem einzigen Zweckeffekt, das zynische Gelächter dahinter zu decken, wo die wahren Gesetzgeber unter sich sind. Es ist ein Ermächtigungsgesetz, und in welchem Circulus vitiosus es sich dreht und windet mit seiner Ohnmacht, geht aus allen seinen raschelnden Bestimmungen hervor. Es delegiert zuletzt, ja verspielt – *mit gezinkten Karten* – seine Autorität über die Tat selbst an die Täter –: wann eigentlich kann noch nicht-genehmigt werden, was niemand darf? Denn schließlich heißt das Einerseits-Andererseits auch einfach Theorie und Praxis –: »in der Praxis« ist die Genehmigung eine Routinesache, wie sie's immer war; sie wurde nie verweigert und wird es auch künftig nicht werden; und gibt es einmal einen Zweifelsfall, so macht sich die zuständige Behörde bei eben jenen sachkundig, die den Zweifelsfall vertreten und den Zweifel selbst grundsätzlich überflüssig finden, – Beispiele liegen genügend vor. Ein Ermächtigungsgesetz –: vielleicht darf man sagen, daß es mit seiner materiellen Absurdität in der ganzen deutschen Gesetzesgeschichte ohne Parallele ist? Oder sollte man es, zur Milderung des Verdikts, wenigstens metaphorisch mit jenem anderen vergleichen, das die *Behebung der Not von Volk und Reich* im Titel trug wie hier den *Schutz* – und jene Not erst im Extrem bewirkte? Ermächtigung –: bleibt zu besichtigen, wer die Ermächtigten sind, die privilegierten Täter, die von der Verantwortung dispensierten Ausnahme-Genehmigungs-Menschen, die Besitzer des Vernünftigen Grunds –: wer sind die Niemande, die dürfen, und vor allem: wie viele mögen es sein? Der § 9 beschreibt sie und ihre Lizenz ausführlich: *Schmerzen, Leiden oder Schäden* dürfen den Mitgeschöpfen *nur von Personen* zugefügt werden, *die die dafür erforderlichen Fachkenntnisse haben*; bei Wirbeltieren sind es solche *mit abgeschlossenem Hochschulstudium der Veterinärmedizin oder der Medizin oder mit abgeschlossenem naturwissenschaftlichem Hochschulstudium* –: also auch Mathematiker oder Astronomen? Der Gesetzgeber hat die Präzision, in der er ohnehin nicht exzelliert, hier fallen lassen dürfen, weil ja schwerlich anzunehmen ist, daß die Genannten, die auch gar nicht darum eingekommen waren, von der großzügigen Erlaubnis Gebrauch machen werden, obwohl die *angestrebten Ergebnisse* für ihr Fachgebiet kaum kleiner ausfallen könnten als für die Heilkunst, weil nämlich nicht unter Null. Wie viele also bleiben? Jedenfalls: potentiell immer noch Zigtausende – und das ist wahrhaft eine Zahl, die frieren macht. Selbst wenn man auch noch die Anthropologen und die sogenannten Humangenetiker streicht, denen aber schon weniger zu trauen ist als den weiteren Naturwissenschaftlern, bleibt das ganze Heer derer übrig, die den Dr. med. vor ihren Namen gebracht haben. Sie sind's, die bestimmen, wer die *erforderlichen Fachkenntnisse* hat – die der Gesetzgeber bei ihnen selber stillschweigend voraussetzt, ohne sich auch nur mit dem Versuch abzugeben, eine doch etwas höhere Autorität als das bloße Hochschulstudium zu konstruieren –: soll man das nun einfach einfältig nennen? Er konstruiert ersatzweise, der Gesetzgeber, erneut viele Schachtelsätze, um sich aus dem Fiasko zu retten; ihre denkerische Basis ist nun wirklich die Einfalt selbst. So etwa, wenn er die Abstrakta anruft, z. B. den Geist der Wissenschaft: *Tierver-*

suche sind auf das unerläßliche Maß zu beschränken, ja; aber *bei der Durchführung ist der Stand der wissenschaftlichen Erkenntnisse zu berücksichtigen*, und wenn der so beschränkt und unzulänglich ist, wie er ist, bleibt auch die Berücksichtigung ohne zulänglichen Beschränkungseffekt. Unmittelbares Derivat dieses Erkenntnisstands ist der *verfolgte Zweck*, der wie eine Idée fixe durch den Text geistert, und gerade er zeigt zur gespenstischen Genüge, was mit der Berücksichtigung wirklich gemeint ist, nämlich eine weiter erweiterte Lizenz. Versuche an *sinnesphysiologisch höher entwickelten Tieren* sind erlaubt, sobald Versuche *an sinnesphysiologisch niedriger entwickelten Tieren für den verfolgten Zweck nicht ausreichen*; Tiere, die *aus der Natur entnommen* worden sind, dürfen nur verwendet werden, *soweit Versuche an anderen Tieren für den verfolgten Zweck nicht ausreichen*; es dürfen nur soviel Tiere verwendet werden, wie *für den verfolgten Zweck erforderlich ist*; *Schmerzen, Leiden oder Schäden* dürfen nur *in dem Maße zugefügt werden, als es für den verfolgten Zweck unerläßlich* ist; *schmerzlindernde Mittel* sind zu verabreichen – *es sei denn, daß dies mit dem Zweck des Tierversuchs nicht vereinbar ist*; betäubt soll generell werden – wenn nicht *der Zweck des Tierversuchs eine Betäubung ausschließt*; endlich, lapidarer Gipfel: *An einem nicht betäubten Wirbeltier darf nur einmal ein erheblich schmerzhafter Eingriff oder eine erheblich schmerzhafte Behandlung durchgeführt werden, es sei denn, daß der Zweck des Tierversuchs anders nicht erreicht werden kann* –: was für einen Zweck mögen die abgeschlossenen Hochschüler mit den Fachkenntnissen bei der hier formulierten Schreckensvision wohl im Auge gehabt haben –, einen anderen als die Probe aufs Exempel ihres Sadismus? Was sind das überhaupt für Leute, von denen dergleichen *durchgeführt* wird, – wie sehen sie aus? Würden ihre Physiognomien auf einem Terroristensteckbrief aus dem Rahmen fallen? Wie hoch, wie niedrig entwickelt ist ihre eigene Sinnesphysiologie? Ihr dreimal verfluchter Zweck (über dessen Inhalt – gemach! – noch geredet wird) bestimmt allein, was nicht ausreicht, was erforderlich, unerläßlich, vereinbar ist, was ausschließt und nicht erreicht werden kann; dieser dreimal verfluchte Zweck bestimmt anstelle des gesetzlichen Erlasses das Maß aller Dinge und Taten, und da er selber allein von den Tätern bestimmt wird, bestimmen die Täter das Maß aller Unerläßlichkeit der Tat –: es ist nicht zu sagen. Oder doch, so: Der *verfolgte Zweck* im Gesetz kollidiert frontal mit dem vorgegebenen *Zweck dieses Gesetzes* –: das ganze Gesetz ist eine contradictio in adiecto.

Die Folgen dieser grundsätzlichen Schizophrenie lassen sich in sämtlichen Satz-, um nicht zu sagen Gedankengängen aufspüren, durch die es sich windet. So, wenn die Schutzvorschrift bei dem berüchtigten und unablässig durchgeführten LD-50-Test *zur Ermittlung der tödlichen Dosis oder tödlichen Konzentration eines Stoffes* (§ 9.2.6) vorschreibt, *das Tier schmerzlos zu töten* (nämlich mit der bereits schmerzvoll ermittelten tödlichen Dosis eines anderen Stoffs), *sobald erkennbar ist, daß es infolge der Wirkung des Stoffes stirbt*. Sonst stirbt es jedenfalls infolge der Versuche – und infolge des Gesetzes stirbt es überhaupt, obwohl dieses tatsächlich (§ 9.2.8) vorsieht, daß es *am Ende eines Tierversuchs am Leben erhalten werden* könne und dann *seinem*

Gesundheitszustand entsprechend gepflegt und dabei von einem Tierarzt oder einer anderen befähigten Person beobachtet und erforderlichenfalls medizinisch versorgt werden müsse –: soll uns das vorspiegeln, es komme überhaupt eins mit dem Leben davon? *Kann das Tier nach dem Urteil des Tierarztes nur unter Schmerzen oder Leiden weiterleben, so muß es unverzüglich schmerzlos getötet werden* –: ist das Urteil etwa nicht immer, so oder so, ein Todesurteil? Kommt der unverzügliche Tod nicht gar noch generell als Freund angesichts des generell vorgesehenen, nur oft endlos verziehenden Todesschicksals am Ende? Ist das, dieser sophistische Gnadentod, der vernünftige Grund dafür, daß das Gesetz ihn selbst nicht mehr unter die Schäden rechnet, die niemand zufügen darf? Grenzt es nicht vielmehr mit atemberaubender Unbefangenheit die Versuchstiere generell aus seinem Schutzbefehl für die Tiere aus? Sollen wir ernstlich glauben, die gequälten Wesen würden nach Beobachtung, Versorgung und Pflege aus der Versuchsanstalt entlassen – in ein Rehabilitationszentrum vielleicht? Wo bleiben sie, die alljährlichen Millionen – anderswo als in den Produktionsmaschinerien der von der zivilisierten Gesellschaft so genannten »Tierkörperverwertungsanstalten«? *Ist das Tier in einem mit erheblichen oder länger anhaltenden Schmerzen oder Leiden verbundenen Tierversuch verwendet worden*, so darf es (§ 9.2.5) *nicht für ein weiteres Versuchsvorhaben verwendet werden – – e s s e i d e n n, sein allgemeiner Gesundheitszustand und sein Wohlbefinden sind vollständig wieder hergestellt* (bei erheblichen Schäden, d. h. Verstümmelungen) *und der weitere Tierversuch ist nicht mit Leiden oder Schäden und mit nur unerheblichen*

Schmerzen verbunden – nach dem Urteil des Versuchers, für den die Mitgeschöpfe und ihre Empfindungen generell mit Unerheblichkeit verbunden sind. Dergleichen hat ein Pulk von Beamten ausgebrütet, deren Wohlbefinden dabei nie um seine Vollständigkeit gekommen ist –: sollte man das ganze Gesetz vielleicht doch einfach auf eine niedriger entwickelte Sinnesphysiologie zurückführen? Schlechterdings nichts von dem, was es vielleicht in gutem Vorsatz gewollt haben mag, hat sich vor dem Machtdruck der Täter halten können, nicht einmal die schon genügend ausgefranste Definition der Täter selbst. Denn schließlich dürfen (Sechster Abschnitt: § 10) Tierversuche weiterhin auch zur *Aus-, Fort- oder Weiterbildung durchgeführt werden, soweit ihr Zweck nicht auf andere Weise, insbesondere durch filmische Darstellungen, erreicht werden kann*, und die wacklige Barriere des § 9.1 sackt weiter in sich zusammen: es genügt schließlich, wenn die Versuche *unter Aufsicht der dort genannten Personen* durchgeführt werden. Den Leuten mit dem abgeschlossenen Hochschulstudium gesellen sich ergo alle jene hinzu, die ein solches erst dermaleinst abzuschließen gedenken, und sie dürften wohl von ihrer Aufsicht, die ihre Zwecke in der Regel durch filmische Darstellungen nicht erreicht sieht, weiter ermutigt-bis-gezwungen werden, kleinen Fröschen mit der Schere bei vollem Bewußtsein das Schädeldach abzutrennen, um ein paar neurophysiologische Zuckungseffekte zu betrachten. Das geht nun schon seit zweihundert Jahren so aus, fort und weiter, und die Bildung, die dabei herauskommt, ist längst von einer Art, die man auch lieber durch filmische Darstellungen ersetzt sähe. Es geht auch im Gesetz denn weiter, durch weiter gewundene Satz- und Gedankengänge: vom (Achter Abschnitt: § 12) *Verbringungs-, Verkehrs- und Haltungsverbot*, das aber *der zollamtlichen Abfertigung nicht entgegen* steht, über (Neunter Abschnitt: § 13) *Sonstige Bestimmungen zum Schutz der Tiere*, in denen etwa quälende Fangvorrichtungen verboten sind, dies aber wiederum *nicht gilt für die Anwendung von Vorrichtungen, die auf Grund anderer Rechtsvorschriften zugelassen* sind, bis hin zur (Zehnter Abschnitt) *Durchführung des Gesetzes*, die (§ 15) *den nach Landesrecht zuständigen Behörden* obliegt. Das Einerseits-Andererseits bleibt sich treu, bis es nur noch ein Andererseits ist: *Die nach Landesrecht zuständigen Behörden berufen jeweils eine oder mehrere Kommissionen – zur Unterstützung – der zuständigen Behörden – bei der Entscheidung – über die Genehmigung – von Tierversuchen* –, offenbar nicht zur Unterstützung bei der Verantwortung des Menschen; *die Mehrheit der Kommissionsmitglieder muß die für die Beurteilung von Tierversuchen erforderlichen Fachkenntnisse der Veterinärmedizin, der Medizin oder einer naturwissenschaftlichen Fachrichtung* haben –, offenbar nicht die der Ethik. Es geht weiter –: man lese das alles nach – und verschaffe sich anhand der hier durchleuchteten Beispiele zum richtigen Nachlesen die Fähigkeit, auch die ganze erbärmliche Schläue mitzulesen, die das Desaster dieses angeblich die ethische Vertretbarkeit vertretenden Gesetzes ist. Es hat seine Vertretung weit weniger ernst genommen, als es durch seine klingende Prämisse im § 1 glauben machen will, ja es hat diese Prämisse im Fortgang seines Pak- und Taktierens derart à la bagatelle behandelt, daß man zweifeln muß, ob ihm ihre Tragweite überhaupt noch sichtbar geworden ist – ob sie, die so mit aller Macht formulierte, gerade als *Grundsatz* überhaupt noch mehr bezeugt als eine grundsätzlich gewordene Bagatellbehandlung legislativer Fundamentalwerte. Rechtsphilosophen könnten hier abermals sehr ins Grübeln geraten –: Hat dieses Gesetz sich – sei es mit seiner Schläue, sei es mit seiner Unbefangenheit – vielleicht einfach übernommen? War es ein Dilettantenwerk? Ist es nicht in sich selber einfach mangelhaft und absurd? Wenn der Gesetzgeber seine Befugnis, Rechtsgüter zu setzen, selber vom Interesse der Rechtsgemeinschaft löst und von einer Summa Lex ableitet (*Verantwortung des Menschen*), erhalten Ausnahmebestimmungen dieser gegenüber selbst einen Tatcharakter mit bestimmbarem Schuldgehalt: – was könnte dieses Rechtswerk dazu gebracht haben, sich derart widersinnig als Verstoß gegen seine eigene Legitimation zu formulieren? Vielleicht ist man, um die inhaltliche und formale Versagensharmonie zu begreifen, am Ende genötigt, aus allen seinen Wörtlichkeiten weg ins Übertragene zu gehen und es insgesamt nur noch als geschlossene Metapher zu betrachten – für eine grundsätzliche Schuldigkeit, die ihren Zustand, in Form und Inhalt, nur noch selbst abbilden, seiner Herr werden aber nicht mehr kann...

Wie soll, was so weit gekommen ist, noch weitergehen? Der Gesetzgeber weiß es selber nicht. Er wird die Dinge wachsen lassen, denen er nicht gewachsen war, und abwarten. § 16d: *Die Bundesregierung erstattet dem deutschen Bundestag alle drei Jahre einen Bericht über den Stand der Entwicklung des Tierschutzes.* Betrachtet man, was schon vor 100 Jahren über den betreffenden Stand zu berichten war und berichtet wurde, so kann von Entwicklung keine große Rede sein. Auf die Evolution ist politisch kein Verlaß; die Arten sterben derweil aus, eine nach der andern, und irgendwann wird aufgrund dessen, was sie aussterben läßt, wohl auch die Art Mensch ausgestorben sein – zumindest jener Mutant, der durch eine sinnesphysiologisch unglücklich entwickelte Anlage verurteilt war, die Verantwortung des Geschöpfes für das Mitgeschöpf auf der eigenen Haut zu spüren. Spätestens dann wird sich jedenfalls auch der Tierschutz auf einen Stand entwickelt haben, der es den zuständigen Behörden ermöglicht, ihn ganz auf den verfolgten Zweck hin zu formulieren – nämlich den § 1, nämlich etwa so:

GRUNDSATZ: ZWECK DIESES GESETZES IST ES, TIEREN OHNE VERNÜNFTIGEN GRUND SCHMERZEN, LEIDEN ODER SCHÄDEN ZUZUFÜGEN. NIEMAND DARF AUS DER VERANTWORTUNG DES MENSCHEN FÜR DAS TIER ALS MITGESCHÖPF DESSEN LEBEN UND WOHLBEFINDEN SCHÜTZEN.

»Einer gebildeten Nation oder dem juristischen Stande in derselben die Fähigkeit abzusprechen, ein Gesetzbuch zu machen«, steht bei Hegel (in den »Grundlinien der Philosophie des Rechts«, § 211), »wäre einer der größten Schimpfe, der einer Nation oder jenem Stande angetan werden könnte.« Zumindest diesem einen Gesetz, einem elementaren jedoch, einem Grund- und Grundlagengesetz der gesitteten Gesellschaft, kann man die Fähigkeit, seinem erkannten Auftrag wie Selbstauftrag gerecht geworden zu sein, nicht zusprechen. Eine Handvoll von Bürgern, deren Sache die

Verantwortung des Menschen nicht ist, hat einen Maulkorb um ihre Habgier und Beißwütigkeit gelegt bekommen; das war gut und wichtig. Ein Heer von Bürgern, deren Sache die Verantwortung des Menschen nicht ist, hat einen Freibrief erhalten für ihre Habgier und Beißwütigkeit; das ist ein Skandal. Und dieser Skandal treibt zuletzt auch das Urteil über das so verquirlte Amalgam von Einerseits-Andererseits in ein entschiedenes Entweder-Oder auseinander –: Entweder hat der Gesetzgeber seinen Grundsatz bei vollem Bewußtsein scheitern sehen, und es war ihm nur noch um den Schönen Schein zu tun; dann ist er ein Heuchler. Oder er hat wirklich das Grundsätzliche sagen wollen und nur aus heilloser Unfähigkeit nicht können; dann bliebe übrig, ihm in aller Ruhe Formulierungshilfe anzubieten, und notfalls mache ich mich selber anheischig, ihm das Paragraphenwerk strikt nach seinem *Grundsatz* und sogar unter Berücksichtigung des *Standes der wissenschaftlichen Erkenntnisse* mitsamt ihren Standesvertretungen in ein Textgewebe zu fassen, von dem keine weiße oder feldgraue Maus mehr einen Faden abbeißt. Er äußere sich. Aber er suche schleunigst nach Mitteln und Wegen, sich dieses unfähig gemachte Gesetz wieder vom Hals zu schaffen, das ihm vor einer humaneren Nachwelt sonst unfehlbar zur Schlinge werden muß.

Was gibt dieses Gesetz auf? Als Gesetz: sich selbst als möglichen Widerstand gegen das heraufkommende Nihil des Jahrhunderts; als Metapher: sich selbst als Möglichkeit zur prinzipiellen Hoffnung. Keine ist mehr heruntergekommen; keiner wäre nötiger aufzuhelfen. Was taugt das Tierschutzgesetz? Es taugt, heruntergekommen, heraufgekommen, Nichts.

III.

Aber nun müssen wir, es hilft nichts, zweiter Exkurs, noch in ein weiteres Detail, und es ist jenes, in dem des Teufels Groß-Mutter steckt. Jenes gewaltige Götzenbild nämlich, um das herum die gesamte Heil-Schul-Wissenschaft im ritualen Kotau auf den Knien liegt, der Ur- und Inbegriff ihrer ganzen Forschung und Lehre, der Mittelpunkt ihrer nosologischen Konfession, den sie so wenig hinterfragt wie der religiöse Gläubige die Gottesprämisse – von dem alle ihre *verfolgten Zwecke* unmittelbar ausgehen – von dem sie ihre ganze Autorität beziehen, ja ihre Weihe –: die Grundannahme nämlich, daß »Leben« – mitsamt seinen einander so komplex überlagernden und durchdringenden Dimensionen »Gesundheit« und »Krankheit« – identisch sei mit der dreidimensional zugänglichen Funktionsmechanik, in der es sich »äußert« und »verwirklicht«, daß es mit ihr ergo definierbar sei, in ihr ergo wandelbar, qualitativ beeinflußbar, ja zu »beherrschen«. Hier hat sich eine uralt übererbte, wie immer auch von der abendländischen Antike bereits infrage gestellte, Ontologie mit seltenem Beharrungsvermögen gehalten, und nur desto beharrlicher hält sie sich heute, je mehr die parallelen Real-Wissenschaften sie als zurückgeblieben erkennen. Das Schauspiel könnte – und wird für eine weitere Nachzeit – überwiegend komisch sein, wäre es nicht von so weltweit tragischer Auswirkung: – nur eine der Folgen ist, real und metaphorisch lehrhaft in einem, daß in der medizinischen Lehre die zu immer waghalsigeren Terminologien vorgetriebene Beschreibung der als invariant gesetzten Leibmechanik in eben dem Maße wächst, in dem die therapeutische Potenz abnimmt; nur eine der Folgen ist (mit unmittelharer Spiegelung im Ordinationsalltag), daß an die Stelle der Individualität, deren somatischer und psychischer Phänotypus doch sonst das reichste Variabilitätsmuster der Natur aufweist, die Vorstellung von einer normierten Sache getreten ist. Zwar haben in die Terminologie, die der Komplexität des Erforschten mit einem bis an die Zähne armierten wissenschaftlichen Expressionismus beizukommen sucht, allmählich auch Begriffe wie »vegetativ« oder, meist falsch angewendet, »psychosomatisch« Eingang gefunden; aber sie stehen nur für absolute Leerfelder des medizinischen Wissens und sind als Begriffe selber reinweg leere Hülsen, der Forschung aufgenötigt vom Fortschritt der Tiefenpsychologie, den sie vergebens aufzuhalten versucht hat, und geduldet höchstens im Umkreis jener unverschämten Placebo-Ideologie, die das Nichtwissen selber ist; die Forschung selbst gilt allem eher als ihnen und dem, was sie meinen. Leben, Leib, Gesundheit als Mechanik, als normierte Sache: von diesem Zentrum der medizinischen Ideologie, der medizinischen Glaubens- und Erlösungslehre, ist nur zu folgerichtig eine Serie von inhumanen Entwicklungen ausgegangen –: sie haben die unwürdige Behandlung der Patienten in Praxen und Krankenhäusern ebenso bewirkt wie ihr Gegenstück, den Größen- und Herrenrassenwahn der Behandler; sie haben nicht zuletzt auch den Wahn- und

Aberwitz der Tierversuche am immer tödlicheren Leben erhalten. Denn wo man die individualen Unterschiede in der Leibkonstitution von Wesen der gleichen Art gering achtet, gibt es keine Hemmung für die nächste Annahme, daß auch zwischen den Leibkonstitutionen verschiedenartiger Wesen die Unterschiede gering und unbeachtlich seien – und daß man folglich von gewonnenen Reaktionsbefunden beliebig herüber- und hinüberschließen dürfe. Diese Annahme war früher, in noch weniger erleuchteten Zeiten, vielleicht nur fahrlässig und vom wissenschaftlichen Beweisprinzip her bedenklich; heute ist sie absurd und eine Parodie auf wissenschaftliches Denken schlechthin. Beiseite gelassen, ob die Medizin bei ihren Prämissen überhaupt als Wissenschaft anzuerkennen ist und nicht eher unter die säkularen Theologien zu rechnen, unter die *bestimmten Religionsgemeinschaften*, mit denen sie gemeinsam hat, daß ihre Anerkanntheit sich viel mehr auf geschichtlich erworbene Machtfülle gründet als auf ein, durch immer neue Selbstreflexion von Zweifeln befreites, Beweisfundament, – das beiseite, einstweilen, gehört die behauptete Wissenschaftlichkeit der Tierversuchsbegründung nirgendwo anders mehr hin als in den historischen Abfalleimer, so übervoll von Medikamenten dieser auch bereits sein mag. Sie hat nicht mehr Wahrheitsgewicht als die Posaunenreklame der hinter ihr stehenden *deutschen Arzneimittel-Hersteller*, die – sonst als Konkurrenten sehr getrennt marschierend, hier aber vereint schlagend – etwa bei Ratten *die Übertragbarkeit der Erkenntnisse auf den Menschen in erforderlichem Maße gewährleistet* sehen –: weil der Mensch, jedenfalls der ihrer Erkenntnis und Selbsterkenntnis zugängliche, gar so rattenähnlich ist, gell? All diese und ähnliche Behauptungen sind frech verblasener Wind: – »Wer vor der Vivisektion keine Skrupel hat«, sagte George Bernard Shaw, »der hat auch keine Skrupel, Lügen darüber zu verbreiten.« Verlogen ist die ganze so verantwortungsbewußte Miene, mit der die Industriewissenschaft auf ihre *speziellen Tierzuchten* pocht, die wiederum etwas *gewährleisten*, nämlich *möglichst gleichartige Erbanlagen*: – wahr ist lediglich, daß bei einigen gezielten Untersuchungen als *biologische Modelle für den Menschen* degenerierte Spezialstämme Verwendung finden, die einige reproduzierbare Bio-Eigenschaften besitzen (z. B. die sogenannten Adipositas-Ratten, Shay-Ratten usw.), und sie wiederum haben ihre eigene Spezialfragwürdigkeit, die wohl kaum erläutert werden muß. Daß selbst Geschwistertiere selbst nach längeren Zuchtstrecken noch die reichsten Individualitäten ausprägen, psychisch wie somatisch, ist außerhalb der Industrielabors unumstritten (und in ihnen vermutlich auch) und jedem schlichten Menschen bekannt, der mit noch leidlicher Verstandesgesundheit und Seelensensibilität seine Mitgeschöpfe angeschaut hat –: nur wer die Mitwirkung meta-physischer Konstituentien prinzipiell mißachtet, kann die *Gleichartigkeit* für *möglich* halten, und der Schwur auf die Erbanlagen erweist sich gerade im Bezirk von Gesundheit und Krankheit, in den die Mediziner andererseits immer mehr *Sozialfaktoren* einführen müssen, bloß einmal mehr als lauter Schall und Wahn. So wenig die Experimentatoren von der Lebensstruktur des Menschen wissen, so wenig wissen sie von der ähnlich-anderen des Tiers, egal ob Fisch oder Fleisch; nur daß beide anders sind, kann nun wirklich als hinreichend bewiesen gelten. Hinreichend bewiesen ist, daß Tiere – was immer der Schöpfer damit im Sinn gehabt haben mag – von Krankheiten weit mehr verschont sind als die arme Menschheit, die buchstäblich abgewirtschaftete, verkrebste, gefäßverstopfte, und wo sie schwer erkranken, ist meist das Menschenvieh daran schuld, das seine Unvernunft auf die kleinen so vernünftigen Wesen hartnäckig überträgt, um dann anschließend Chemiker ins Brot zu setzen; hinreichend bewiesen ist, daß die schweren Gesundheitsentartungen der Menschenwelt bei den Versuchstieren erst künstlich und mit aller Gewalt hervorgerufen werden müssen, ehe man daran gehen kann, die Gegenprovokation der Versuchschemie einzusetzen –: sollte nicht, nächstliegenderweise, auch für die körpereigene Abwehrkraft ein Unterschied sein zwischen solchen Krankheiten und solchen? Schopenhauers Bemerkung über den Instinkt, daß dieser nämlich »das Tier viel sicherer zu dem ihm möglichen Grade von irdischem Wohlsein geleite als den Menschen die Vernunft«, ist ja leider nur zu wahr; selbst vor schädlichen Einflüssen und Substanzen, die der Mensch mit imponierender Energie auf sich zieht und in sich hinein, läßt das Tier sein Instinkt oft lebenssicher zurückweichen. Sogar die schädlichen Substanzen selbst, die menschenschädlichen, kommen bei ihm nicht so an wie bei seinem ähnlich-anderen Mitgeschöpf –: Schafe verkraften Arsen, Kaninchen Tollkirsche und Fliegenpilz, Hunde Opium, und das Meerschweinchen von nebenan verträgt eine Dosis Strychnin, mit der im Leibe die ganze Bundesärztekammer tot von ihren Stühlen fallen würde. Das alles ist in hundert Jahren hundertfach beschrieben worden, und daß es in den harten Kern dieser hartkernigen Köpfe nicht vordringt, beweist am Ende nur, daß Ignoranz von beständigem Ignorieren kommt. Es ist nichts mit der Gleichartigkeit; es ist nichts mit der Übertragbarkeit; es hat mit der ganzen Ideologie des Tierversuchs schlechterdings nichts auf sich. Hinreichend bewiesen ist das, schließlich und zuletzt, sogar im empirischen Argument, das diesen eingeschworenen Empirikern doch am ehesten einleuchten müßte, wenn die gelegentlich fortschreitende Erleuchtung der Weltverhältnisse bei ihnen eine Chance hätte: Seit die Pharmachemieküchen vor sich hinpanschen, haben die Entwicklungen in Desastern geendet; die ganze Geschichte der Arzneimittelherstellung, von der Vergangenheit bis in die Zukunft, ist markiert von Katastrophen. Vom Thalidomid vor einem Vierteljahrhundert (»Contergan«) über das jahrzehntelang freigebig in die Analgetika gepackte Phenacetin oder die verschiedenen Pyrazol-Derivate, mit deren abenteuerlicher Synthetisierung schon vor über 100 Jahren begonnen wurde, wie Aminophenazon (»Pyramidon« mit dem daran gebundenen Sonderskandal um die Nitrosamine, die stärksten bekannten Krebserzeuger) oder Oxyphenbutazon (»Tanderil«: *ausgezeichnete Verträglichkeit*: über 1 000 Tote plus Dunkelziffer; vor 3 Jahren verbot das BGA auf einen Schlag 65 gleich oder ähnlich gebaute Antirheumatika) bis hin zu ihrem neuesten Fiasko Metamizol (»Novalgin« – das aber selbst gar nicht neu war, sondern seit 60 Jahren tonnenweise gegen Schmerzen aller Art verfüttert worden ist) –: alles – und es sind bloß ein paar populäre Stichworte aus dem dickleibigen Giftkatalog, der heute das ärztliche Können ersetzt – alles mit Tierversuchen als *sicher* ausgewiesen, alles trotz Tierversuchen als, ganz gelinde gesagt, unsicher erkannt. Und wenn aus solchen Erkenntnissen inzwischen auch relativ schnelle Konsequenzen gezogen werden (die Rückrufe kann man jeden Monat in den Fachblättern lesen), die Grundkonsequenz wird es nicht: der Rückruf des ganzen Beweisverfahrens, der Rückruf der gesamten destruktiven Dogmatik erfolgt nicht. Daß der Eingriff mit massiver Substanz-Chemie in das Lebenssystem auf jeden Fall ein Balance-Risiko bedeutet und ungezählte subtil gesteuerte Funktionen entgleisen läßt, also Ursache selber wird für sekundäre Erkrankungen, von denen die akut primäre, den Eingriff motivierende, im Nu überholt wird, sollte als Prinzip seit wenigstens 150 Jahren eigentlich selbst-verständlich sein und selbst-beweisend; wo hartnäckig in jedem Einzelfall nach dem Einzelnachweis verlangt wird, entsteht immer greller der Eindruck einer Fahrlässigkeit, in der gerade die vorgezeigte wissenschaftliche Sorgfalt gegen den wissenschaftlichen Geist verstößt. Sie macht den Tierversuch einmal mehr zum bloßen Alibi für defektes Denken, und auch das beste, weil strengste Arzneimittelgesetz wird sie nicht vermindern, solange es ihn als Sicherheitsnachweis und damit sie selbst vorschreibt – statt ihr endlich mit wirklich eigenen Mitteln an die Wurzeln zu gehen.

Der Gesetzgeber steckt in einem Dilemma: er hat diese eigenen Mittel nicht. Getreu seinem Grundsatz, es sei *bei der Entscheidung, ob Tierversuche unerläßlich sind, insbesondere der jeweilige Stand der wissenschaftlichen Erkenntnisse zugrunde zu legen* (§ 7.2), muß er sich zwangsläufig bei den Standes-Vertretern der wissenschaftlichen Erkenntnisse sachkundig machen, die wiederum oft den Vertretern der Pharmaindustrie zum Verwechseln ähnlich sehen, und so dreht sich alles im bekannten Kreis: der Täter programmiert die Tat, die Tat programmiert den Gesetzgeber, der Gesetzgeber programmiert den Täter; alle haben die Genugtuung, übereinander entschieden zu haben – und keiner gegen den andern. Fast möchte man in ein höllisches Hohngelächter ausbrechen bei dem Höllenvorgang – und sich vorstellen, wie ein Strafgesetz aussähe, das nach diesem Verfahren zustande käme: wo nämlich die Legislative etwa bei den Raubmördern anfragte, ob ihre Tätigkeit denn wirklich *unerläßlich* sei, um dann nach dem mörderischen Selbst- und Weltverständnis den Verbotsumfang einzurichten und entsprechende Lizenzen zu installieren –: ist die wissenschaftliche Erkenntnis der Chemiepanscher etwa mehr als ein bloß selbstbezogenes, auch noch heillos jeweiliges, Standesbewußtsein (das als Ideologie zuletzt wie dort einfach auf den Nenner *Umverteilung des Eigentums* zu bringen wäre)? Was herauskommen würde, als das Tierschutzgesetz zur Novellierung anstand, war denn auch prinzipiell nur zu deutlich abzusehen, und man konnte es noch vor dem Herauskommen selbst in den einschlägigen Zeitschriften lesen – (oft auf derselben Seite, auf der wieder ein Chemieskandal gemeldet wurde, wie z. B. [HP-Journal 3/86, 14] *die mißbräuchliche Verabreichung von Medikamenten ans Schlachtvieh, die ständig zunimmt: Die Kontrolle dieses Marktes ist allerdings sehr problematisch, was man schon daran sieht, daß auch in der Bundesrepublik ein großer Prozentsatz aller Medikamente schwarz gehandelt wird*, aber unschulds- und ärzteweiß produziert; das Ganze stand unter der Balkenzeile *Aus der Welt der Medizin*, deren Kontrolle als Markt wirklich sehr problematisch ist, was man wiederum an der unmittelbar nächsten Meldung sehen konnte): *Medizin kann auf Tierversuche nicht verzichten*, hieß es da lakonisch, und der vernünftige Grund war der Professor Wilhelm Schoeppe, bei dem sich der Bundestagsausschuß, nämlich wieder der für Ernährung, Landwirtschaft und Forsten, für den Tierschutz sachkundig gemacht hatte. Herr Schoeppe führte aus und gab, mit Ausrufungszeichen, die bekannte Antwort, ja er machte *diesen Standpunkt noch einmal deutlich*, und der Ausschuß lauschte um so beklommener, als Herr Schoeppe nicht nur als Schoeppe sprach, sondern auch als geschäftsführender Direktor des Zentrums für Innere Medizin der Universität Frankfurt sowie als Vertreter der Arbeitsgemeinschaft der Wissenschaftlichen Medizinischen Gesellschaft, in der 66 medizinische Fachgesellschaften mit über 45 000 Mitgliedern zusammengeschlossen sind, die wiederum alle die Vorschläge der Deutschen Forschungsgemeinschaft, der Max-Planck-Gesellschaft und der Gesellschaft Deutscher Naturforscher und Ärzte unterstützen, nämlich für ein neues Tierschutzgesetz, das so aussehen sollte, wie es dann aussah. *»Um nicht nur im Einzelfalle Abhilfe zu schaffen«, führte Prof. Schoeppe weiter aus* (was das hieß, war dem Artikel nicht zu entnehmen: ob Abhilfe für Krankheit, ob Abhilfe für die Kenntnislücken unserer *bestimmten Religionsgemeinschaft*), *»sondern allgemein bestes Wissen und Gewissen abzusichern, sind in Ausbildung und klinischer Forschung die Tierversuche unabdingbar.«* Daß Mitgeschöpfe gequält werden und ihr Leben hergeben sollen, um das sonst offenbar schlechte Gewissen des Herrn Schoeppe und seiner allgemeinen Fünfundvierzigtausend abzusichern, ist eine atemberaubende Vorstellung; vollends unerträglich wird sie, wenn man sich selbst noch einmal deutlich macht, was es mit diesem allgemein besten Wissen und Gewissen auf sich hat – und mit der wahren Absicherung, die dahinter steht. Der Bundestagsausschuß hat jedenfalls den Wink verstanden und Herrn Schoeppe die Tierversuche gar nicht mehr abzudingen versucht, und entsprechend abgesichert ist die Definition der mit ihnen verfolgten *Zwecke* im sich so nennenden Tier-Schutz-Gesetz dann ausgefallen. *Satz 1* (des § 7.2): *Vorbeugen, Erkennen oder Behandeln von Krankheiten, Leiden, Körperschäden oder körperlichen Beschwerden oder Erkennen oder Beeinflussen physiologischer Zustände oder Funktionen bei Mensch oder Tier* –: der Stil ist in diesem Fall nicht der Mensch (oder das Tier), sondern der allgemeine Geist der Pharmakologie, in deren Lehrbüchern man solche Sätze findet – und die man als Reine Wissenschaft ja folgsam bewundern würde, wenn sie nicht zugleich eine angewandte wäre. *Satz 2: Erkennen von Umweltgefährdungen*, die durch das vorbesagte Behandeln und Beeinflussen der Zustände und Funktionen im Großen entstanden sind, – also etwa ein LD-50-Test mit dem deutschen Ackerboden oder dem beeinflußten deutschen Strom, nachdem sich die Firma Sandoz samt Konsorten hineinergossen hat. *Satz 3: Prüfung von Stoffen oder Produkten auf ihre Unbedenklichkeit für die Gesundheit von Mensch oder Tier oder auf ihre Wirksamkeit gegen tierische Schädlinge* –: ins Auge gefaßt ist die Überrieselung und Durchsetzung des gesamten Planeten mit produzierter Chemie – ein Vorgang, der jener mit Industrie selbst entspricht und mit ihr motividentisch ist. Hier klingt der volle moralische Brustton auf, der das idiomatische Kostüm dieser Industrie ist und schon bei Herrn Schoeppe eindrucksvoll erklang: Vorbeugen, Erkennen, Behandeln – Prüfen – Gesundheit, Unbedenklichkeit; bei ihren Investitionen, die sie uns in einem Ton vortragen, als gäben sie dauernd ihr letztes Hemd für die Menschheit her, ist ihnen auch keine Vokabel zu teuer. Dabei läuft das alles bloß als dreist gespielter Enthusiasmus ab, und die Wirklichkeit dieser ganzen verfolgten *Zwecke* sieht anders aus: Auf die Prüfung ist kein Verlaß; das Erkennen erweist sich, wie groß auch immer die Dosis, als therapeutisch unwirksam und nebenwirkend unerwünscht; die Gesundheit geht zum Teufel, und die Unbedenklichkeit landet unfehlbar im Rückruf –: es ist nicht zu sagen. Schließlich *Satz 4: Grundlagenforschung* – so lapidar und ohne weiteres Oder: der Inbegriff des beliebig dehnbaren Weiten Felds – und die Zentrale des ganzen Schwindels; dazu ein veritabler Schwindel selbst, weil ja die Grundlage, die falsche Nosologie, selber gar nicht erforscht wird –: welch Schauspiel wird sich da nun weiter bieten! Hunderttausende von funkelnden Wissenschaftlern, rund um den Planeten wimmelnd, alle pausenlos mit dem Heil der Menschheit befaßt –: sollte das nicht doch die Opfer wert sein, die sie uns abverlangen – die Milliarden Mark, die Millionen Tierleben? Aber ach, ein Schauspiel nur –: die Opfer sind verschwendet; das Heil der Menschheit nimmt eher ab als zu; besieht man sich den ragenden Aufwand näher, so gebiert der angebliche Pisga nur alle Lustren einmal eine Maus. Der Krebs frißt weiter um sich; Aids ist heillos in Sicht; die Stoffwechselkrankheiten breiten sich in aller Stille wie epidemisch aus; – und bei der *Grundlagenforschung* hält nur die naseweise Nomenklatur der Diagnostiker leidlich Schritt –: unablässig stricken sie aus ihrem intrikaten Kauderwelsch neue Kausalitätsnetze, um ihre therapeutische Blöße damit zu bedecken; viel mehr fällt nicht an. Sie forschen vor sich hin, wie andere Leute Klavier spielen, jahrelang, jahrzehntelang, und was bei den Etüden herauskommt, ist bloß die Geläufigkeit im Forschen – und der fingerfixe Vortrag der immer gleichen Alten Melodie. Sie besorgen ihr Wohlbefinden und quälen die Mitgeschöpfe; sie reden vollmundig von der Verantwortung des Menschen – und tragen sie ersichtlich auf leicht gezuckten Achseln, weil sie zu ihr gezogen ja doch nicht werden; sie handeln als Sadisten genau so legal wie als Pfuscher wissenschaftlich. Sie pfuschen forsch und forscher immer fort –: jedes komplex gebaute Molekül, das sich synthetisieren läßt, gilt ihnen als arzneimittelverdächtig, auch wenn das große Heureka, dessen Wirkungsspektrum ein Prozentmaximum an erwünschten Effekten aufwiese, bei all der jahrzehntelangen Forsch- und Probiererei sich nicht hat einstellen wollen. Im Gegenteil: die heilsame, erwünschte Impulswirkung erweist sich bei immer mehr Substanzen, die sie uns beschert haben, als das Minimum und das Bündel der augenwischend so genannten *Nebenwirkungen* als der, womöglich irreversible, Haupteffekt; im Kleineren der Pharmakologie tritt allmählich zutage, was sich bei der Chemie im Großen längst zeigt: die winzig wohltätigen Kräfte werden riesig überwuchert von den destruktiven, die sie im unabsehbar langzeitigen Gefolge haben. Überall regnet's sie nieder und dunstet's sie auf; die Wälder sterben und die Wasser, und eine Katastrophennachricht fließt in die andere – warum?

Zuletzt darum: weil die Grundlagenforschung ihre Destruktivität selbst da, wo sie's will, nicht mehr zusammenhalten kann – weil sie einen Anwendungs-Automatismus installiert hat, bei dessen Mühlrad-Rotation selbst ihre besten Kopfe nicht mehr im Vollbesitz ihrer Vernunft geblieben sind. Die Grundlagenforschung, die alle Geschöpf- und Mitgeschöpfquälerei legitimiert –: wuchtiger als je tickt mitten im chromblitzenden Inventar der Medizin die altmodische Stand- und Standesuhr, die der Menschheit die Stunden schlägt und weltweit täglich fast einer Million Tieren das letzte Stündchen, und man braucht wahrlich nicht das Böse Gehör, um darin das Ticken einer Zeitbombe wahrzunehmen –: wäre die Novellierung des Tierschutzgesetzes nicht eine historische, geradezu epochale Chance gewesen, das Pendel doch endlich entschieden anzuhalten?

Der Gesetzgeber hat vor seinem Dilemma kapituliert, wie es in der Unnatur der Sache lag, – aber er hat es doch immerhin gesehen. Denn das konnte auch ihm auf Dauer nicht verborgen bleiben: daß der Standpunkt, den Herr Schoeppe ihm noch einmal deutlich machte, den Abscheu der besten Nach- und Vordenker der Welt gegen sich hat, eingeschlossen die besten auch der Ärzteschaft. Bereits vor 5 Jahren unternahm er den Versuch, einmal in den Kern des ihn so behindernden *Standes der wissenschaftlichen Erkenntnisse* vorzudringen und sich das unfehlbare Abstraktum nicht mehr nur von einzelnen Ohrenbläsern, sondern konkret im Querschnitt von allen denen definieren zu lassen, deren Meinungen es bilden: Das Bundesgesundheitsamt (BGA) unternahm zum Problem der Tierversuche und ihrer Ideologie eine Fragebogenerhebung, die eine durch sich selber ebenso wie durch ihr Ergebnis außerordentlich imposante Studie erbrachte: Joachim Fiebelkorn und Norbert Lagoni, Tierschutz und Tierexperiment – Durchführung, Bewertung und Aussage von Tierversuchen und alternativen Verfahren; Dietrich Reimer Verlag, Berlin 1981 (bga-Berichte 3/1981). Nun ist das BGA wahrlich unverdächtig, etwa einem radikalen Tierschutz das Wort zu reden, stellt es doch selbst den zweitgrößten *Tierverbraucher* in der aus Bundesmitteln finanzierten Forschung – mit einem (steigenden) *Bedarf* von über 80 000 Tieren pro Jahr (der größte Konsument ist das Deutsche Krebsforschungszentrum in Heidelberg, das über 150 000 Tiere jährlich frißt; der Gesamtbedarf der bundesfinanzierten Bemühungen liegt – nach dem offiziellen Bericht des Bundesforschungsministers für den Haushaltsausschuß des Bundestags – bei 440 000). Hinzu kommt, daß die Erhebung mit der größtmöglichen Systematik und Sorgfalt erfolgte, die von den Regeln statistisch gesicherter Ermittlung verlangt werden (durchaus anders als beim Emnid-Institut, das im Vorjahr über Auftrag der Pharmaindustrie eine Umfrage in der Bevölkerung vornahm und sich ein erwünschtes Ergebnis mit der Frage einfing, ob man, wenn gegen Tierversuche eingestellt, nach Kenntnis der Tatsache, daß dabei *fast ausschließlich Ratten und Mäuse* Verwendung fänden, sein *Urteil ändern* würde –: 28 Prozent ekelten sich und änderten). Im Hinblick auf das erstaunliche – und dann auch wieder eben nicht erstaunliche – Faktum, daß bis dahin noch keine einzige Studie vorlag, *die eine Bewertung des Tierversuchs in der Arzneimittelforschung durch sachverständige Wissenschaftler aufgreift*, wurden hier nun ausschließlich eben solche befragt, nämlich *1526 Wissenschaftler der Fachgebiete Pharmakologie und Toxikologie, Veterinärmedizin, Pharmazie, Biologie, Genetik, Biochemie und Physiologie in Hochschulen, Industrie sowie staatlichen und privaten Forschungseinrichtungen*; zwei Drittel der Befragten führen selber Tierversuche durch. Die Rücklaufquote betrug 60 Prozent; offenbar sahen sich 40 Prozent dem ganzen Problem wissenschaftlich entrückt. Aber auch das übrige Ergebnis ist bezeichnend und eindrucksvoll, etwa angesichts der Rubrik *Keine wissenschaftliche Kompetenz bzw. keine Kenntnis* –: bei der Frage nach der Bedeutung des LD-50-Tests machten hier 16 Prozent ihr Kreuzchen – während 48 Prozent ihm *große Bedeutung*, 32 Prozent *geringe Bedeutung* und 4 Prozent *keine Bedeutung* zumaßen; bei der Erkundigung nach den Kriterien für die Auswahl der Versuchstiere nannten *nur 34 Prozent ärztliche und wissenschaftliche Argumente*; bei der Frage nach dem Prüfungszeitraum für Chronische Toxizitätsuntersuchungen – zentral wichtig angesichts der Applikationsgewohnheiten unserer Ärzte am Menschen – wurde *die notwendige Versuchsdauer* sehr *unterschiedlich eingeschätzt*; bei der Nachbeobachtungszeit für Akute Toxizitätsuntersuchungen – noch wichtiger hinsichtlich der chronifizierenden Potenz einer Mittelwirkung und doppelt absurd hinsichtlich der angenommenen Übertragbarkeit von maximal Wochen auf die eventuellen Jahrzehnte beim Menschen – war die Bewertung *sehr uneinheitlich*; bei der Frage nach dem Ersatz chronischer Toxizitätsversuche durch klinische Erkenntnisse (und ich kann nichts dafür, daß auch die Grammatik und Sprachlogik in diesen Kreisen so leiden muß) hielten

8 Prozent die völlige Substitution und 41 Prozent die teilweise für möglich, während nur 25 Prozent den Tierversuch hier als unerläßlich und unabdingbar à la Schoeppe ansahen – (die Quote der einbekannt Kompetenz- und Kenntnislosen betrug in dieser Frage bei den Universitätswissenschaftlern 22 Prozent). Und so weiter –: man lese das nach – man lese daraus den *Stand der wissenschaftlichen Erkenntnisse*, den Millionen Tiere beim Erleiden von Schmerzen und Schäden berücksichtigen müssen: *Die Ergebnisse sprechen für mehr Tierversuche und längere Prüfungszeiträume, woraus sich ein Mehrverbrauch von Versuchstieren und eine Ausweitung von Schmerzen, Leiden und Schäden ableiten läßt.* Aber man lese – es steht fast verschämt mitten im vollendet sachlich referierenden Text und ist doch seine grellste Haupt-Sache – man lese auch nach, wie das beschaffen ist, was der Gesetzgeber berücksichtigt hat: den Befund nämlich, *daß bei derartiger Streuung der Meinungen in Fachkreisen eine gemeinsame wissenschaftliche Basis fehlen muß* ... Diese fehlende Basis ist die ganze Basis der Tierversuche – ist die ganze vernünftige Grundlage der unablässig weiter verursachten Schmerzen, Leiden und Schäden –: wie wäre sie zu beurteilen?

Wenn unsereins nach dem Studium, zwar nicht *der Veterinärmedizin, Medizin oder Biologie* (§ 8b.2), aber ihrer Literaturen zu dem Ergebnis gelangt, daß es sich bei der ganzen Ideologie des Tierversuchs materiell um einen Schwindel handelt wie ethisch um ein Verbrechen, dann mag das so unverbindlich sein, wie jene ethisch abgehobenen Wissenschaftler es nennen, die auf den Besitz abgründiger Eingeweihtheit pochen und mit unnachahmlich blasiertem

Mienenspiel auf den armen Laien hinabblicken, der ein bißchen in ihren heiligen Schriften geblättert hat –: das Verhältnis Laientum-Wissenschaft ist, wo sich beide um die nämlichen Fragen kümmern, wie eh eine geschiedene Sache, und beide Teile haben Gründe genug, Versöhnungsversuche abzuweisen. Aber hier liegt diese Sache nun einmal, ein einzigesmal, doch anders: die Fachkreise selbst haben zwischen den Parteien jene Gemeinsamkeit hergestellt, die ihnen selber bei ihren zerstreuten Meinungen fehlt, und gegen sie verwendet wird nur das Alles, was sie selber gesagt haben. Endlich sind einem die Fragen nach der Denkungsart der Leute mit den *erforderlichen Fachkenntnissen* einmal von ihnen selber im repräsentativen Chor beantwortet worden: nach dem Resultat ihrer, für sie nur mühseligen, für andere qualvollen Aus-, Fort- und Weiterbildung, nach ihrer Kompetenz, ihrem besten Wissen, nach der Grundlage ihrer Forschungsüberzeugung. Man wußte ja sonst nie so recht, woran man mit ihnen wirklich war; nur hier und da lernte man einen kennen, und der verheerende Eindruck, den sein Bildungsstand wie seine humane Empfindlichkeit machten, zog sich einem erschrocken in die Möglichkeit zurück, daß er ja doch ein Einzelfall sein und bessere Kollegen haben könnte. Diese Möglichkeit gibt es nun nicht mehr; der Eindruck ist bewiesen, der Beweis irrevozierbar erbracht; gegen das BGA-Urteil gibt es keine Berufung. Es lautet, noch einmal, und müßte, diesmal gerufen, eigentlich wie Donnerhall klingen, ja brausen: *daß bei derartiger Streuung der Meinungen in Fachkreisen eine gemeinsame wissenschaftliche Basis fehlen muß!* Und es fährt fort: *Nicht zuletzt im Interesse eines zurückhaltenden Ein-*

satzes von Versuchstieren und Tierexperimenten wäre es dringend erforderlich, eine rationale Grundlage für die Tierversuche zu schaffen. Es gibt diese rationale Grundlage auch heute, nach dem Durchgang der Tierschutzgesetzes-Novelle, noch immer nicht; es gibt nur, noch immer und wieder neu, die Tierversuche ohne rationale Grundlage. Das Urteil könnte weiter fortfahren: Solange diese Grundlage fehlt, kann eine Gruppe, die sich methodisch so unsicher ist, ohne aber ihre Tätigkeit von dieser Unsicherheit einschränken zu lassen, nicht als Wissenschaft berücksichtigt werden, sondern nur als Verband von Interessenvertretern, die bloße Meinungen haben und hinsichtlich ihrer Mittel wahllos vorgehen. Vor diesem Verband hat der Gesetzgeber kapituliert – vor welchen Interessen kapitulierte er? Ist er, wo er die Täter schützte statt ihrer Opfer, noch mit seinem Dilemma zu entschuldigen? Worin bestand dieses Dilemma wirklich? Hätte er, um seinem löblichen Prinzip zu folgen und den *jeweiligen Stand der wissenschaftlichen Erkenntnisse zu berücksichtigen,* dessen Summe aus der Urteilsautorität seiner eigenen wissenschaftlich arbeitenden Behörde geschöpft, so hätte das Tierschutzgesetz – neben ein paar näheren Bestimmungen – grundsätzlich die Kürze eines StGB-Paragraphen haben können: »Zweck dieses Gesetzes ist... Niemand darf... Tierversuche, die der angeblichen Prüfung von... sowie der sogenannten Grundlagenforschung dienen, sind, da ihnen die wissenschaftliche Basis fehlt, ohne Ausnahme verboten...« Sicher, es hätte einen kleinen Aufstand gegeben, also viel lautes Geschrei anstelle des Getuschels, das es so nur in der Lobby gab; aber den hätte der Innenminister, der auch sonst nicht auf die Motive sieht, bestimmt gern niedergeschlagen – notfalls mit einer Dosis CS-Gas und sonstigem dazugehörigen Gerät. Sicher, es wären ferner ein paar tausend Leute mit abgeschlossenem Hochschulstudium nicht nur ohne rationale, sondern auf einmal auch ohne ökonomische Grundlage gewesen, und ihr Potential stünde anderswo zur bedenklichen Disposition; aber davor schrickt der Gesetzgeber doch auch sonst nicht zurück: – warum schrak er zurück vor der Möglichkeit, die ihm seine Behörde an die Hand gab? Die Forschung selbst hätte er, wenigstens was die Prüfung auf Mutagenität und Kanzerogenität betrifft (ihrerseits nur die Extremausläufer dessen, was man im Jargon zumindest als »Aliquidogenität« finden sollte, wenn schon sonst nichts darüber gefunden wird), auf die längst glänzend bewährten In-vitro-Versuche mit Prokaryonten, Zellkulturen und Insekten verpflichten können – und des weiteren auf die immer perfekter gelingende Computer-Simulation, – um sie nach einer Übergangsweile vielleicht, beraten zur Abwechslung diesmal von der weltweit Anderen Seite der Medizin-Wissenschaft, ganz in den Bezirk der infinitesimalen Dosen zu verweisen, in dem sie sich überhaupt nicht auskennt, weil dort auch die industriellen Umsätze vergleichsweise infinitesimal werden, – und schließlich gar in den der transsubstantiellen Wirkungsquanten (und gemeint sind nicht nur die der Hochpotenzen-Homöopathie), in denen »das Leben« selber mit seiner »Gesundheit« und »Krankheit« überhaupt erst beginnt. Das alles wäre utopisch? Sicher, es ist, weil geblieben ist, was war, einstweilen utopisch geblieben. Aber was es verhindert hat, war ja nicht die Weise Wirklichkeit, vor der die bloße Flause zu vergehen hat, sondern nur ein ganz banaler, vergleichsweise winziger Abschnitt von ihr, pantopisch mächtig zwar in der materiellen Welt, aber doch auch nur geschichtlich, zum Vorübergehen bestimmt und am Ende nur eine Flause der Geschichte selbst. Vor welchem wirklichen Dilemma hat der Gesetzgeber klein beigegeben – trotz des Donnerhallrufs im eigenen Hause? Zum Rhein, wer's nicht sieht; er lerne ihn als Metapher sehen. Dort fließt die Krankheit selber ins Gesunde Leben; ihre Gewalt allein hat auch das Tierschutzgesetz mit sich gerissen. Und allein vor ihrer banalen Gegenwart ist der Gesetzgeber vielleicht realistisch gewesen mit seinem Dilemma, das zuletzt gar kein Problem des Stands der wissenschaftlichen Erkenntnisse war, sondern eines der Erkenntnis; vor der wirklichen Geschichte, der des Lebens und der sich evolvierenden Menschlichkeit, vor der Summa Lex der Verantwortung des Menschen, wird es mitsamt seinen vernünftigen Gründen einmal nur scheinhaft sein – und er selber schuldig.

Die Frage des Tierschutzes ist und bleibt eine Moralfrage – und nicht nur da, wo sie utopisch wird, im scheinhaften wie im wirklichen Sinne; sie schließt alle und alles ein, was mit ihr zu tun hat und sich gegen sie vergeht, auch und gerade die Forschung. Erkenntnis ist ein Derivat der Ethik; zu ihr gehört, als Bedingung sine qua non, Liebe. Wäre je eine große Entdeckung mit dreckigen Mitteln gemacht worden und zu einem dreckigen Zweck? An der Überlegung beteiligen sollten sich vielleicht selbst jene professionellen Metaphysiker, die in der Tierdiskussion ja habituell beigezogen werden (und sich dann gegenseitig Genesis-Zitate reichen) – ohne viel mehr Gewinn, als wenn man sie zu Menschendiskussionen beizieht –: Ob von einem »Mittel«, das mit derartigen Opfer-Qualen verbunden ist, überhaupt ein Höherer Zweck erreicht werden kann …? Humanität ist die Gesundheit des Lebens, das Problem viel größer und realistischer, als es scheint. Daß unsere Krebsforscher nicht in der wissenschaftlichen Verfassung sind, den nötigen Tiefen Blick in die Natur zu tun, ist am Tage –: sind sie vielleicht nicht genügend in der menschlichen Verfassung dazu?

IV.

Sie wurden mit Fleckfieber infiziert und mit Hepatitis-Viren, mit Tetanus- und Gasbrand-Bazillen, mit aeroben Mischkulturen (dazu schnitt man ihnen eine 10 cm lange Wunde, zerquetschte den Muskel mit einer Klemme, erzeugte durch Adrenalin-Einspritzung eine anämische Randzone und versenkte das Infektionsmaterial, einen mit Bakterien getränkten Gazetupfer, worauf die Wunde wieder geschlossen wurde; nicht selten wurden später noch Holz- und Glassplitter dazugepackt); man schlug ihnen mit dem Hammer die Unterschenkelknochen in Stücke und reponierte sie dann mit Klammern; man erzeugte künstliche Phlegmonen an ihnen; man begaste sie mit Lost und Phosgen; man sterilisierte sie durch Röntgenstrahlen mit anschließender Kastration oder durch Einspritzung von Silbernitrat in den Uterus; man setzte sie in Unterdruckkammern, gab ihnen eine Woche lang nur Meerwasser gegen den Durst, unterkühlte sie in Wasser oder Freiluft –: alles mit dem Risiko oder der direkten Absicht des *terminalen Versuchs*, riskiert und beabsichtigt mit *Versuchsmaterial*, das von *zuständigen Sachbearbeitern* zur Verfügung gestellt wurde…

Es könnte, bei der so bearbeiteten Sache, von Tieren die Rede sein, jenem Versuchsmaterial nämlich, dem das alles heute, gleich oder ähnlich, in wissenschaftlichen Labors angetan wird, zu gleichen oder ähnlichen Zwecken. Es ist die Rede von Menschen, denen das angetan wurde, von Menschen, die es antaten, von Vergangenheit, von Geschichte – kurz, von jenem speziellen Ausschnitt deutscher Geschichte, für den die verdrängende, in der Ausgrenzung ihrer Schuldanteile imponierend einfallsreiche Nachkriegsgesellschaft das Code-Wort *Mengele* gesetzt hat. Der Name steht für eine Vielheit, von Namen wie von Erscheinungen; er stellt eine Reduktion dar, und es wäre aufschlußreich, dem Schicksal dieser Reduktion im öffentlichen Bewußtsein zu folgen – bis hin zu dem Endpunkt, an dem dieses nur noch die Sensationsneugier auf den Verbleib eines gruselnden Sadisten enthielt. Ganz fraglos vertritt dieser Sadist darin die von ihm vertretene Sache, und der Verbleib der Sache war gemeint, wo nach der Person gefragt wurde: – die Versessenheit auf den Tod des Monstrums entstand auf der Basis einer Unruhe, die keinerlei Trauerarbeit gegenüber der Monstrosität selbst erkennen ließ, diese aber eben dadurch als eigentlichen Inhalt der personifizierenden Verdrängung bewies. Sie galt, als Unruhe, dem unbewußt erfahrenen Fortbestehen des monstrosen Sadismus und dokumentierte es in der spekulierenden Ratlosigkeit, die der Präsentation der Todesbeweise folgte –: das Wunder war ersichtlich nicht geschehen, die Weltbedrohung mit Jenem nicht ins Grab gesunken; – hatte er sie doch nicht mit seinen Personengrenzen umschlossen, sie doch nicht in Person definiert? In einer korrekten, leidlich ermessenden Geschichtserinnerung könnten und müßten ja neben dem seinen durchaus auch andere Namen gegenwärtig sein, die von anderen Lagerärzten, Menschenversuchsmedizinern, Wissenschaftssadisten – Dr. Grawitz zum Beispiel, Dr. Rascher, Dr. Hoven, Prof. Hirt, Prof. Gebhardt; sie sind es nicht. Sie haben freilich ihre Epoche nicht oder nicht lange überlebt; aber als Repräsentanten einer vergangenen Geschichtssache hätten sie eben darum unvergessen bleiben können. Wurden sie vielleicht, zwangsläufig, vergessen, weil sie eben darum die Sache nicht repräsentieren konnten? Wurden sie vergessen, weil die Sache nicht vergangen war? Nun ist Sadismus, im allgemeinen wie im tiefenpsychologischen Verständnis des Wortes, ein unumstritten ontologisches Phänomen und geschichtsübergreifend; das hitlersche Reich, dessen Bedingungen ihn nur exemplarisch zum Durchbruch brachten und dann epidemisch bis in die untersten Chargen des Systems ausbreiteten, hat für den kollektiven Charakter Verformungen zur Folge gehabt, die mit dem Ende des Reichs nicht zu Ende sein konnten – so wenig wie ihre grellste Sonderform mit dem Ende des Mengele. Sein Name steht denn – und eben dies wurde und wird von den Verhaltensreaktionen der Nach-Mengele-Gesellschaft bewiesen – für ein weit größeres Phänomen, als er selbst es ist und die auf ihn reduzierte Geschichtssache, und er mag weiter dafür stehen; doppelt aber muß so der verhaltensbelegte Versuch, ihn und sie zur abgeschlossenen Geschichtssache zu erklären, zur Analyse dieses Gesamtphänomens aufrufen. Es gibt sie noch nicht; keine wäre angesichts der heutigen Geschichtssachen dringlicher zu leisten.

Das Phänomen, das größere: es umgreift auch die Taten, die das Thema dieser Schrift sind, und der Vergleich – KZ und Labor, der gequälte Mensch und das gequälte Tier, der Quäler einst und jetzt – sollte selbsterläuternd genug sein, um nicht ausformuliert werden zu müssen. Er wird von ungezählten psychisch intakten Betrachtern spontan gezogen, und wer den Gang der Welt- und Gewaltgeschichte mit auch nur leidlich nüchternen Sinnen überblickt, ist von keinem *vernünftigen Grund* aus dem Konstruktionsbüro des Gesetzgebers geistig darin behindert, von den *Zentralen Versuchstieranstalten*, in denen die Insassen ihrem *Gesundheitszustand entsprechend gepflegt* werden, die Verbindungslinie hinüber oszillieren zu sehen zu jenen anderen Anstalten, in denen Arbeit frei machte – (über die *Betreuung*, die hier wie dort im unbefangen geständigen Stil der Dokumente auftaucht, lese man im »Wörterbuch des Unmenschen« nach). Nie freilich erhebt sich größeres Geschrei, als wenn dies öffentlich geschieht, und es melden sich, den Unterschied aufzuzeigen, mit Vorliebe jene Leute zu Wort, die damals genau auch den Unterschied zwischen Menschen und Untermenschen wußten. Es entsteht eine Aufregung, die alle Symptome einer psychotischen Konfliktreaktion aufweist, von der einfachen geistigen Verwirrtheit bis zur Grenze von Charakterzusammenbrüchen, die sich als völliger Façonverlust ankündigen. Dies in einem – unerwartet? – umfangreichen, bereits kollektiven Ausmaß –: die ganze Nation spreizt die Finger, um den Vergleich abzuwehren, und es klingt einmal mehr wie ein in gigantische Banalität vergrößertes *Kollege-kommt-gleich* –: ja, sie war nie zuständig für ihre Greuel, diese Nation, und ist's auch für diese neuerlichen nicht –: wie soll man's ihr klarmachen? Wie soll man einem glücklich entkommenen Staatswesen, das Jahrzehnte gebraucht hat, um auch nur die einfachsten Gerechtigkeitsprozeduren gegen seine sadistische Geschichte in

Gang zu bringen, noch klarmachen, daß es seiner Geschichte nicht entkommen ist, – vielleicht mit dem Vergleichsfaktum, daß seine Strafverfolgung auch der Tier- und Umweltsadisten dem auffällig gleichen Trägheitsgesetz unterliegt? Die Übereinstimmungen sind erdrückend zahlreich; fast alle charakteristischen Züge lassen sich parallelisieren. Nun hat der Tierversuch seine eigene Tradition, und der Zusammenhang besteht nicht nur darin, daß die Mengele-Konsorten einfach anwandten, was sie rein berufskonform gelernt hatten, und lediglich das *Versuchsmaterial* zu wechseln brauchten, nicht aber Technik und Motivation; auch den Menschenversuchen in den KZs gingen wie natürlicherweise Tierversuche voraus. Er besteht, der Zusammenhang, noch weniger allein darin, daß es hier wie dort Wissenschaftler waren – Ärzte, Pharmazeuten, Biologen –, die zum Menschenversuch übergingen; auch heute ist der Übergang fließend und diffus: der Menschenversuch folgt notwendig als Anwendung, und diese hat desto mehr seine Charakteristik als Erstversuch, je fragwürdiger die Schutzbehauptung der Übertragbarkeit der Ergebnisse ist; im Jargon steht für ihn denn auch, entsprechend motiviert, nur ein hochgestochenes Heuchelwort: *Klinische Pharmakologie*. Wer hier streng scheiden, Einzelheiten isolieren, getrennt bewerten, gar den Tierversuch für sich – von den täglich angestochenen kleinen Mäusen der Routinelabors bis zu den eingegipsten Affen der NASA – als Tat für normal halten möchte und für gedeckt von reinem moralischen und wissenschaftlichen Streben, wäre zu fragen, mit welcher Art Sicherheit er den Gedanken abweist, es mit Vorläufererscheinungen dessen zu tun zu haben, was uns allen von dieser Sorte Tätern zugedacht ist; – bei den Militärs liegt die Versuchsrichtung ja offen zutage. Der Zusammenhang: er besteht, jenseits der partikulären Erscheinungen, zuletzt und einzig in der Tat-Kraft selbst, die reduziert Mengele heißt –: nicht ihre historische Sach-Tradition, sondern die – im psychoanalytischen Sinne – prähistorische ihres Motivs ist das Über-Epochale, das heute fortlebt, und ihr muß, zuletzt und einzig, die überfällige Untersuchung gelten. Unterscheiden darf man allenfalls bei den Opfern, zwischen geschundenen Mit-Menschen und geschundenen Mit-Tieren, bei den Tätern aber nicht: – wer das tut, bringt das ganze Leben in Gefahr. Denn die Täter sind dasselbe und dieselben nach Struktur und Potential, und was sie miteinander identifiziert, das ontologische Großphänomen des Sadismus selbst, läßt in seiner umfassend mächtigen Sphäre zuletzt nicht einmal mehr zwischen Tätigkeit und bloßer Tatmöglichkeit differenzieren; auch sie sind, nur zeitlich wechselnd, identisch.

Homini lupus homo: der Mensch ist ein Abgrund, der Mensch ist ein Raubtier, »und ein geschminkter Tiger ist der Mensch«, Grabbe, Gothland –: an Grundeinsichten dieser Art hat es dem sich selbst reflektierenden Unwesen nie gefehlt; sie sind seine Ewige Wahrheit. Gleichwohl enthält sein Selbstverständnis untilgbar deren negative Qualifikation; folglich wird ihr Erscheinen, selber untilgbar, notwendig tabuiert; folglich erscheint sie in Metaphern. Diese bilden gleichsam wechselnde phänotypische Formulierungen des invarianten genotypischen Grundfakts; ihre Bilderreihen, nur an der Oberfläche bunt und formal ohne Wiederholung, sind tautologisch. Die kaleidoskopische Vielfalt der Geschichte ist durchaus scheinhaft –: für den prinzipiellen Blick stellen sich die Welterscheinungen allesamt als Metaphernserien mit wenigen jeweils zentralen Tertia comparationis dar. Ihre Vernetzung läßt sich entziffern, die analytische Lesefähigkeit für sie erwerben: – sie liegen praktisch auf der Straße, wo man etwa ein Volk, das die Schornsteine von Auschwitz zum Rauchen brachte, als eine Horde von Gasgebern vor sich hinrasen sieht. Differenzierungen sind Sache bloßer Phänomenologie; in ihr mögen leicht auch die feinen Unterscheidungen von Mittel und Zweck, von Grundsatz und Durchführung ihre Rechte bekommen. Aber wo man die noch so differenten Geschichtsphänomene als nur subaltern bewegte Partikel einer übergreifend mächtigen Dynamik erkennen lernt, haben jene ihr Recht verloren – und damit ihre Entstellungskraft, wie bei den Verschiebungen des Traums. Zu dessen latentem Inhalt vorzudringen, von den Metaphern zum Grund-Begriff, ist die Aufgabe – auch in der Analyse der Geschichte, die einem Albtraum nicht unähnlich sieht und ähnlich jedenfalls organisiert ist. Daß es sich bei ihren Geschehnissen um tabudeckende Metaphorik handelt, erhellt sich eindrucksvoll, wo sich ihre immanente Rationalität der Begründung als Rationalisierung ihres Grundes zu erkennen gibt, und diese wiederum wird erkennbar an ihren immanenten Widersprüchen und Brüchen. Hier, bei der so rational begründeten Erscheinung *Tierversuch*: an dem Grundwiderspruch in und an sich, dessen Antinomie fast an jene der beiden Grundtriebarten erinnert und wahrlich auch mit ihnen zu tun hat. Da die Sorge um das Nächstenwohl zu diesen elementaren Trieben nicht gehört, schlägt jedes Wort Alarm, mit dem sie sich in der Selbstbegründung vordrängt –: wem es um Leben geht, der kann nicht derart mit dem Tod Hand in Hand, nicht derart dem Tod in die Hand arbeiten; wer seine tägliche Arbeit für menschenfreundlich hält, kann kein praktizierender Tierfeind sein –: es ist ihr nicht über den blutigen Weg zu trauen, der Lebens- und Menschenfreundlichkeit dieser Töter und Quäler, auch nicht über den ihres *vernünftigen Grunds*. Hinzu kommt dieser mit seinem eigenen Widersinn: dem nämlich, daß die Erfahrung bekanntlich immer wieder die unter exzessivem *Tierverbrauch* gewonnenen Daten als wertlos erweist, weil sie nicht mit den anschließend empirisch gewonnenen Humandaten übereinstimmen, und daß diese Erfahrung für die Ideologie des Verfahrens zugleich völlig wertlos bleibt. All das wird gekrönt von der Ideologie selbst, die (so die Reklame der Pharmaindustrie) das Tier als *unersetzlichen Stellvertreter für den Menschen* betrachtet und eben diesen Stellvertreter quält und tötet: – oder ist dies vielleicht ihr wirkliches Programm – und sie meint den Menschen nicht nur im Effekt, sondern a priori? Das Ganze zeigt, in seiner Logik wie in dem, was sie spiegelt, ein durch und durch perverses Verständnis der Mitgeschöpflichkeit: ein zwanghaft in sich selbst verfangenes und verfilztes Ineinander von Verrücktheit, Widersinn, Verkehrung –: ist es nicht eine Perversion selbst? Was die Mediziner in den Labors treiben und, nur die nächste Metapher, mit dem Ergebnis des Treibens in ihren Praxen fortsetzen –: ist es etwa nicht die Befriedigung jener Perversion, von der Freud bekannte, daß er nicht genug davon besitze, um Arzt sein zu wollen? Was sie ist, zu was sie fähig ist, bedarf in diesem so anschaulichen Jahrhundert für die Anschauung keiner Beschreibung mehr, – wohl aber, wie sie wird, was sie ist, und das heißt: wie die werden, was sie sind, die sie sind: die Untiere unter der Schminke der rationalisierten Metaphern. Denn wie der Sadismus immer den Menschen meint und immer dessen Ganzes als Leben, so ist er auch als Causa und Inhalt des Albtraums vom Menschen nicht abzulösen: er hat den Charakter einer Konstitution und die Konstitution eines Charakters, und als solcher, nicht als Erscheinung selbst, ist er zu analysieren. Dies kann hier nur im Grundriß geschehen – und, freilich angemessen, auch wiederum nur in Metaphern, nämlich denen der Psychoanalyse; es mögen aber die einzigen sein, die den seinen gewachsen sind. Der Typus Mengele, der unersetzliche Stellvertreter für Raubtier und Abgrund, – wie kommt er zustande?

Da der Sadismus als Partialtrieb zur allgemeinen menschlichen Ontogenese gehört und selber nicht an eine bestimmte Charakterkonstitution gebunden ist, gilt es vorab – auch um der Laienverständlichkeit des Folgenden behilflich zu sein – einen allgemeinen Blick in den archaischen Entwicklungsraum der Ich-Bildung zu tun. Er reicht über die ersten vier Jahre der geborenen Existenz und ist vom übrigen Lebensschicksal, das mit seinem Abschluß erst eigentlich beginnt, durch Amnesie abgetrennt – imgrunde eine externe Fortsetzung der intrauterinen Evolution. Was in diesem Zeit-Raum geschieht, ist von der Psychoanalyse subtil erforscht und beschrieben: es stellt sich, vereinfacht, als Entfaltung der Lebensenergie (»Libido« und ihrer Steuerungsfunktionen dar, die sich stufenweise (»orale, anale, phallische Phase«) immer mehr differenzieren und eine Vielzahl von dynamischen Strängen ausbilden. Zu ihnen gehört ein ganzes Arsenal polymorph-perverser Antriebe, die im Dienst von Aggression und Bemächtigung stehen, darunter auch der Sadismus; sein Tätigwerden ist bei jedem Kind mehr oder minder deutlich zu beobachten, bleibt aber gebändigt durch die noch beschränkte Dienstbarkeit des Muskelapparats, und seine Konfliktspannungen werden vorwiegend innerlich erlebt. All diese Triebstränge entwikkeln sich auf das ödipale Zielfeld zu, ja dieses zieht sie, kann man sagen, wie ein Gravitationszentrum an: hier werden sie endgültig koordiniert; hier werden die antagonistischen Haupttriebe wieder-vereinigt und koexistentiell gebunden (»Ambivalenz«). Wirken auf deren Proporz die akzidentellen Erlebnisse mit der Außenwelt allgemein quantifizierend, so qualifizierend speziell in ihrer Eigenschaft als Widerstände (»Verbote«); aus deren historischer Summe formiert sich auf dem Höhepunkt der Entwicklungsarbeit mittels Internalisierung der Triebobjekte (»Identifizierung«) schließlich die Endinstanz des psychischen Apparats (»Über-Ich«): sie schließt gleichsam die Fontanellen der Ich-Organisation und entläßt diese mit, nach innen wie außen, gesicherten Grenzen »in die Welt«; das eigentliche Ich-Leben beginnt. – Soweit der normale artbestimmte Ablauf; in ihm hat der Sadismus eine fest eingebundene, nach Wirkungskreis wie -grad begrenzte Rollenfunktion. Um nun zu verstehen, wie er aus dieser Begrenzung ausbrechen und zur ich-beherrschenden Verhaltensform werden kann, ist kurz auch die Pathologie des archaischen Ichs zu betrachten. Sie kennt zwei große Gruppen defekter Konstitutionen –: Psychosen, entstehend meist in der frühesten Zeit durch Fehlbildungen in der Besetzungsorganisation der Libido (und so imgrunde Entsprechungen zu somatischen Dysmelien, weshalb auch die Möglichkeit vorgeburtlicher Verformung immer noch unentschieden diskutiert wird); ihre Konflikte liegen topisch zwischen dem gesamten, in sich arretierten und nur provisorisch ausgebildeten Instanzeninstrument und der für das Ich-Gefühl fremd und extern bleibenden gesamten Außenwelt. Und Neurosen, entstehend als aufwendige, libidobindende Reaktionsbildungen auf fixierte Konflikte in der Instanzenentwicklung selbst; diese liegen bleibend in der Vermittlungsfunktion des Ichs und stellen Kompromißversuche dar, Prothesen gleichsam, die ihm eine leidlich abgesicherte, wenn auch eingeschränkte Lebensbeweglichkeit zwischen den Es- und den Über-Ich-Kräften, Triebansprüchen und Triebverboten, ermöglichen. Geno- und Phänotypen dieser beiden seelischen Krankheitsarten sind von der Psychoanalyse ebenfalls weitreichend erkundet und mögen bekannt sein oder nicht; hier soll im Grundriß nur auf den einen Typus eingegangen werden, der als Voraussetzung für das Freiwerden des Potentials Mengele anzusehen ist: die Zwangsneurose. Sie ist die in unserem Kulturkreis am weitesten verbreitete Charakterprothese und in gewissem Sinne seit fast dreieinhalb Jahrhunderten seine direkte Produktion; er verdankt ihr ebenso viele gesellschaftliche Leistungen wie Katastrophen. Ihr defizitäres Reaktionsfeld liegt im ödipalen Randareal, kurz vor der Über-Ich-Bildung –: hier ist auf dem Entwicklungsweg ein Ich angelangt, dessen Besetzungsdynamik außerordentlich starke anale Motivinhalte birgt und bereits einen nicht geringen Libido-Anteil psychotisch auf sie abgespalten hat. Sie wird begleitet von entsprechend starken akzidentellen Verbotserfahrungen, die sich im ödipalen Vorfeld zu einer Gewalt von ruinoser Strenge akkumuliert haben und dem Ich die Aufgabe ihrer Internalisierung als unlösbar erscheinen lassen. Seine Entwicklung, bereits im Einzugsbereich der ödipalen Gravitation und auf die vom Zielprogramm der Art vorgegebene Endordnung zutreibend, bleibt nun wie abgebremst stehen – inmitten eines Energiestrudels aus unkoordinierten Triebmengen und -richtungen: sie erschöpft ihre Energie darin, deren Ansprüche ebenso abzuwehren wie die der extern wartenden Über-Ich-Formation, und die Ablösung von deren Besetzung durch Identifizierung kommt nicht zustande –: damit unterbleibt der Struktureinbau der Endinstanz, damit bleibt die von ihr zu gewährende Entlastung durch Ambivalenz unerreicht. Deren ersatzweiser Herstellung gilt fortan die gesamte Reaktionsleistung der Zwangsneurose; der Energiebedarf dafür ist gewaltig und die gesamte noch freie Libido bis zur Überanstrengung in sie eingebunden. Schließlich erstarrt die so auf ihren Konflikt fixierte, sich in gleichbleibend doppelseitiger Verdrängungsarbeit selbst aufzehrende Ich-Funktion zum festen Ritual, dessen Automatismus aufwandsparend wirkt und das Spannungsgebiet entlastet – (er bildet im übrigen einen imponierenden Schutz vor dem drohenden psychotischen Zerfall, und die therapeutische Analyse, die den verderblichen Zirkel aufzuspalten sucht, um die Ich-Energie für ihren durch die Fixierung unterbrochenen Entwicklungsweg freizusetzen, muß das entsprechende Risiko immer bedenken) –: es entsteht, als typische Erscheinung, der Zwangscharakter. Seine Grundzüge sind, als Abwehrbilder analer Triebtendenzen: ein wie vorprogrammierter Lebensverlauf, in dem freie Situationsentscheidungen kaum stattfinden können; Ordnungssucht und Pedanterie; Gründlichkeit und Grübelzwang, bei zugleich monomanischer Enge der Phantasie; Sparsamkeit bis zum Geiz; Unentschlossenheit und Umständlichkeit; Sammeltrieb usw. Im äußeren Erscheinungsbild entsprechen ihnen: Körperstarre und maskenhaftes Gesicht; Verkrampfung der Motilität (mit analogen Folgekrankheiten, von Gelenk- bis zu Lungenleiden); Beherrschtheit aller Affektäußerungen; formelhafte, sequenzierende Sprache; Waschzwang; aggressives Sexualverhalten usw. Der Zwangscharakter antwortet auf jede Anforderung flexibler Ich-Leistungen, die aus dem Gesellschaftsleben an ihn gerichtet wird, mit verhaltener Angst und automatischer Abwehr; wo er geschichtlich bestimmend auftritt, entstehen »reaktionäre« Epochen mit fixierter Ideologie (kollektive Zwangsvorstellungen); – seine Produktionen im Alltagsleben sind allesamt wissenschaftlich gut durchschaut und mögen aus der Literatur vergegenwärtigt werden.

Es begründet sich selbst, daß der Zwangscharakter als Massenerscheinung die Basis aller autoritären Systeme bildet: seine Arbeitsleistung ist leicht zu instrumentalisieren und auf restriktive Programme einzuschwören; Zucht und Ordnung sind sein erstrebtes Lebensmilieu und schaffen ihm Befriedigungserfolge, die ihm eine in freiem Affektverbund flutende Gemeinschaft nicht versprechen kann; er geht und steht mit Vorliebe stramm und sieht andere, auf die er dann leicht zu vereidigen ist, mit Vorliebe stramm gehen und stehen; er marschiert gern, trägt gern Uniformen, die das Ich unkenntlich machen, und findet als Kenner seines Innern die Idee eines reinigenden Stahlbads jederzeit plausibel; das Neanderthalwort *Verteidigungsbereitschaft* kommt ihm wie das Selbstverständlichste von der Welt vor, weil er selbst mit seiner ganzen Lebensstrebung aus Abwehr besteht. Jedenfalls kann man sicher sein, daß er jedes Angebot, Funktionsbestandteil eines normierten Zwangssystems zu werden, blindlings zusagend beantwortet; er stellt mit unheilvoller Verläßlichkeit das Wählerpotential der Demagogen. Dies vollends, wenn deren Extreme in der Geschichte auftauchen: ideologische Groß-Wahnsysteme mit phantastischen Befriedigungsversprechen, repräsentiert womöglich durch einen charismatisch geschminkten Feldherrn, Führer, Präsidenten, Boss –: da ist er unfehlbar mit zusammengeschlagenen Hacken zur Stelle; da wächst er sogar, wie nirgendwann sonst, über sich selbst hinaus. Was mit ihm nun geschieht, ist nichts geringeres als ein völliger Umbau seiner Ich-Persönlichkeit, und zwar in einem Maße, das keine Lebensbemühung des gesperrten Charakters je zuvor bewirken konnte: – wenigstens im abstrakten Grundriß läßt er sich beschreiben. Dem immer noch mit aller Anstrengung in die Externität abgewehrten Über-Ich tritt in der realen Außenwelt auf einmal ein Widerbild an die Seite, das alle Züge der eigenen anal arretierten Ich-Struktur aufweist, mit allen bedrohlichen Antrieben, jedoch ersichtlich ohne jedes Äußerungshindernis durch eine eigene verbietende Über-Instanz: eine Art Golem, ebenbildlich halbfertig, doch voll lebensfähig, ja auf atemberaubende Weise lebensunterwerfend: er bewältigt gerade diejenigen angstweckenden Verbote der Gesellschaft, die dem Zwangscharakter seine nie nachlassende Kompromißbildungsarbeit auferlegen, mit einer Überlegenheit, als wären sie gar nicht vorhanden. Dieser Golem ist sozusagen unwiderstehlich; das gesamte Sensorium der gefesselten Libido, die ihresähnlichen nie suchen durfte und nun ihresgleichen findet, in der immer erstrebten, hier »vollendeten« Ganzheit der Instanzenharmonie, spricht in wörtlichem Sinne »schlagartig« auf ihn an; er wird mit ihrer gesamten Kraft besetzt. Nun ist die »erotische« Qualität der Massenbindung an den *Führer* ja oft konstatiert, weniger schon beschrieben, verstanden aber gar nicht worden: – tatsächlich gleicht sie genau dem Zustand der zwangsneurotischen »Verliebtheit«, deren Charakteristik sich als Regression in Richtung auf einen psychotischen Zerfall hin darstellt: Urteilsschwäche, Überschätzung des Objekts, rapide wachsende Selbstunterschätzung des Ichs, destruktive (Eifersuchts-) und selbstdestruktive (Suizid-)Tendenzen usw. Auch hier wird, Regression auslösend, die Grundwunde berührt, d. h. die unabgeschlossene ödipale Situation wiederbelebt, und treten im Objekt noch direkte Züge der infantilen Vatervorstellung hinzu, des Leitbilds für die Summenformel qualifizierender Urteile, die das Über-Ich formiert, so ist, was folgt, nur folgerichtig genug: eine blinde Bereitschaft, das Widerbild draußen als Ersatz des einstigen Großobjekts anzunehmen, als Stellvertretung des einstigen Stellvertreters der geschichtlichen Triebverbote, und in die unvollendete Entwicklungssituation einzutragen: aus ihm ein korrigiertes Über-Ich zu bilden und mithilfe der Ablösung der Besetzung durch Identifizierung seine Ich-Konstitution endlich abzuschließen. Da das bisherige, nie internalisierte Über-Ich extern geblieben war, ist die reale Externität seines jetzigen Doppelgängers nicht geeignet, einen mehr als schwächlichen Widerspruch zu produzieren; die Konformität zwischen der negativen Triebstruktur und der sie nun nicht mehr negativ zensierenden Zensurinstanz bietet sich als Garantie für das Gelingen des Umbaus an –: so wird die Regression als Triumph erlebt, und der Golem tritt die offene Stelle des Über-Ichs an – eine Stelle, die topisch freilich leicht verschoben bleibt: sie liegt nach wie vor im anal-ödipalen Grenzfeld, verfrüht also im zeit-räumlichen Sinne, und die nachgeholte Internalisierung ist ebenso scheinhaft wie die nun erlebte Ambivalenz; scheinhaft, wenn auch voll erlebt, ist die gesamte Verwandlungsprozedur. Dies mindert jedoch in keiner Weise die reale Wucht ihrer Wirkung. Wirklich ja, d. h. am äußeren Habitus ablesbar, »identifiziert« sich der Zwangscharakter mit dem *Führer*; aber was dies triebdynamisch heißt, ist um ebenso viel unheimlicher als der populäre Begriff wie das, was weiter daraus folgt. Das neurotische Zwangsritual, auf das die Ich-Funktion sich reduziert hatte, verliert seine doppelseitige Abwehrnotwendigkeit und wird funktionslos; die aus der Analität stammenden Triebe können erstmals unbehindert ausgelebt werden, wobei ihnen das entlastete Ritual zusätzlich als Instrument zuhilfe kommt und ihnen seinen Automatismus leiht; erstmals wird ein unerhörtes Maß an Befriedigung erfahren. Dies um so mehr, je tiefer im Abgrund der polymorph-perversen Antriebe die Herkunft der nun frei ausströmenden Libido liegt. Der Sadismus ist nur einer von ihnen – mit freilich fast grenzenlosem Potential; es reicht vom Quälen des Individuums bis in die aberwitzigsten kollektivierten Ziele: *Umsiedlung* ganzer Völkerschaften, Massensterilisierung (die der *vernünftige Grund* jener KZ-Experimente war), Massenausrottung. Die vollendete Amoralität wird Wirklichkeit, und der Ausdruck »gewissenlos«, mit dem die erschauernde Welt diese Taten bezeichnet, ist – so schlicht er sich ausnimmt – zugleich die umfassende Bezeichnung für ihre Genese: sie wurden möglich, weil die Täter ihr Über-Ich los-geworden waren, bewirkt durch eine primordiale Ersatzfunktion, die im Einzelnen die gesamte Summe der menschlichen Kulturerrungenschaft zu löschen wußte. Ermißt man die Gewalt dieser Amoralität, so gewinnt man einen Grund mehr, Freuds später Triebtheorie zu folgen, die den Sadismus als direkten Abkömmling des Todestriebs am Werk sieht und ihm innerhalb der Triebmischungen einen autonomen Charakter zuspricht; seine Ressource ist un-endlich. Gemischt tritt er in vielerlei Gestalten auf, die in größerem Zusammenhang darzustellen wären, so etwa in der Bindung an das anale Kotinteresse –: nicht nur aus Unfähigkeit lassen Diktatoren ihre Völker verelenden, die das Objekt ihrer perversen Libido sind: erst die Überhäufung mit Schmutz, ja die Umwandlung in Dreck selbst, erst die Kot-Ähnlichkeit durch die völlige Zerstörung aller Würde, wie sie sich in den KZs oder in den Folterzellen der Gegenwart systematisch erzielt zeigt, entbindet die volle sadistische Lust. Zahlreiche Einzelzüge der fatalen Konstitution wären hier auf ihre Tatspiegelung hin untersuchbar: so das für den Zwangscharakter typische Getrenntsein von Vorstellung und Affekt, das – nur scheinbar widersprüchlich – erhalten bleibt; es ermöglicht die Realisierung der sadistischen Phantasien ohne Beteiligung der

Emotion, das emotionslose Quälen. Hier zeigt sich im übrigen ein Mangel der Lustempfindung selbst, der sich als jeweils immer häufiger auftretendes Leeregefühl dokumentiert und die ganze, wie sehr auch in die Realität sich auslebende Konstitution als irreal ausweist und als halluzinatorisch: das aus dem Halt seines Rituals herausgefallene Ich wird zwar aufgrund seiner defizitären Abgrenzung von allen Strömen der ausgebrochenen Grundtriebe durchdrungen, hat an ihnen selbst aber keinen sensorisch unmittelbaren Anteil. Die ganze Dynamik mündet qualitativ nach kurzer Zeit in eine Psychose, die – wie zuvor von der Zwangsneurose – von dem Ersatzkonstrukt nur abgedeckt wird –: da die destruktiven Energien sich direkt ausagieren, sinkt das um seine Vermittlungsaufgabe gebrachte Ich, gleichsam haltlos geworden, immer tiefer in den archaischen Raum, in dem die Realität fremd und unkenntlich ist – (und daß die *Führer*-Paladine in der Endzeit des Reichs allesamt psychotisch reagierten, mit *Wunderwaffen*- und *Endsieg*-Wahn, kündigte nur ein von Anfang vorbestimmtes Schicksal an; der so überflüssig umrätselte Rudolf Hess war dafür nur eine Metapher, wie es auch seine leider vereinzelt dastehende Internierung gewesen ist). Einen Indikator für diesen Prozeß stellt nicht zuletzt auch die Sprache: sie vermag, als Ich-Äußerung, die Triebbefreiung nicht produktiv mitzumachen, sondern versucht, deren neuer Realität mit dem starren Ritual ihrer alten Zwangssprache beizukommen (dem der Verwaltung etwa, das in allen Dokumenten mit seinem Kontrast zwischen dem Gesagten und dem unsäglich Gemeinten einen ästhetischen Schrecken ohne Ende bildet – und zuletzt so noch konform abbildet, was der Schrecken der Sache selber ist); sie ist jedoch, die Sprache des pervertierten Zwangscharakters, unrettbar an das Schicksal des Ichs gebunden und regrediert mit ihm weiter auf der Bahn seiner und ihrer ontogenetischen Geschichte – bis an die öde Grenze zur Vorsprachlichkeit, deren Depot nur noch Reste und Trümmerstücke enthält und die Kommunikation auf Fragmente rationieren muß wie das andere Depot die anderen Lebensmittel, qualitativ nichts- und allessagend in einem: vom unvergeßlichen *Ja-wohl-Herr-Hauptmann* des Woyzeck bis zum so schnell vergessenen *Heil-mein-Führer* der hitlerschen und nachhitlerschen Generalität.

Das Schauspiel ist insgesamt so bedrückend maßlos, wie die von ihm produzierten Geschichtsmetaphern es sind; ganz auszubeschreiben wird es wohl nie sein. Vollends der Beschreibbarkeit entzogen bleibt das Großsystem, das den Typus des perversen Zwangs-Menschen in überdimensionaler Ausprägung produziert: es ist eine in jedem Wortsinn archaische Konstitution, vielleicht die des Todestriebs selber, und seine Erkenntnis hätte jedenfalls die seelische Metaphorik der Psychoanalyse zu verlassen und vielleicht in der energetischen jenes Dualismus weiterzudenken, dem die Forschungen des späten Wilhelm Reich galten. Ob es einen phylogenetisch-geschichtlichen Anfang gehabt hat, wie Reichs Theorie es impliziert, steht freilich dahin; sicher bleibt nur, daß sein Ende nicht abzusehen ist. Dies unterscheidet von ihm selber tröstlich seine Produktionen, jene überdimensional Perversen, die den Massencharakter nach ihrem Bilde deformieren, heißen sie nun Torquemada oder Vlad Tepes, Hitler oder Etcetera –: ihre Existenz ist endlich, und was nach ihrem Ende mit dem von ihnen Deformierten geschieht, kann auch hier in wenigstens den Grundriß eingetragen werden. Das hitlersche Reich wurde in seiner kollektiven Verformungsarbeit relativ schnell unterbrochen; trotzdem reichte die generative Kraft der Perversion bereits ersichtlich in die mittleren und unteren Chargen seiner Hierarchie hinunter, wo der kleine Sadismus des Alltags sich entfaltete und, besonders in den letzten Kriegswochen, unschwer im Alltag auch zum großen Sadismus aufschoß, und der Umbau war tendenziell weit gediehen, als er durch die, leider sehr aufwendige, Beseitigung des *Führers* zum Einsturz kam. Das externe, in der primordialen Topik installierte Ersatz-Über-Ich verschwand ebenso schlagartig, wie es erschienen war; hinter ihm tauchte das alte Über-Ich wieder auf. Nun ist, was folgte, gewiß in vielfältigen Varianten abgelaufen; sein Allgemeines aber war so einheitlich, wie es sich – mit fast schon primitiver Unmittelbarkeit – in den geschichtlichen Faktenmetaphern spiegelt: die Rückkehr der sadistischen Psychose in ihre neurotische Absicherung, die Wiederherstellung des Zwangscharakters. Sie hieß politisch *Restauration* und reichte vom *Wiederaufbau* der Zusammenbruchstrümmer bis zur *Wiederbewaffnung*, die anzeigte, daß das kollektive Ich sein zwangsneurotisches Ritual der doppelten Abwehr wieder aufgenommen hatte. Das Ergebnis konnte so heißen, wie es in Atlanten heißt: *Deutschland in den Grenzen von 1937* – eine Metapher, die mit weit mehr Berechtigung in ein Lehrbuch der Massenpsychologie gehörte. Das Ganze mutet wie eine Zwangshandlung selber an –: tatsächlich war es nur ihre Energie, was dem Ausland am deutschen Wirtschaften in der Weltgeschichte als Wunder vorkam. Verwunderlich ist sie noch heute, aber schwerlich zu bewundern. Durchschaut man ihren Wirkungszusammenhang, so kann man sie viel weniger imponierend finden, als jene selbst es taten, die sie zustande brachten –: dazu war in ihr zu wenig Ich-Leistung als gestaltendes Bewußtsein enthalten und zuviel wiederholungszwanghafter, nur objektverschobener Automatismus: zu wenig aktiv verarbeitende Taterinnerung, zuviel Verdrängung. In Wahrheit ja stellte sich der Zwangscharakter auf einem Status wieder her, der ein reiner Status quo ante war – buchstäblich »als wäre Nichts gewesen«. Dies Nichts vereitelte auch die Durchführung der juristischen Gerechtigkeit: an der konstitutionellen Unfähigkeit zur Identifizierung scheiterte, wie das alte Über-Ich einst, so auch dessen neue, durch die Tatschulden des Interregnums verstärkte Gestalt; einer der Abwehrkräfte entsprach die Metapher *Formale Beweislast*, die heute genauso die Judikatur gegen die Umweltsadisten behindert. Die so demonstrativ vorgezeigte Ambivalenz war unecht wie eh und je die intrapsychische: nur ein angestrengt künstliches Gleichgewicht aus Reaktionsbildungen. Ist »Verantwortlichkeit« eine großartige Qualität auch des kollektiven freien Ichs, so zeigte die Grimasse ihres Fehlens kläglich dessen wahres defektes Gesicht. Strafverfolger und Strafverfolgte einigte das leere Bewußtsein, daß ja eigentlich und »in der Tat« Nichts gewesen sei; es war dies die bloße Einigkeit ihrer defekten, leergewordenen Charakterverfassung. Als deren Zwangsfolge muß man den Makel zuletzt verstehen lernen: als Notwehr des Charakters gegen und für sich selbst zugleich (und würde das gordisch verknotete Problem heute von der – aber eben fraglich, ob gewandelten – Justiz auf die alexandrinische Art gelöst, d. h. Verantwortlichkeit vorausgesetzt und zur Verantwortung gezogen, so gäbe es in den Chefetagen der Großkriminellen als erstes eine Serie von Charakterzusammenbrüchen und psychotischen Reaktionen, und zwar in einer so typischen Ausprägung, daß sie ohne weiteres lehrbuchgeeignet wären). Bezeichnend genug hat keiner der reichskriminellen Mediziner bei seiner Motivbefragung im Nürnberger Prozeß auf eine freie Ich-Entscheidung verweisen können: sie zeigten alle mit dem Finger auf die Lizenzen ihres Über-Ichs, dessen Metaphern, bis zur Identität verschmelzend, ebenso *Führerbefehl* wie *Wissenschaftsbefehl* hießen. Die Alliierten, die ihre Erfahrungen mit der Deformation des Zwangscharakters noch vor sich hatten, konnten den Zusammenhang nicht würdigen, forschten aufwendig nach dem »Gewissen«, das es daneben doch auch noch hätte geben müssen, fanden es nicht und hängten die Gewissenlosen auf; erst als die Strafverfolgung in deutsche Hände überging, war das Erfahrungsverständnis zur Hand, und die gemeinsamen Hände wurden in Unschuld gewaschen – Anfang jenes porentiefen Reinigungszwangs, dessen weitere Metaphern noch eine große Zukunft vor sich hatten. Das Schauspiel wiederholt sich, lehrbuchgeeignet, überall, wo seine Voraussetzung sich wiederholt hat –: auch die Folterer der heutigen Diktaturen kehren nach Beseitigung ihres Projektions-Über-Ich mühelos aus der sadistischen Psychose in ihren Zwangscharakter zurück, adoptieren die Kinder ihrer totgequälten Opfer und beweisen durch ein diszipliniertes Anpassungsritual das Nichts, das gewesen sei – und das von der beamteten Justiz, die nun wieder ihresähnlichen ist, wie sie zuvor ihresgleichen war, in der Regel dann auch zu Protokoll und Akten gegeben wird. Das Ganze erweist sich, bei aller Grauenhaftigkeit, nur als folgerichtig und gleichsam systematisch bedingt –: was beim Umweltsadismus öffentlich (»Report«-Sendung vom 11.3.86) »die vermutete Kumpanei zwischen Justiz und Wissenschaft« genannt wurde, ist nur wieder, als Tatbestand wie als Erklärung, eine Metapher – und als Erklärung greift sie, wie tapfer sie auch zugreift, zu kurz. Zu erkennen gilt es das System; erst danach kann sein Potential auch in den Folgen übersehbar werden.

Absehbar freilich wird es dadurch nicht; es reicht, das Potential Mengele, sehr weit. Unheimlicher als die Wiederkehr dieses Gleichen ist im Gesamtbild des Zwangscharakters die gleichgebliebene Bereitschaft, der ödipalen Gravitation nachzugeben und an der Leerstelle der nicht gelingenden Synthese externe Ersatzkonstrukte einzubauen, die erneut eine tolerante Über-Ich-Funktion übernehmen und das Ich in seiner Verdrängungsarbeit entlasten könnten. Fast ließe sich da von »Anfälligkeit« reden, von einer speziellen, gar physiologischen »Abwehrschwäche« – (und da, wo alle diese Vorgänge, in einer nur anderen Metaphernebene, chemische Entsprechungen haben, wäre sogar die Vermutung zu riskieren, daß bestimmte Metaboliten-Funktionen des Charakterumbaus gespeichert und erhalten geblieben sind – die des Phenylaethylamins etwa, das bei zwangsneurotischen Besetzungen im Limbischen System ausgeschüttet wird und als Pharmakon, heute freilich wie andere Psychodysleptika, aufgrund seiner verheerenden Wirkung längst den Betäubungsmitteln gleichgestellt, eine Modellpsychose hervorruft, an der u. a. als Signal einer beginnenden Regression der Verlust des Zeitgefühls auffällt –: dies ist ein sehr weites Feld, und was die Psychoanalyse »Libido« nennt, bleibt nach wie vor das missing link der Biochemie, die in ihrem mechanistischen Uhrwerk immer noch die Treibende Kraft braucht, wenn auch verwunderlich wenig sucht, und in ihre Weltbilder dann großartig so genannte »Reglermechanismen« einträgt; ein chemisches Äquivalent selbst hat sie, die Libido, wohl nicht, höchstens ein radiochemisches, und die Forschung bedarf hier einer Interdisziplinarität, von der noch keinerlei Vorschein in Sicht ist). Anzunehmen ist jedenfalls, daß auch das Psycho-Soma ein »Gedächtnis« hat, das funktionelle Erfahrungsraster speichert und reaktivierbar hält, und deren gefährlichstes ist hier jenes, das auch die Wiederkehr des beschriebenen Grundvorgangs jederzeit ermöglicht. Eine Psychoanalyse der deutschen Nachkriegsgeschichte ist außerstande, die Frage noch einem Zweifel offenzulassen, welches nächste Großsystem die Leerstelle im deutschen Zwangscharakter besetzte und diesen erneut deformierte –: es war das System *Die Wirtschaft*. Sie ist mit der ganzen Gewalt der neurotischen, anal überlasteten Libido zum Objekt genommen und in die defekte Topik verinnerlicht worden; sie hat das eigentliche Erbe Hitlers angetreten, wie sie zuvor schon den nächsten Verwandtschaftsanspruch darauf begründet hatte; die heutige Identität dessen, was *Industrie* heißt, stammt nicht aus den *Gründer*-, sondern aus den *Führer*-Jahren. Ihre gewissenlose, alles lizensierende, grundsadistische Konstitution dokumentiert sich selbst: – der differenzierende Begriff *Wirtschaftskriminalität* deckt nur zu, daß *Wirtschaft*, nach Theorie und Praxis, längst selber eine Form der Kriminalität ist. Das Ziel ihrer gesamten Dynamik, die *Gewinnmaximierung*, meint die Aneignung des Ganzen: ihre Struktur ist totalitär, das ihr widernatur-gemäße Verwirklichungsmittel die Zwangsarbeit, deren optimale Organisationsform das KZ. Hier braucht als Beweis nur noch ein Sic! zu stehen, ein lakonisches Ecco –: ein jeder sehe sich um. Sie ist, die Wirtschaft, das Ersatz-Über-Ich des nachhitlerschen Reichs geworden, unter dem das andere, abendländische abermals verschwand, mit dem sich der deutsche Zwangscharakter nie hatte identifizieren, das er nie hatte internalisieren können –: als kulturelle Summenformel qualifizierender Urteile hat sie die gesamte Werteordnung der gewachsenen Geschichte sich unterworfen und mit inzwischen fast vollendeter Radikalität gelöscht. Wer das Spannungsfeld zwischen beider Metaphern, in dessen schon überschrittener Mitte die Gegenwart liegt, mit allen seinen Erscheinungen durchmustert, kann nicht im Zweifel sein, daß es sich um Entweder-Oder-Positionen handelt –: ecco. Und dies läßt sich mit der nüchternsten Erfahrungsgewißheit sagen: Gelingt der Umbau des kollektiven Zwangscharakters ein weiteresmal, so wird der Weg für einen destruktiven Triebfluß frei, der selbst die *Führer*-Erfahrung in den Schatten schwemmen würde. Erstes Treibgut der bereits begonnenen Zerstörungs- und Selbstzerstörungsströmung – und bildreine Metapher des Sadismus der phallischen Phase, hinter dem der noch größere der analen wartet – ist die Raketenarmierung und ihr nur verschobenes, pseudo-ziviles Nebenbild *Friedliche Atomnutzung*: an ihnen, die in jedem Sinne Produktionen der Wirtschaft sind, wird deren totalitärer Anspruch symptomatisch sichtbar –: beide sind zuletzt nur unter den

Bedingungen des Polizeistaats zu verwirklichen, und die Konzepte primitiver Politiker zeigen sich zwangscharakteristisch den *Sachzwängen* bereits entsprechend unterworfen. Daß die deutsche Versessenheit, solche Sachzwänge mehrheitlich zu verinnerlichen (und, in nur anderer Metaphorik, externe Sachen zu den eigenen zu machen), keine globalen Entsprechungen hat, weist fraglos auf einen mehrheitlich spezifischen Volkscharakter als Vorbedingung; er wurde geschichtspsychologisch definiert. Tatsächlich haben, wo der lebendige, frei verantwortliche (nach Reichs Nomenklatur »genitale«) Charakter noch vorherrscht bzw. noch weniger deformiert ist, deformative Systeme weit schlechtere Chancen: sie entstehen auch dort durch Machtakkumulation, bewahren aber die Eigenschaft der gewaltsamen Unterdrückung, die Deutschland bei seinen Systemen nie als Entschuldigung in Anspruch nehmen konnte. Auch die ökonomische Prosperität war und ist eine »typisch« deutsche Errungenschaft, und man geht schwerlich zu weit, wenn man die so unterschiedliche Fähigkeit anderer Völker, zu den gleichen Erfolgen und Folgen vorzudringen, in der unterschiedlichen völkischen Charakterstruktur begründet sieht. Sie wäre zu untersuchen – lehrreich auch noch da, wo sie gleich oder ähnlich beschaffen ist: im Beispiel Japans etwa – oder dem der anderen *Achsen*-Macht Italien, das unter *Duce*- wie deutschem Einfluß seinen Charakter ersichtlich psychotisch veränderte und entsprechend wirtschaftsfähiger wurde (mit der Einschränkung, daß beides mit doch weniger analer Gründlichkeit vor sich ging und heute hoffnungsvolle Auflösungserscheinungen zeigt). Man erklärt viele Geschichtsmetaphern der nachhitlerschen Zeit, wenn man sie im Kontext der hitlerschen zu lesen unternimmt, ja eigentlich alle, und der brüllende Protest, der überall aufschallt, wo das Verfahren fündig wird, liefert nur einen weiteren Beleg für die Richtigkeit des Verfahrens. Es ist anzuwenden, zuletzt, auf auch noch eine weitere Metapher. Daß *der Wirtschaft* als Autoritätsbild zahlreiche andere Systeme ähneln, die allesamt verdächtig sein müssen, auch ähnliche Verformungskräfte zu enthalten und zu entfalten, dürfte sich bereits als Konnotation gemeldet haben –: an ihre Seite gehören zweifellos, als Großkonstitutionen des Zwangscharakters, alle nur denkbaren administrativen Apparate (*zuständige Sachbearbeiter*), Parteiprogramme (*Fraktionszwang*), Religionsgemeinschaften, alle Ideologien überhaupt, auch trendisierte *Kunstrichtungen*, leider, und ihrer aller Subdivisionen, von den *Fan-Clubs* in Großstadt und Land bis zu den altmodisch am Wege liegenden Vereinsmeiereien, – kurz alles, was mit seinen Befriedigungsofferten in die defekte Lebensrezeption des Zwangscharakters eindringen kann und ihn sich subaltern macht – (befriedigend dann allerdings weniger für ihn selbst als für den Eindringling –: die Erfüllung bleibt halluzinatorisch, nur in der Vorstellung, nicht in den Affekten erlebt; allein die Arbeitsentlastung des bedrängten Ichs wird als Lustgewinn empfunden, weshalb die jeweiligen Systemprogramme qualitativ auch jede Beliebigkeit vertragen). Sie alle stellen Alternativen zueinander dar und sorgen für Gleichgewicht – für eines freilich, das scheinhaft bleibt und keine wirkliche Sicherung gegen ihr Grundrisiko bildet –: gefährlich wird dieses, wenn es einer von ihnen gelingt, sich die andern zu unterwerfen (Geschichtsmetapher *Gleichschaltung*), wie es

Hitler gelang, wie es heute der Wirtschaft gelungen ist; dann addieren sich die irrationalen Vektoren nicht nur, sondern sie potenzieren sich, und gewähren sie aus ihrer Machtfülle Lizenzen, die der Zwangsarbeit des Zwangscharakters nach beiden Seiten Befreiung bringen, so ist auch der obskure Weg in seine primordiale Topik frei – wie der endlos finstere aus ihr heraus. Das Potential Mengele reicht weit; es ist überall; zu seinen Bedingungssystemen gehört, es steht nicht zu ändern, am Ende auch *die Wissenschaft.* Nun wird, wer sich unter ihr das Reine Streben des Geistes vorstellt, ohnehin in Verlegenheit sein, zahlreiche, heute immer zahlreichere Leistungen mit seiner Geist-Vorstellung überein zu bringen; es ist auch keine Frage, daß ihre so ehrwürdige Grundstrebung an der infantilen Forschungsneugier teilhat (wie folglich auch, fallweise leicht zu demonstrieren, an deren Scheitern durch Informationsentstellung), daß sie ferner, wo sie unter den kreativen Impulsen Dominanz gewinnt, von einer früh-veränderten Ich-Konstitution bedingt ist und also durchaus vor-rationale Motive enthält: – Analyse heißt Auflösung eines Existierenden, und sei's übertragen das Unwissen; sie greift an und beteiligt an der Aggression zahlreiche Partialtriebe; auch die vorliegende ist sich dieser Motivmischung bewußt. Nimmt man zusätzlich aber in den Blick, wie auffällig der Zwangscharakter den Durchschnittstypus des Wissenschaftlers stellt, und zwar in eben dem Maße statistisch zunehmend, in dem dieser in übergeordnete Systeme eingebunden ist, so wird auch erkennbar, daß hinter seinen pragmatischen Tugenden – Gründlichkeit, Ausdauer, monothematisches Denken – ein ganz anderes Potential lauert. Erkennbar wird: was es bedeutet, daß die

Reine Wissenschaft immer mehr hinter der angewandten zurücktritt; erkennbar wird: warum die wissenschaftliche Bestrebung längst zu einem Partialtrieb des Systems *Wirtschaft* deformiert ist, das auch ihre einstige Verantwortlichkeit bereits in seinem Nichts aufgelöst hat. Sie hat ihren Charakter in aller Stille umgebaut, die einstens reine Wissenschaft, und sein Sadismus fließt, nur quantitativ unterschiedlich, aus ihren sämtlichen Metaphern – und keineswegs nur in den Rhein. Das ganze Großphänomen, einschließlich aller seiner Satelliten, einschließlich der politischen auch, der administrativen wie legislativen, bei denen die Unterwerfung so bestechend erfolgreich war, mutet selber wie ein geschlossenes Charaktersystem mit Zwangszügen an –: das macht den gigantischen Automatismus aus, in dem sich längst die ganze Gesellschaft bewegt. Er bildet ihre zunehmende Wesensverpanzerung aus, die von den ewigen Kettenfahrzeugen auf den Straßen nur metaphorisiert wird; unter ihm gehen die individualen Ich-Leistungen zunehmend zugrunde oder in die Psychose. Nicht zuletzt seine Sprache verrät ihn –: auch die Wissenschaftssprache ist, das geschwisterliche Schicksal zu dokumentieren, längst der traditionell stupiden Verwaltungssprache auf ihrer langen Bank an die Seite gerückt, und selbst die Geisteswissenschaften rücken nach, um den Großen Zusammenhang nicht als Ausnahme zu stören –: sie regredieren gemeinsam, ecco, allesamt – zurück in ein Stummel- und Stammelidiom, das die sinnverlassenen Formen mit Versatzstücken füllt und sein Selbstbewußtsein nur zu folgerichtig dem imposanten Größenwahn der Kleinkindäußerungen abschaut. Gerade die Medizin, um die es hier speziell geht, ob nun Human-, ob Tier-, ob Landschafts-, der Mittelpunkt des Zusammenhangs und immer ja noch der erd- und menschennächste Punkt im Wissenschafts-Universum: gerade sie zeigt die Gesamtdeformation, die an ihr geschichtlich schon lange arbeitet, in unerfindbar klarem Zungenschlag an; – Sprachwissenschaftler könnten mit ihm, sofern sie noch nicht selber infiziert sind, unterstützt von Tiefenpsychologen das Ätiologiebild in jeder Einzelheit belegen. Sie liefert, wie ihr Sadismus bei den Tierversuchen, für die Beweiserhebung auch mit ihren Redenssorten das direkteste Material: die kruden Lust-Embleme einer systematisch emotionslos gewordenen Ich-Ohnmacht, die von perversen Antrieben überflutet worden ist. Wo ihre plumpen Finger nichts mehr zu tasten bekommen, sind ihr *keine pathologischen Resistenzen palpabel*, und wo gar nichts ist, bescheinigt sie sich die *Exploration eines subklinischen Befunds*, um aus dem Nichts dann auch noch einen Vorwand abzuleiten, nicht nur den gesunden Verstand ihres Opfers, sondern das gesunde Opfer selbst zu malträtieren. Sie macht, gerade wo sie ihre *vernünftigen Gründe* formuliert, sich selbst als Form einer gestörten Vernunft erkennbar: als Ausdruck einer Regression in die Vor-Rationalität. Auf deren Grund wartet, schon in Sicht, dumpf brütend die vollautomatische Golem-Sprache der *Wirtschaft* selbst, deren Äußerungen – ob sie nun in öder Wiederkehr die *Arbeitsplatzbeschaffung* als Ziel ihres Produzierens ausschreit oder aus krankhaft zum Strahlen verzerrten Gesichtern ihre Produkte selbst – allesamt in Prägnanz und Bedeutungsfülle nach dem semantischen Muster des *Heil-mein-Führer* gebaut sind. Sicher ist das Jargonritual der Mediziner nur e i n e Vokabel in der Psychosensprache der Wirtschaft – aber eine, die aus deren panzerstarrem Wortschatz nicht mehr wegzudenken ist. Es schirmt ihre Wahrheit flächendeckend ab; es redet mit in allen Grund-Sätzen ihrer Lüge: *Wissenschaftler haben herausgefunden... Die Wissenschaft hat erkannt...* Aber was uns hier unterbricht, in einer Aufzählung, für die wieder leicht ein simples Ecco stehen kann, ist nur wieder das Geschrei vom Anfang, das den Vergleich begriffen hat, untermischt diesmal mit dem Zusatz des Industriegebrülls –: ist er, der Vergleich, etwa nicht bewiesen? Beweist nicht auch die Sprach-Verwandtschaft zu allem Überfluß noch am Ende die Sippschaft der Sachen? Die Medizin, die nicht wahrhaben will, daß ihre heutige Identität aus allen Finsternissen ihrer Geschichte stammt, möge einfach diese Geschichte rekapitulieren, um in ihrem Protest kleinlauter werden zu können. Sie hat aus dem Paradigma schlecht gelernt –: weil sie es selber nur zu gut gelernt hatte? Als Alexander Mitscherlich seine Dokumentation über den Nürnberger Ärzteprozeß herausgab, gingen die ersten 10 000 Exemplare an die Arbeitsgemeinschaft der westdeutschen Ärztekammern zur Verteilung an die Ärzteschaft; auch die Reaktion darauf möge rekapituliert werden: »Nahezu nirgends wurde das Buch bekannt, keine Rezensionen, keine Zuschriften aus dem Leserkreis; unter den Menschen, mit denen wir in den nächsten zehn Jahren zusammentrafen, keiner, der das Buch kannte. Es war und blieb ein Rätsel – als ob das Buch nie erschienen wäre. Nur von einer Stelle wissen wir, daß es ihr vorlag: dem Weltärztebund, der, wesentlich auf unsere Dokumentation gestützt, in ihm einen Beweis erblickte, daß die deutsche Ärzteschaft von den Ereignissen der verbrecherischen Diktatur abgerückt sei, und sie wieder als Mitglied aufnahm …« Wäre »verrückt« nicht auf längere Sicht doch der präzisere Ausdruck gewesen für die erblickte Rückung? Es wurde Nichts gelernt; es wurde nur verschoben, was gelernt worden war. Wie gut war es gelernt worden? Auch dies zur Rekapitulation: Von den etwa 90 000 Ärzten des hitlerschen Reichs waren 45 Prozent Mitglieder der NSDAP; 26 Prozent waren in der SA; die Zugehörigkeit zur SS lag siebenmal höher als bei der übrigen Erwerbsbevölkerung. Wohin waren sie gerückt – wenn nicht einfach weiter? Nur 350 Individuen wurden für erwiesene Medizinverbrechen bestraft, 3,9 Promille also –: haben sie keine Intoxikation bewirkt? Waren die so eindrucksvoll mehrheitlichen Prozente »geheilt« von der Möglichkeit ihres zwangsneurotischen Charakterumbaus? Oder waren sie damals vielleicht nur noch nicht so weit darin gediehen, wie Jene es waren – so weit, wie sie's heute sind? Das System als Ganzes gibt Auskunft über auch seine Teile; das Potential Mengele reichte weiter. Es ist die eigentliche Erbschaft dieser Zeit, die entschlossen ist, alle ihre Möglichkeiten auszuschöpfen, nicht nur die ihrer äußeren Ressourcen, und in ihrer regressiven Verformung bereits einen derartigen Fortschritt gemacht hat, daß die Grenze zwischen Destruktion und Selbstdestruktion zu verschwimmen beginnt. Erbschaft –: ihr Gefährlichstes macht aus, daß sie hochgradig »ansteckend« ist; weit stärker als alle anderen neurotischen Reaktionsbilder wird der Zwangscharakter fortvererbt, und zwar unheilvoll darum, weil sein Defekt in der Topik des Erbträgers selber liegt, nämlich in der des Über-Ichs, und sich in dessen Kette als identische Erziehungsprägung durch die Generationen weiterreicht. Er wirkt generativ; er wirkt auf lange Sicht, möchte man sagen, sogar mutagen; er stellt weitere Zwangskollektive her, zeitigt weitere perverse Großkonstitutionen. Das Potential Mengele reicht in die unabsehbare Zukunft, und vielleicht durchkreuzt es diese selbst. Wie wäre ihm zu begegnen? Durch »Aufklärung«, ganz allgemein –: es gibt keine anderen Mittel, dem drohenden Absturz in die globale Psychose regulierende Ich-Kräfte entgegenzusetzen. Dies mutet freilich fast utopisch an in einer Gesellschaft, in deren soziodiagnostischen wie administrativen Konzepten die von der Tiefenpsychologie bereitgestellten Denkmodelle gänzlich fehlen; sie sind so unentbehrlich wie nichts sonst. Denn die Sozialwissenschaften bleiben, für sich allein, rein sekundäre Disziplinen, solange sie, die nur Metaphern gleichsam zweiter Ordnung interpretieren, für Ursache halten, was bereits Folgeerscheinung ist, und vollends die Geschichtswissenschaft, die nur Dokumente sammelt und aus ihnen pragmatische Logiken destilliert, hat den methodischen Status des 19. Jahrhunderts nie verlassen. Da »die Welt« als Ausschnitt einer übergeordneten, mehr-als-3-dimensionalen Funktionsontologie nicht »erkennbar« ist (– ihre Gleichungen werden immer mehrere Unbekannte enthalten –), kann sie mit den empirischen Befunden der Realwissenschaften nicht ausreichend beschrieben werden: – diese bedürfen der Abstraktion ihrer Erfahrungen, hinein in den Bezirk von Hypothesen, die es riskieren, nicht mehr faktisch allein, sondern dematerialisierend metaphorisch zu beschreiben. Die Causa für die so wirr stiebenden Quanten der Geschichtsmetaphern ist nicht in ihnen selbst zu finden; zu suchen wäre sie in einer Subquantität, wie die theoretische Physik sie für ihre Vorstellung bereits zugelassen hat. Zu ihr aber hat keine wissenschaftliche Verfahrensweise bislang einen besseren Zugang entwickelt als die Psychoanalyse: die einzige Disziplin, zu deren Bedingungen überdies die Vor-Beseitigung irrationaler Affekt-Mitwirkungen gehört; sie scheint wie keine andere aufgerufen, ihre Beobachtung, ihr analytisches Auflösungsbemühen vom Einzelpatienten auf die kollektiven Pathologien auszudehnen. Ihre Hypothesen wirken nicht selten gewagt, ja phantastisch. Was hier mit ihrer Hilfe skizziert wurde – mit der Rücksichtslosigkeit eines Erstversuchs wie seiner nie vermeidbaren Fahrlässigkeit, kursorisch auch nur und des Zwischen- und Nach-Denkens beim Leser bedürftig, spröde und sperrig schließlich und mit mancherlei unerwünschten Nebenwirkungen des Bestrebens, jene Allgemeinverständlichkeit zu wahren, die imgrunde, wo der Beschreibungsweg vom chaotisch Konkreten ins Abstrakte der subquantitativen Kausalvernetzungen führt, ihre gewohnten Ansprüche zurücklassen muß, – was skizziert wurde also, nimmt gewiß teil am Risiko jener gewagten und phantastischen Wirkung. Aber wo die Konkreta widerspruchsfrei darin aufgehen, mag dem vielleicht entgegenwirken, was Freud den Hypothesen grundsätzlich zur Ehre anrechnete: die Möglichkeit nämlich, »Zusammenhang und Verständnis auf immer neuen Gebieten zu schaffen ...«

Die Zusammenhänge, in die das Phänomen der Tierversuche blicken läßt, sind gewaltig; das Verständnis dafür ist klein. Wie kann es vergrößert werden? Die so überlegene Wissenschaft, die Einsprüche gern damit abfertigt, das alles sei nur *emotional gesehen*, macht unfreiwillig nur aufmerksam auf das, was ihr, die es täglich gelassen sieht, per Definition fehlt, ecco, und was hier weniger fehlen darf als irgendwo sonst. Aber die Emotion, das Mitleid für das unsägliche Leiden der Mitgeschöpfe, ist nicht der letzte Schluß des Wissens, so sehr sie auch immer der erste und bleibend gültige sein muß –: was in den Labors geschieht, ist abartig für jeden humanen Instinkt, gewiß; aber es ist zugleich auch nur ein Symptom – für eine Abartigkeit von archaischen Grunddimensionen, deren Sadismus längst die Labormauern sprengt und jeden Augenblick das Objekt wechseln kann. Die Frage, die unabweisbar nächste, ist fürchterlich genug: was geschähe, wenn ihm dieses millionenfache und dann vergleichsweise doch wieder kleine Objekt entrissen würde…; sie entzieht sich der Emotion per se und ist auch nicht mehr auszudenken, weil sie ans Ende selber zu denken hätte. Er sinnt, der Sadismus, auf dieses Ende unablässig, und jede seiner Anrichtungen ist dessen Vorentwurf. Einstweilen noch tragen die Tiere seine unerträgliche Endlast allein –: ist das Böckchen, dem der Laborkommandant die Sehnen durchschneidet, um Erkenntnisse über Sportverletzungen zu gewinnen, nur einmal mehr noch der archaisch rituelle Sündenbock für die Schulden der Welt? Wäre das die wahre Unersetzlichkeit des *Stellvertreters für den Menschen*, die der Golem, der weiß, was er will, so drohend behauptet? Ersatz zu sein für den sonst unaufschiebbar werdenden Strafvollzug am Selbst? Bloßes Mittel für das auch von Professor Schoeppe ausgedrückte Bestreben, *bestes Gewissen abzusichern*? Gar keine Frage mehr: Die Tiere tragen, einstweilen noch, die ganze Last des Verdrängten dieser Jetzt- und Letztzeit, die ihre Verbrechen nicht aufgearbeitet hat und für den Tag seiner Wiederkehr mit solcherart abgesichert bestem Gewissen ihren dann nicht mehr verdrängbaren Suizid vorbereitet. Wie könnte das Bewußtsein dafür vergrößert werden? Das Ziel liegt – im Gegensatz zu den Dingen, die so, wie sie liegen, dort leider nicht liegen – tief im Innern von Utopia: Wenn es gelänge, diese Vorbereitung zurückzunehmen und wenigstens die größenwahnsinnigen Politgehilfen des Golems auf ihr wahres Format als kleine Wahnsinnige zu reduzieren, dann würde wahrscheinlich auch von der Tierquälerei ein riesiger Motivdruck genommen und sie selbst als Problem der gesellschaftlichen Bewußtseinsbearbeitung zugänglich. Oder wäre gar das Umgekehrte möglich, als erste Buß-Umkehr überhaupt? Könnte die Zwangsgesellschaft das Tierproblem lösen, das stellvertretende, wäre sie dann auf einmal vielleicht auch imstande, das nicht mehr verdrängte Problem ihrer Suizidneigung zu bearbeiten? Die Frage ist, nochmals, fürchterlich genug; nur zu viele Metaphern der Gesellschaftsarbeit stehen ihrer zuversichtlichen Beantwortung entgegen. Der Tiersadismus hat sich vorab in Weltgegenden ausgebildet, in denen die direkten Sadismus-Ventile, Folter und Mord, durch grundgesetzliche Sicherung derweil nicht in Funktion sind; diktatorische Staaten, in denen Gewalt gegen Menschen zur offenen Tages-Ordnung gehört, sind für Tiere ein weit weniger gefährlicher Boden; es war Hitler, der das erste deutsche Tierschutzgesetz erließ –: alles nicht sehr ermutigend für die Umkehrung der Lösung, die vielleicht nur die Umkehrung des Mordens ins Selbstmorden bringt. Trotzdem, sie muß versucht werden, die kleinere, vielleicht doch stellvertretende Lösung, nachdem die andere, größere, riesengroße gar so über alle Kräfte geht; sie würde ja, wo nicht einmal Geschichte bewußt ist, ein ganz neues, nie dagewesenes Bewußtsein zur Voraussetzung haben, nämlich das einer zeitenumfassenden Geschichtspsychologie, und erst von ihm erst den Anfang eines Entwicklungswegs gezeigt bekommen, gegen den sich der Fortschritt von der Hordenmonarchie zur Massendemokratie wie eine bloße Lappalie ausnähme. Wie Lappalien auch müssen sich, und allemal in einer Skizze, praktische Lösungs-Vorschläge ausnehmen, unverhältnismäßig angesichts der Ausmaße des Ungelösten, wie Satyrspiele nach der Schicksalstragödie – dürfte man sie überhaupt riskieren? Sollte man überhaupt noch Überlegungen anstellen wie etwa die, was wohl geschähe, wenn unter den Zulassungsbedingungen für den Tierversuch statt des bestandenen Hochschulexamens und ähnlicher Faxen ein bestandener Psychosentest aufschiene – und die Vorbehandlung sämtlicher *durchführenden Personen* mit Neuroleptika obligatorisch würde –: ob sich nicht die meisten Versuche, die bei *abgeschlossenem Hochschulstudium* mühelos gelingen, dann als überhaupt undurchführbar erwiesen? Man muß sich im Angesicht des zur Erde schreienden Unglücks, um das es geht, ohnehin immer wieder mit Ironie wappnen, um weiterreden zu können –: wie wäre denn weiterzureden nach der Tragödie? Vielleicht gerade mit Ironie – mit der ja oft sogar das Schicksal redet – gegen das Schicksal?

V.

Es ist unglaublich, wie sehr die neuere Arztwelt gewöhnlicher Schule sich an dem Wohle der Menschheit versündigt... Wenn die getäuschten Unglücklichen bald oder später mit den unvermeidlich auf eine solche Behandlung folgenden Siechthumen, mit Geschwulst-Krankheiten, hartnäckigen Schmerzen an diesem oder jenem Theile, mit hypochondrischen oder hysterischen Beschwerden, mit Gichtübeln, Abzehrungen, Lungeneiterungen, stetem oder krampfhaftem Asthma, mit Blindheit, Taubheit, Lähmungen, Knochenfraß, Geschwüren (Krebs), Krämpfen, Blutflüssen, Geistes- und Gemüthskrankheiten u.s.w. zurückkehren, so wähnen die Ärzte, etwas ganz Neues vor sich zu haben, ohne die Quelle davon zu ahnen, und kuriren und kuriren nach gewöhnlichem Schlendrian der Therapie vergeblicher und schädlicher Weise darauf los, mit Arzneien, gegen Krankheitsphantome gerichtet, das ist, gegen Ursachen, den sich hervorthuenden Übeln angedichtet, bis der Kranke nach vieljährigen, immer gesteigerten Leiden, gemeiniglich durch den Tod, das Ende aller irdischen Leiden, aus ihren Händen befreiet wird...«

Es ist, noch einmal wieder, von Menschen die Rede, von Opfern und Tätern, von Vergangenheit auch, von Geschichte – nur auch von wieder einer, die unverwandelt fortwirkt – und wieder von den fortwirkenden Ärzten. Der dies gegen sie schrieb, 1828, war einer ihrer bedeutendsten, als Forscher wie als Heiler: Samuel Hahnemann, und daß er mitsamt seinen Entdeckungen nun schon 150 Jahre gegen sie Recht behalten hat, spricht für seine Bedeutung ebenso, wie daß er von ihnen erst in ferner Zukunft Recht bekommen wird. Er hat, als Psychologe, auch den Zwangscharakter ihres ganzen Systems erfahren und durchschaut – und nur das, was der Golem einmal daraus machen würde, lediglich ahnen können; er hat sich mit ihrer ganzen Zunft angelegt und den Kampf mit auch ihrem sadistischen Potential glänzend durchgestanden – kraft seiner Ironie wie seiner überlegenen Einsicht –: sollte man es ihm, nachdem ihm so viel anderes wahrlich heilsam nachzumachen ist, nicht auch darin nachzutun versuchen? Also die Ärzte, die Hauptdarsteller der Tragödie, – vielleicht auch die Hauptdarsteller des Satyrspiels?

Natürlich bleibt der Golem selbst der Feind und jene größere Lösung, die riesengroße, auf alle Restzeit die Aufgabe: die Industrie, die den Menschen zum bloßen Instrument ihrer allesfressenden Eigendynamik gemacht hat, selber für das Menschenwohl zu instrumentalisieren. Es ist ein Problem, über dessen Bewältigung die Geschichte freilich längst nicht soviel lehren kann wie über sie selbst und den von ihr gelieferten Anschauungsschatz; der ist wahrhaftig überausreichend groß, von der kollektiven Seelenverödung bis zur Leibeigenschaft, und bedarf keiner Vermehrung. Aber wie fern immer ein post-industrielles Zeitalter sein mag, es mit Einsichten anzubahnen gehört jedenfalls zu den allernüchternsten Erfordernissen der post-modernen Zeit.

Für die praktische Anbahnung allerdings bedarf es bei diesem Gegner einer Gegnerschaft, die der Bürger auch bei erweitertem Bewußtsein nicht mehr zu formieren vermag, und da sieht es, über ihn hinaus, schlecht aus. Denn seine unersetzlichen Stellvertreter in den Parteien bieten ja wahrlich, und nicht nur im besonders trostlosen Moment, keinen sehr tatkräftigen Anblick, und man hat immer künstlichere Argumente nötig, sich den Eindruck vom Leib zu halten, daß ihre Haupttätigkeit darin besteht, ihre per se nicht genügend begründete Wiederwahl durch allerlei beliebiges Gaukelspiel zu sichern. Sieht man sie in die Betrachtung irgendeiner, zwar nicht neuen, aber neu herausgekommenen Golemtat versunken, der Bodenverderbnis etwa, der Wasser- und Luftvergiftung, so offenbaren ihre Redensarten bald eine ähnliche Kompetenz, wie als sie im radioaktiven Regen standen und nicht viel Besseres zu tun wußten, als sich die Dienstvilla über den Kopf zu ziehen –: sie haben nie ein Zukunftskonzept gehabt, zu schweigen von Ideen; in den ganzen dreieinhalb Jahrzehnten, in denen der Golem ihnen sein Wachstum vorführte, haben sie nur gefällig – und leider auch bezeichnend selbstgefällig – gelächelt und Eingriffe höchstens in seine Bestimmungshierarchie riskiert, in seine Automatik nicht. Sie haben nie ein Konzept gehabt –: nicht einmal das Wachsen des Straßenverkehrs haben sie leidlich hochrechnen und intelligenter beantworten können als mit dem Wachsenlassen der Straßen; von der Zukunft haben sie keine Ahnung als höchstens die blasse, daß sie viel Glück brauchen werden, um sie überhaupt zu erreichen. Das alles liegt, so widernatürlich es ist, nur allzu logisch in der Natur der »Sache«, und die Frage stellt sich in graziösen Stunden durchaus ein, wozu wir ihr Wirtschaften eigentlich noch brauchen, nachdem wir doch die Wirtschaft selber haben, die notfalls auch mit dem Außenministerium fertig würde. Der ganze Staat imponiert nicht eben durch Souveränität, wenn er's – sei es im öffentlichen Clinch, sei's nur in der Lobby – mit den einzelnen Machtsystemen der Systemmacht zu tun bekommt –: er geht mit ihnen diplomatisch um wie mit fremden Souveränitäten und handelt windige Kompromisse aus, bei denen der Auftrag seines eigentlichen Auftraggebers nicht selten in die Unkenntlichkeit schrumpft; nur gegen die Einzelkriminellen, die der doch bloßen Folgemetapher Terrorismus etwa, wendet er mit unter dröhnend die gesamte Staatsmacht auf, gegen die Megakriminellen des Systems beschränkt er sich auf beschwichtigende Gesten. Das wirkt um so trostloser, je herzlicher dieses zurückwinkt; man möchte den Beweis, wie sehr die Beiden Tarifpartner des nämlichen Automatismus sind, nicht unbedingt jeden Tag wieder erbracht sehen. Nein, der Sinn der schon zu langen Rede ist kurz zu fassen: Es fehlt, und überall, an jedem Vor- und Gegendenken gegen den großen Fraß, und die Nationen, die sich nach dem automatisch fressenden Golem schon freiwillig selber nennen, nämlich Industrienationen, werden den Abstichtag, an dem die Automatisierung auch der Freßanlagen komplett ist, allesamt wie ein giftgrünes Wunder erleben und wie den Blitz aus dem für heiter gehaltenen Himmel. Bliebe die Möglichkeit, daß der eigentliche Souverän selber ein Einsehen hat? Es läge ja, allerdings nur aus Vernunft, durchaus für ihn nahe, weil jener letzte Tag auch sein eigener letzter wäre, die Vollendung der Destruktion auch die Selbstdestruktion, und es wird uns als liebenswürdige Hoffnungsmöglichkeit von ihm selber und anderen oft nahegelegt. Aber nichts da: Handel und Industrie bei Fragen der Vernunft und gar der Humanität auch nur mitreden zu lassen, wäre ohnehin der liebe Leichtsinn selbst, und daß Konzernmanager über irgendein noch so kleines Talent zur Selbstverantwortung verfügten, ist wirklich nur mit blauen Augen anzunehmen: bis zu dem Punkt noch, wo sie sich als feinsinnige Kunstsammler aufführen, betreiben sie exklusiv blinde Gewinnmaximierung, und ihr sittliches Niveau wird von jeder Kellerassel mühelos übertroffen. Man kann sie jeden Tag in Ruhe auf den Mattscheiben betrachten: – das einzige Menschliche, was an ihnen auffällt, sind eigentlich nur die ausgebildeten Freßwerkzeuge. Wo immer sie kleine Konzessionen gemacht haben, ist es mit knirschenden Kiefern geschehen –: nein, es bedarf der Gegnerschaft, und zu der gegen sich selbst sind sie denkbar ungeeignet. So ungeeignet, leider, wie auch die einsichtige Bürgerschicht es bleibt – jene Minderheit, die dem Zwangscharakter hat entgehen können –: sie ist dem Zwangssystem, gar keine Frage, nicht gewachsen; sie darf sich, um Lebens oder Sterbens willen, nicht überschätzen. Sie muß sich, also, vorsichtig weise beschränken: auf die kleinere Lösung, auf einen Ausschnitt von Gegnerschaft, der über lang auch aufs Ganze unersetzlich stellvertretend wirkt, auf die schwächste Stelle, die das so unüberschätzbar Starke hat. Also die Ärzte –: ja, und wäre nicht sogar Aussicht, daß wenigstens sie dem Unterfangen mit ihrem, wie immer auch rudimentären, Einsehen entgegenkämen? Nichts da; Leichtsinn und Blauäugigkeit; auch bei ihnen knirschen die Kiefer, auch in ihren wohlgenährten

Backentaschen krampft sich die Muskulatur des Zwangscharakters. Es ist nichts zu erwarten von ihnen –: so sehr die ganze Geschichtsmetaphorik darauf hinweist, daß es ein Großrezept sein müßte, was der Gesellschaft zu ihrer Genesung auszustellen wäre, und daß, die es ausstellen, die Mediziner sein sollten, denen die Diagnose der Krankheit zum Tode eigentlich irgendwann aufgehen könnte, – man braucht kein schwarzsehender Unglücks-Rabe zu sein, um prophezeien zu können, daß es dann bis zum St. Nevermore's-Tag dauern würde, die Diagnose falsch wäre wie die meisten zurzeit und das Rezept wiederum nur Chemie enthielte. Also gegen die Ärzte, wo es mit ihnen nichts wird –

– also, Satyrspiel, gegen die Hauptdarsteller hier wie dort, die schwächste Stelle im starken Stück – und das Chefpersonal *der am Gesundheitwesen beteiligten Gruppen*, wie das Fernsehen sich jüngst so zauberhaft ausdrückte, anläßlich der Mitteilung von wieder neuen Kostenerhöhungen in besagtem Wesen, das längst ein heilloses Unwesen geworden ist und wie das deutsche allgemein wohl niemanden mehr genesen läßt –: 160000 gibt es davon in der Bundesrepublik, die alle stark beteiligt sind, nämlich am Umsatz, und alle zwar nicht ihre, aber unsere Kosten erhöhen, – im Vergleich zu 90000, mit denen das gesamte, und gesündere, *Deutsche Reich in den Grenzen von 1937* auskam –: Wachstum überall, wo es um die *Wirtschaft* geht – angefangen von den Kliniken, in denen heute in der Regel der Dunstkreis dieser Welt erstmals erblickt wird, wie auch das, leider weniger gesicherte, Licht jener anderen, bis hin zu den Bestattungsunternehmen, die sich just wieder über das Weihnachtsgeschäft zufrieden geäußert haben, – während nur die Zahl der Hebammen seit damals zurückgewichen ist, auf fast die Hälfte, was aber nichts weiter macht, da sie einen wesentlichen Wirtschaftsfaktor nicht darstellen –: ach, welch ein Anblick! Vollends wenn sie in corpore auftreten, in Bataillonen, Regimentern, Divisionen, ja als ganze Armee, die dann Bundes-Ärzte-Kammer heißt und in Wirklichkeit ein riesiger Saal ist, in dem beständig taktisch operiert wird –: da stehen sie, wie unterschiedlich auch nach Konstitution und Tauglichkeit, wie ein Mann, uniform in Titel und Kittel, Gerät bei Fuß, die Gesichter voller Entschlossenheit, den ganzen Erdball mit ihrer Tätigkeit zu überziehen und noch die letzten gesunden Landstriche zu erobern, die Münder voller Kauderwelsch wie Hyksos und Hunnen zusammen und die Taschen voller Pillen –; die wollen wir ihnen kurz umdrehen, diese Taschen –: was kommt heraus? Nach einer Statistikschätzung ein Vorrat von 2 000 Stück, gleich rund anderthalb Kilo Chemie, pro Erwachsenenkopf und Jahr (und auch den Kindern stopfen sie immer mehr die Mäuler, nicht weil sondern weshalb die Kindererkrankungen rapide zunehmen, bis hin zum erschreckend gestiegenen Kinderkrebs). Die Wehrmachtsberichte des Golems liegen natürlich nicht sichtbar offen, sondern lügen offensichtlich; aber jeder der 36 500 Apotheker im Lande kann zur Hochrechnung herangezogen werden. Grad vier bis fünf Ärzte reichen durchschnittlich aus, den Umsatz einer Apotheke mit den sprichwörtlichen Preisen zum Blühen zu bringen –: sollte man nicht wirklich, wo sich der Golem direkt nicht packen läßt, einfach sie beim Kragen nehmen, um ihn zu packen? Nun ist das Kausalitätssystem des Übels keine Kette, die sich mit dem bewirkbaren Bruch eines Gliedes endgültig unterbrechen ließe; es stellt vielmehr ein vielfältig verstricktes und auch die praktische Überlegung verstrickendes Netz dar –: geht man von den Greueln der Tierversuche aus, so wirken sie aufs Ganze der Chemiewirtschaft, sind aber selbst von dieser nur zum Teil bewirkt, weil ihre Extreme von der sich so nennenden *Grundlagenforschung* bewirkt werden, die wiederum zwar die Chemiewirtschaft bewirkt, aber nicht allein von ihr bewirkt wird, wobei die voll bewirkende und bewirkte Pharmaproduktion von deren greuelhaftem Ganzen lediglich 15 Prozent (mit allerdings einigen zig Milliarden Umsatz) ausmacht... so geht es fort, und die Verfilzung ist vollkommen. Aber wo immer man hineingreift in das Netz, greift man in einen Zusammenhang mit den Ärzten; an welcher Stelle immer man zupackt, um die Causa zu fassen, hat man stattdessen die Leute mit dem abgeschlossenen Hochschulstudium der Medizin in der Hand. Sie sind allüberall dabei, wo die große Destruktion sich rechtfertigt; sie sind die Hauptstützen sämtlicher Gesellschaften mit so ersichtlich beschränkter Haftung, die den Golem konstituieren; ihre Autorität allein ist die seine –: ja, sind sie, wenn nicht die Causa selbst, vielleicht doch deren wichtigste Handelsvertreter? Der Mittelpunkt der ganzen Intoxikationswirtschaft, die Pharmaindustrie, die ja doch eine Produktenfabrikation ist wie jede andere auch und zu gleichen Hochprozenten überflüssig wie jede andere auch, nämlich Erzeugung von Überfluß, von Unnotwendigkeit, von bloßen Vorformen nachmaligen Zivilisationsmülls, – sie bezieht ihren schillernden Nimbus einzig aus ihrer Verbindung mit dem Begriff »Gesundheit«, und die diese magische Verbindung herstellen, sind einzig die Ärzte, denen niemand die Gründe für den verhängten Konsumzwang mehr abzufragen wagt. Sie verstehen sich ja wahrlich nicht von selbst, diese Gründe; sie lassen sich nur verstehen, wenn man ihre durchgesetzten Rechte als reine Gewohnheitsrechte erkennt und durchbricht, und dann werden sie auf einmal in einer Weise bodenlos und unverständlich, vor der einem nur schwindeln kann. Denn nichts ist ja so wenig bewiesen wie der Zusammenhang zwischen Gesundheit und chemischem Mittelverzehr; im Gegenteil, rein statistisch nimmt die Gesundheit im gleichen Maße ab, in dem der Verzehr zunimmt, und wo die Genesung zustande kommt, sprengen die Verhältniszahlen von Deshalb und Trotzdem keineswegs den Proportionsrahmen der Wahrscheinlichkeitsrechnung. Das alles müßte hochbedenklich sein, wo leidlich korrekt und wissenschaftlich gedacht würde –: warum gibt es so wenig zu denken? Die Antwort könnte, kaum widerleglich, einfach die sein, die sich zu allen Zeiten immer wieder aufgedrängt hat: Weil, was so wenig zu denken gibt, gar keine Wissenschaft ist, sondern eine bloße Heilslehre, ein Kanon irrationaler, für die Vernunft tabuierter Grundannahmen, ein System von höchst ungewissen Erlösungsofferten –, und die sich am Erlös gesundstoßen, sind wie bei anderen Heilssystemen vor allem seine Priester. All die feierlichen Leute im weißen Ornat, die ihren geduckten Gemeinden das Gift reichen wie die Hostie: brächte man die Pharmafabrikanten um diese ihre nur aus Rauch und Weihe aufgeblasene Autorität, so stünden sie sofort als das da, was sie sind: nicht wichtiger, um nur das wenigste zu sagen, als Schnapsbrenner und Zigarettendreher – und endlich auch nur noch so schädlich wie diese, die man, wenn sie sich schon nicht mehr aus der Welt schaffen lassen, immerhin aus freier Vernünftigkeit meiden kann. Ja, man konnte sie durchaus entscheidend packen, die mit dem Begriff »Gesundheit« so magisch geschmückten Giftmischer des Golems, wenn man ihre Heilslehrer beim Kragen nimmt, die sie damit schmücken und für sie die Giftgemische direkt und indirekt austeilen: wenn es gelänge, diese Heilslehrer aus dem angemaßten Zusammenhang mit der Lebensgesundheit zu vertreiben und die Heilslehre als schlichten Aberglauben zu erkennen. Denn in jenen Zusammenhang gehören sie längst nicht mehr – und dies desto weniger, je mehr sie sich in den der Industrie gestellt haben: – sie ist, als Metapher, die Antithese zur Gesundheit überhaupt – wie die Maschine jene zum Menschen. Entsprechend hat das industrielle Maschinenbild vom Menschen auch ihnen und ihrem Denken die Weichen gestellt: auf ein Entwicklungsgleis hinaus, an dessen Ende die volle Automatisierung wartet, die Un- und Antimenschlichkeit schlechthin. Man sehe sich nur an, wie unbeirrt sie darauf fahren; man werfe einen Blick in ihre Betriebe, in denen die Apparaturen klappern, allen voran der rechnungsschreibende Computer: einen einzigen Blick nur – in ihre Praxis, die aberwitzig genug immer noch Sprech-Stunde heißt, obwohl in ihr lediglich die Geräte das Sagen haben, – auf ihre Behandlung, bei der das einzige, was die Hand noch tut und kann, die Verordnung der chemischen Ware ist, der Rezeptbefehl –: das alles sollte noch mit Gesundheit zu schaffen haben, mit »Heilen«, mit Therapie? Das alles sollte auf einen anderen Zweckeffekt hinauslaufen als auf wirtschaftliche Effizienz und Umsatz? Was sich steigert bei der ganzen Betriebsamkeit, ist denn auch nur dieser, die Gesundheit nicht. Und man braucht gar nicht das trostlose Resultat aus der Krankheitsstatistik beizuziehen, um zu wissen, was die zuletzt sind, die es auf diese Art erzielen, die Heilslehrer mit der chemischen Hostie: verkappte Betriebswirte sind es; Händler; Geschäftsunternehmer; eine weitere Sparte nur der Krämerkaste, die Produkte weitergibt und keinen Kunden, der ihren Laden betritt, ungeschoren wieder fortläßt, ohne ihm irgendwas verkauft zu haben, ob er's, gelindestenfalls, nun brauchen kann oder nicht; – und daß der Staat sie von der Umsatzsteuer ausnimmt, wirkt nur wie der konsequent reine Hohn auf den Mummenschanz. Je gesünder die Bevölkerung, desto kränker der Golem und umgekehrt –: Klippschülerlogik reicht aus zu erkennen, welches direkte Ziel die Giftverteilung zuletzt haben muß; die Gesundheit ist es nicht. Das Fraßwort *Wirtschaftswachstum* beschreibt auch die Medizinentwicklung seit dem Krieg auf so umfassende Weise, als seien beide dasselbe –: identisch ist jedenfalls ihr Ziel, und es ist hier wie dort längst erreicht. Längst hat der Gesundheitshandel jenes Stadium erreicht, wo nur noch Überfluß und Unnotwendigkeit erzeugt wird; wo nichts mehr getan werden kann, steigert er seine Aktivität ebenso wie da, wo gar nichts getan werden muß; das Zentralmotiv des Ut-aliquid-fiat ist die Gewinnmaximierung hier wie dort. Klippschülerlogik reicht aus auch zur Würdigung des Faktums, daß unheilbar Kranke, denen die Medizin – um den Preis einer rücksichtslosen Qualitätsreduktion des Lebens – das Leben um kurze Quantitäten verlängert, zuletzt, was alles auch sonst noch in ihrem Elend, ganz einfach Großverbraucher der Medizin werden –:

ist bei der Aussichtslosigkeit des Intensiv-Therapierens in solchen Fällen ein anderes Motiv für das Therapieren anzunehmen als jenes, ganz einfach Großverbraucher zu bekommen? Man kann das alles in beliebig bunter Fülle mit Fallbeispielen belegen; sie reichen bis an den Horizont und belegen doch nur das immer gleiche: daß es sich bei dem berufenen *Gesundheitswesen* – und gemeint ist durchaus exklusiv das deutsche, das maßlos aufwendigste der ganzen Welt – um eine reine Kommerzsparte handelt, um ein aufgedunsenes Etwas, das ganz simpel *Krankheitswirtschaft* heißen sollte und nicht in nur zufälliger Parallelität, sondern in direkt kausaler Identität mit jenem Wirtschaftswunder zustande gekommen ist, dem es in nur wenigen Jahrzehnten glücklich gelang, das ganze Gesellschaftsleben sadistisch zu brutalisieren. Entsprechend ist der Erfolg rein wirtschaftlicher Natur: ein Profit, der jedem redlich arbeitenden Patienten den Atem verschlagen würde, bekäme er noch zu Gesicht, was alles ihm da für welche Leistungslappalien abgenommen wird: – er bekommt sie, Haupteffekt der lange schon durchgesetzten Direktabrechnung mit den Kassen, aber gar nicht zu sehen, die Gewinnliste der ihm auf- und abgelisteten Lappalien, und kann so nicht einmal jene aussondern, die einfach nur dazuerfunden sind, zu schweigen von der Möglichkeit, das unverschämte Ganze angemessen mit einer Ohrfeige zu quittieren. Wo jeder mit irgendwas getränkt applizierte Wattebausch als pompöse Heilmaßnahme (mit verhundertfachtem Materialwert) auf der Rechnung erscheint, die bloße Terminverabredung am Telephon als *Beratung eines Patienten* aufgeführt und für jede Rezeptunterschrift der Stundenlohn eines Facharbeiters kassiert wird, ist der Gipfel des schlauen Verfahrens *Einzelleistungsvergütung* erreicht: eine Ertragshöhe, von der andere Reparaturdienste, so weit sie's auch selber schon darin gebracht haben, nur schwelgerisch träumen können. Das ganze Krankenkassen-Prinzip, ursprünglich entwickelt, um die so unterschiedlich verteilte Leidenslast wenigstens als Kostenlast auf alle Schultern gleich zu verteilen, hat sich lange schon industriell pervertiert: zu einer Methode, von Allen zu nehmen, was der jeweils Einzelne gar nicht erbringen könnte; seit dem Krieg (ecco: »seit dem Krieg«!) ist es schrittweise ein raffiniert genutztes System zur Gewinnsicherung eines Berufsklüngels geworden, der zurzeit bereits vom gesamten Bruttosozialprodukt buchstäblich den Zehnten erhebt und jedes Jahr mit einer neuen Steuererhöhung aufwartet. Der Golem frißt und läßt auch die an ihm beteiligten Gruppen nicht verkommen, die ihm die Gesundheit seines Appetits bescheinigen; ihr *Sozialprestige* wächst unablässig weiter – bis hin zum Kollaps der von ihnen kostenpflichtig gemachten Sozietät. Ihm als dem eigenen Kollaps selber wirksam zu begegnen, mit eigenen Mitteln, fällt ihnen dabei auch im Traum nicht ein, so unabweisbar sich ihnen die Diagnose hier und da wohl aufdrängt; die Therapie ist nun einmal ihre Stärke nicht. Im Gegenteil, sie setzen unbeirrt weiter aufs grenzenlose Wachstum; ihr Standesbewußtsein steigt nicht mit dem Wissens-, sondern mit dem Kontostand; und ihr spezieller Berufswahn, allen Zufällen des Himmels und der Erde gewachsen zu sein, greift anstandslos aufs Allgemeine über – bis hinein in die Schlußvision des allgemeinen Untergangs, wo die Gesellschaft, der sie damit erfolgreich zu Kopfe gestiegen sind, sie schließlich als die einzigen Gesundheitsinhaber und -vertreter unangefochten durchs verstrahlte Siechenhaus der Welt schreiten sieht, um irgendeine nun endgültig fatale Letzte Hilfe zu leisten...

Entsprechend sieht ihr Selbstverständnis aus. Sehr stark treten sie auf im starken Stück, wie die Hauptdarsteller des Welttheaters überhaupt, Stars allesamt, und stellen sie sich, auf ihren Kongressen etwa, in Ensemble-Stärke den Photographen, so glaubt man schier die Chefetage der ganzen Menschheit vor sich zu haben: die Verfüger über die Totale Machbarkeit, die Herren und Damen über Leben und Tod. Tatsächlich hat kein anderer Berufsstand sich jemals derart als Kronenträger der Schöpfung aufgeführt: keiner, den Priesterstand einzig ausgenommen, versteht sich derart ungebrochen als den Weg zu Wahrheit und Leben, keiner pocht derart großspurig auf sein *Ethos*, bei keinem verbreitet auch der nur innere Monolog einen derart penetranten Geruch. Gebetsmühlenhaft redet er sich täglich immer neu ein Selbstgefühl ein, das aus bloßem Eigenlob besteht und angesichts des Umstands, daß es keiner Nachprüfung standhält, wahrlich allen Grund hätte, sich hermetisch geheim zu halten; geheim gehalten wird, ebenso einzig, aber nur das Treiben, auf das es sich gründet. Können sich die Standesgenossen darüber – und es ist als Mysterium ja dürftig genug – nur in verklemmtem Jägerlatein äußern, so fließt ihnen der Mund sofort geläufig über, wenn es um ihre Selbstdarstellung als Mystagogen geht –: da stehen sie, jeder ein ganzer Sanhedrin, vor ihrem bißchen Bundeslade mit einer Feierlichkeit, als hätten sie mit dem Schlüssel dazu den zu sämtlichen Schätzen der Erde, und in der unerschütterlichen Gewißheit, daß uns ihr auserwähltes Mienenspiel für den verwehrten Eigeneinblick in den alten Medizinkasten voll zu entschädigen habe. Es ist wahrhaftig eine staunenswerte Erscheinung, beschreibbar nur in religiösen Metaphern; bei den weltlichen Wissenschaften geht es ja eher grad umgekehrt zu. Staunenswert doppelt: denn was sonst nur bei sehr einfältigen Mitmenschen zu erreichen gelingt, die jedem Physiklehrer die Zuständigkeit für den Kosmos kreditieren, ist hier als zinslos gewährter Kredit von fast der ganzen Menschheit unterschrieben worden: eine Autorität, wie sie in der Gegenwart selbst den Religionen nicht mehr eingeräumt wird. Sie entstammt, diese Autorität, auch durchweg der Vergangenheit, der sie nur leider noch nicht angehört –: sie ist absolutistisch, monarchisch, unumschränkt in allen ihren Ansprüchen, und der Feudalstaat im Staate, den sie formiert, versteht sich als Verband ungezählter hochherrschaftlich regierter Duodez-Fürstentümer. Fürstlich auch hält sie Hof, fürstlich auch wohnt sie (und wenn nicht in Schlössern selbst, wie gar nicht so selten, dann doch in deren modernen Äquivalenten); fürstlich-hochherrschaftlich läßt sie die Untertanen, die das Leiden macht wie umgekehrt das Untertansein leidend, in ihren ganz ungeniert so genannten Wartezimmern warten, als kämen sie um eine Audienz ein, – ohne jede Befürchtung, daß die Unfähigkeit, auch nur den Stundenplan der Ordination ordentlich zu bewältigen, auf noch weitere, sehr viel folgenreichere Insuffizienzen schließen lassen könnte. Wo die Untergebenen gar Kollegen sind, erfüllt sich das Herrschaftsmuster in reiner Form: die Chefärzte der Kliniken absolvieren ihre Auftritte wie die fleischgewordene Souveränität und das Hofritual wie die leibhaftige Majestät

Wilhelm, unverzeihlichen Angedenkens, vom derben Witz bis zur Demütigung aller anderen Grade; jeder Assistenzarzt, jeder Praktikant weiß schaudernd davon zu erzählen (weiß auch zumeist noch einiges mehr, was er nicht erzählt) und dankt dem Schicksal, daß sie von der ihnen verliehenen Gewalt über Leben und Tod nicht jeglichen Tag Gebrauch machen. Daß sie grundsätzlich Rechts wählen, mag ja recht sein (obwohl sie ungescheut auch Links ankreuzen könnten, wo ihnen die Handwerkslegung ebenso wenig blüht); aber imgrunde wählen sie Rechts von Rechts, nämlich Königstreu, einfach weil sie von Natur die Monarchie für die natürlichste Lebensform halten und aus der allgemeinen Geschichte schließlich auch nicht mehr lernen können als aus der ihres Standes. Sie sind Souveräne, eine Chefkaste im Quadrat, und entsprechend gehen sie mit den anderen Souveränitäten der Gesellschaft um: mit dem »Volk« sowieso, aber auch mit seinem Machtabstraktum Staat. Sie bitten nie; sie haben diplomatische Vertretungen, die fordern; sie stellen Ultimaten. *Wir warnen den Gesetzgeber...* heben ihre Verlautbarungen habituell an, worauf dann regelmäßig die Drohung mit einem empfindlichen Übel folgt, einer landesweiten Kostenerhöhung oder ähnlichem. Sie drohen unablässig, die Kittel-Titel-Machthaber: längst kündigen sie in aller Offenheit Gesetzesuntreue an, falls man ihnen von Staats wegen lästig falle, und vereinbaren untereinander, etwa Staatsanwälte nicht mehr zu behandeln; ein Dr. Grundmann, Präsident eines ihrer Machtblöcke, fordert rigoros ein Bußgeld für alle, die beim Krebs-Vorsorge-Geschäft nicht parieren – ganz wie sie bis zur erst 1983 erfolgten Aufhebung der Impfpflicht die Polizei eingesetzt haben, um sich die Opfer vor ihre riskanten Prozeduren treiben zu lassen, obwohl sie deren Riskanz jahrelang allmonatlich in ihren Fachblättern beschrieben finden konnten. Sie haben's gar nicht nötig, dergleichen zu lesen, weil sie doch sowieso schon Alles wissen, und besuchen Fortbildungskongresse willig nur dann, wenn sie auf Korfu stattfinden und die Reise ihnen von der Industrie bezahlt wird. Aber selbst dort lernen sie kaum etwas dazu, und tragen ihnen gar jüngere Kollegen, denen bei ihrer Gottähnlichkeit bange geworden ist, Vorsichtsappelle vor, so kann das leutselige Schulterklopfen im Nu zum empfindlichen Hieb werden. Als Machthaber sind sie intolerant bis zur Unfehlbarkeit: unablässig möchten sie Abweichlern und Außenseitern die Ausübung verbieten; unablässig liegen sie dem Gesetzgeber auch mit Denunziationen in den Ohren. Geht es um alternative Heilmethoden, die dem leichthändigen Chemiewirtschaften das vergiftete Wasser abgraben konnten, um die Akupunktur etwa oder die Homöopathie, so droht ihnen dabei freilich die ganze unfehlbare Souveränität aus den Fugen zu geraten –: man sieht mit Erstaunen, wie sich auf einmal selbst höchstkarätige Titelträger wie die hinterletzten Narren aufführen und einem im Handumdrehen beweisen, worum man sie gar nicht gebeten hatte: daß nämlich auch ein doppelter Doktorhut den darunter hockenden Kopf nicht vor Holzwurmbefall schützt. Da haben sie plötzlich die ganze Skepsis der Welt zur Hand, zeigen sich tiefsinnig bedenklich und geben der Empirie ihrer besten Kollegen nicht den mindesten Kredit; erscheint dagegen der Pharmavertreter am Rezeptschreibtisch, so erstrahlt auf den eben noch verantwortungsvoll empörten Gesichtern die schiere Zutraulichkeit: –

sicher, Faulheit ist das Dritte im Vergleich; aber die Motivation zur Faulheit ist einmal diese und einmal jene. Empirie der Kollegen: – oder vertrauen sie ihnen nur darum nicht, weil sie Kollegen sind? – weil sie genau wissen, wie wenig ihnen selber zu trauen wäre? Nun wehrt sich die Menschheit ja tapfer gegen die über ihr auftrumpfende Ignoranz und gibt sich geduckt die Erfahrungen weiter, wie man möglichst gesund lebt und notfalls mit kleinen harmlosen Maßnahmen und Mitteln den irritierten Leib gesund macht und erhält. Aber auch das möchten ihr die Herren am liebsten verbieten –: der Patient soll unwissend sein und bleiben, wie's dem Untertan zukommt, der die Hohe Politik eh nicht begreift, und ihnen beim Machtpoker ja nicht in die leeren Karten gucken, mit denen sie gewinnen wollen. *Gesundheit – nur aus der Apotheke!* liest man imperatorisch auf Tragetaschen der Institutionen mit dem altmodisch frakturierten großen roten »A« –: manchmal gelingt es, des Wahnsinns mit Methode als eines der Methode in einem einzigen Fürstenwort habhaft zu werden. Nun mögen ja die klinisch Irrsinnigen unter den Fürsten zu den seltenen Ausnahmen zählen, so ungescheut manche, weil die Kollegen von der Psychiatrie ja gewiß nicht eingreifen, ihre Symptomatik auch öffentlich spazieren führen – wie der vollendet gütig dreinblickende Professor White aus Cleveland/Ohio, der seit einem Vierteljahrhundert Tierköpfe transplantiert und nun endlich so gern auch Menschenköpfe auswechseln möchte. Aber was sich hier und da als einsame Spitze zeigt, ist die eines Eisbergs, und die geistige und seelische Unterkühltheit definiert längst das Ganze und seinen bedrohlichen Kollisionskurs –: das Selbstverständnis der

Ärzteschaft, ihre Herrschsucht, ihr Prestige-Anspruch, ihr religiöses Exusie-Bewußtsein, ihr Omnipotenzwahn –, das alles stellt eine reine Psychosenform dar, mit der am Leibe jeder nicht durch das abgeschlossene Hochschulstudium der Medizin gedeckte Normalmensch in jeder ihrer psychiatrischen Kliniken alsbald ins nächste geschlossene Zimmer gebeten würde. Denn es hat mit der Realität, der tristen, wie immer betrüblichen, alle Wünsche offen lassenden, nichts zu tun; es ist, als Ausdruck des Selbstbewußtseins von Wissenschaft, einmal mehr ohne wissenschaftliche Basis; es ist, schlicht und einfach, nur falsch.

Nun wollen wir gerecht sein, möglichst, so wenig der Gegenstand es in der Regel auch verdient –: Nichts gegen die Ausnahmen der Regel! Kein Wort gegen die durchaus vielen Einzelnen, die im Lauf eines immer nachdenklicher stimmenden Ordinationslebens wirklich zu heilen lernen und mit Herz, Mund und Händen täglich das immer erdrückendere Kranksein explorieren; kein Wort gegen die wahrhaft noch Mit-Leidenden, die täglich der ganze Jammer der törichten Menschheit anpackt und die sich davon wirklich noch ergreifen lassen; kein Wort auch gegen die grandiosen Chirurgen, die heute schon das Unbeschreibliche zu tun vermögen und morgen noch mehr werden tun können – (diverses freilich schon gegen ihre bereits vom Automatismus erfaßten Indikationen: man muß nicht dauernd tun, was man notfalls kann); kein Wort schließlich gegen die Virtuosen des Notfalls überhaupt, die den Körperkräften im entscheidenden Moment zu Hilfe kommen und das Versagen aufzufangen wissen, auch mit Chemie, durchaus, aber ebenso mit bedachtester Vorsicht – und dem Respekt vor jenen als dem immer Stärkeren, das die eigentliche Arbeit zu leisten hat und von dem auf längere Frist die eigentliche Gesundheit kommt; nur die kurzfristige Beihilfe dazu kann manchmal auch aus der Apotheke kommen... Nichts gegen die Ausnahmen, die sie alle leider sind; nichts gegen die wenigen Guten Menschen in der garstigen Regel –: es gibt sie, wie es die vielen Bösartigen gibt, die schmerzenmachend, leidenlassend, schädlich sind; es gibt sogar, aus jenen, denen der Zusammenhang zwischen sich und den Weltübeln aufgegangen ist, eine Vereinigung »Ärzte gegen Tierversuche« und wird vielleicht, wer weiß, dermaleinst eine ebensolche »Ärzte gegen Ärzte« geben. Nichts gegen sie und ihre Wohltaten; mehr aber, viele Worte gegen ihre Wenigkeit: wie viele, wenige mögen sie sein? Wie viele, sehr viele die Andern? Man möchte der direkten Frage gern ausweichen, um nicht gänzlich in der Depression zu versinken, die der allgemeine Anblick bereitet; aber sie stellt sich unabweisbar und müßte, es hilft nichts, irgendwann und -wie präzis beantwortet werden –: nun – nur, wie? Durch eine, freilich sorgsam verdeckte, Repräsentativumfrage vielleicht – statistisch einwandfrei ermittelnd – nämlich bei jenen, die es zu ermitteln gilt – bei den Repräsentanten unseres so selbstbewußten Gegen- und Berufsstands selbst? Wenn sie uns mit eigener Stimme zu Protokoll sprächen, was gegen sie spricht –, hätte das, ob es nun Alles wäre oder Nichts, Beweiskraft genug? So tragisch die Sache ist und das Ergebnis ausfallen dürfte, fast mochte man allen Ernstes eine Probe aufs Exempel vorschlagen, einen großangelegten Menschenversuch (den freilich das BGA diesmal kaum durchführen würde): daß nämlich ein integrer (und gesunder) Probant mit einer fest umschriebenen, sorgsam ausgeklügelten und einstudierten Leidenssymptomatik durch die ganze Republik zöge, um sich von unseren Probanden diagnostizieren und therapieren zu lassen –: der Welt würden mit Sicherheit die Augen übergehen, wenn sie – gesetzt, er kommt lebend nach Hause und kann berichten – erführe, was alles über ihn behauptet, mit ihm gemacht und ihm verordnet worden ist. Das Ergebnis müßte, nicht zuletzt durch seine phantastische Vielfalt, das Vertrauen zur Medizin und ihrer gemeinsamen wissenschaftlichen Basis zerrütten: – das ist wünschbar, nicht um die leidende Menschheit noch mehr zu deprimieren, sondern um den deprimierenden Zustand endlich ans Licht zu bringen. Nichts gegen die Ausnahmen, die dann auch leuchtend zutage kämen, die wahren Therapeuten und Heiler; es mögen gern, vielleicht, Zehntausend sein. Aber alle Worte der Welt dann gegen die organisierte Bande von Wegelagerern, die sich als System *die Ärzteschaft* nennt und der Menschheit immer dreister la bourse et la vie abfordert…: ach, das sei übertrieben? Das sei nun doch, Satyrspiel hin oder her, nur noch eine Karikatur? Es wäre dann eine, die zumindest den Konsens von zweieinhalb Jahrtausenden für sich hat – sehr im Gegensatz zur Medizin, die ihre unfreiwilligen Selbstkarikaturen in jeder Generation wechseln muß. Denn seit der Antike haben wir's schriftlich, in klassischer Prosa wie in barocken Epigrammen, welche immer gleiche Erfahrung die – zumindest westliche – Menschheit mit ihren selbsternannten Heilsbringern gemacht hat –: ausgeplündert kam sie sich vor und systematisch ins Grab gedrängt, nicht mehr und nicht weniger, und selbst den heutigen Medizinern bleibt, wenn sie sich historisch die überlieferten Mittel jenes Drängens ansehen, der Widerspruch im Hals stecken: – sollte, was in der Literatur steht, etwa ausnahmsweise einmal nicht die Wahrheit sein? Es ist jedenfalls, was über die Ärzte darin steht, ein felsenfester Topos geworden, ein Klischee geradezu, wie es nur durch die Ewige Wiederkehr des Gleichen zustande kommt, und selbst die moderne Nachrichtensprache hat nichts Neues zu melden –: 1979 stand's in allen Blättern, und keineswegs auf der Witzseite, wie bei einem dreimonatigen Bummelstreik der Ärzte im Staat New York (und bei anschließender Wiederholung der Aufführung in noch drei europäischen Ländern ebenso) die statistische Sterbefrequenz ganz wundersam zurückgegangen sei: – ja, sollte, was in der Zeitung steht, nicht ausnahmsweise auch einmal die Wahrheit sein? Versicherungen könnten zur Verifizierung den Lebensläufen der 40-, 60-, 80-jährigen nachgehen, die sie zu auch ihrem Leidwesen tot im Wochenblättchen lesen: wie weit die Ärzte in ihr Leben eingegriffen haben; es ist vielleicht ja längst schon geschehen und nur nicht öffentlich; es wären Statistiken denkbar, vermutbar, wahrscheinlich, die zu einem veritablen Volksaufstand ausreichen müßten. Daß die Fahrt in die Klinik eine sehr abenteuerliche Unternehmung ist, bei der man über alle möglichen Tugenden bis hin zur Todesverachtung verfügen muß, und am Ende, wenn's denn in Sicht ist, der sicherste aller Wege ins Grab, könnte ein bloßes, wenn auch eindrucksvoll sich ausbreitendes, Ressentiment der Volkesstimme sein; im Prinzip aber steht es, nur gelinder ausgedrückt, als mahnende Befürchtung, auch in der nie zum Schweigen gekommenen Medizin-Kritik der großen Medizindenker selbst, und zwar seit eh und je, quer durch die Zeiten, von Paracelsus bis Hahnemann, von Bleuler bis Weizsäcker. Tatsächlich imponiert am Lebensflug sehr alt gewordener Menschen vor allem der große Bogen, den sie zeitlebens um jede ärztliche Praxis herum gemacht haben –: nun gut, das könnte das pure Glück der Konstitution sein, infolge dessen sie's nicht nötig hatten. Gesunde sind solche, die nie zum Arzt, Kranke solche, die dauernd hin müssen –: das ist noch logisch und, fünf gerade, in einer Richtung kausal einwandfrei gegründet. Aber man wird den Verdacht nicht los, daß es auch in der anderen, umgekehrten Richtung einen zwingenden Kausalzusammenhang gibt: krank sind, die zum Arzt laufen, weil sie zum Arzt gelaufen sind... Samuel Hahnemann begann seine subtilen Therapien grundsätzlich damit, daß er sämtliche Medizinen aus dem Fenster warf, die seine Kollegen verordnet hatten, – sehr zu Recht, wie sogar die heutigen Kollegen einräumen, schauen sie sich an, was die damaligen alles verordneten; es war ja auch haarsträubend. Wer die schulmedizinischen Kuren früherer Jahrhunderte betrachtet, wird wenig finden, was nicht einfach nur schädlich war und absurd; man lese nach, wie dieselbe Krankheit vor 200, vor 100, ja vor noch 50 Jahren behandelt worden ist, und betrachte dabei zugleich die aristokratische Miene, mit der die Nachfolger jener Stümper auf die damalig jeweilige Stümperei zurück- und herabblicken –: als wären sie tatsächlich zu Verstand gekommen! Aber die heute derart reichsunabhängig abgehoben lächeln, wenn von altmodischen Rezepturen die Rede geht, tun selber in ihrem unvergänglich mittelalterlichen Selbstbewußtsein nur das, was im nächsten Jahrhundert belächelt wird, und die ausgeschrienen Wundermittel von heute sind nichts weiter als die Rückrufe von schon morgen und das Gespött der Nachzeit. Vielleicht gar deren Erschauern und Grauen; wer weiß, wie weit die Einsicht bald schon, doch und doch, gelangt. Befürchtung, Verdacht: daß sie am Ende Alles rückrufen muß, was die Feudalherrn uns an übererbtem Besitzanspruch in die Gegenwart geschleppt haben, von der Antike her wie von Descartes, und zuletzt dies Alles als Wissenschaft überhaupt. Denn hinter dem Erschrecken, das dem reinen Mitgefühl aus dem Anblick all der Legionen von Hekatomben von Opfern erwächst, quer durch die Zeiten, quer durch die Gegenwart, steht riesig ja der ganz abstrakte Schreck: es konnte sich bei dem gesamten menschenopfernden Kultus wirklich bloß um eine künstliche Heilskonstruktion handeln, um eine, schon gesagt, bloße Glaubenskonfession und -meinung, um eine Pseudowissenschaft, und ihre Heilerfolge wären zuletzt nichts weiter, als was die Statistik nur zu beängstigend nahelegt: quantitativ jene Prämie, die von der Wahrscheinlichkeitsrechnung auch aufs blinde Tasten gesetzt ist. Eine Pseudowissenschaft: Auf der einen Seite wird in keiner Wissensdisziplin so ungebunden und skrupellos in die Gegend probiert und praktiziert; auf der andern hat auch keine einen so starren Automatismus ausgebildet, um die Hinterfragung ihrer Prämissen zu unterbinden, eine Dogmatik, wie sie in der Lehren-Geschichte immer da erscheint, wo die praktische Vernunft das Gelehrte zu überwältigen droht. Das Ineinander der beiden Tendenzen offenbart das Zustands-Unbewußte der Medizin zur fatalen Genüge –: sie weiß in der Theorie, daß sie falsch sein könnte – darum sucht sie so akribisch den

Automatismus; sie weiß in der rationalen Praxis, daß sie falsch ist – darum sucht sie so akribisch in Neuland zu gelangen. Sie umgibt sich mit Mauern, um sich zu schützen, und stürzt, sobald sie Ausgang hat, in panischer Klaustrophobie über Feld, Wald und Wiese, um es vor dem, was sie dort sieht, alsbald wieder mit der Angst zu bekommen und in den Schutz zurückzulaufen: – so geht es hin und her und durcheinander, auf eine so chaotische Art, daß einem um die Betreffenden fast ebenso bange wird wie um die Betroffenen. Tatsächlich sind sie ja selber auch Opfer ihrer selbst, und auch ihnen selbst gegenüber soll uns das Mitgefühl nicht ausgehen –: sie wissen nicht besser, als sie's ihren Patienten sagen können, wie man sich richtig ernährt; sie holen, wie sie's jenen anbefehlen, auch die eigene Gesundheit nur aus der Apotheke; sie verstopfen und vergiften sich, ganz wie jene auch, ganz wie man's ihnen für jene beigebracht hat, und nach zwei Jahrzehnten sind sie nicht besser dran als sie: da hocken sie dann mit ihnen, nur noch durch den Kittel unterschieden, kurzatmig und von allen Häßlichkeiten des Leibes und der Seele zusammengedrückt, mit verpfuschtem Stoffwechsel und versagenden Organen in ihren Praxen und lassen sich von sich selber den Rest geben: – wieso sind Ärzte eigentlich oft so ungesund dick? Man muß doch, wenn man auch nur ein bißchen von seinem Körper-Ich weiß, mit 50 Jahren nicht aussehen wie ein Bottich – und im Gesicht wie ein vorjähriger Kellerkeim! Ist es nur die erwirtschaftete Wohlhäbigkeit, was ihnen die Vernunft verdunkelt, und nicht die Unvernunft ihres Wirtschaftens einzig und allein? Wieso haben Ärzte statistisch keine höhere und gesündere Lebenserwartung als der Durchschnitt ihrer

Opfer, ja eher eine geringere und kränkere? Nur weil es ihr »Schicksal« wäre, was immer das ist, – nicht einfach weil sie, mit Zugang zu jedwedem chemischen Dreck, sich selber noch hemmungsloser zu kurieren suchen als jene? Denn jene, die Patienten, haben immer noch eine vernunftslistige Chance und nutzen sie auch, weil der Gläubige es im Glauben doch nie so weit bringt wie der Priester –: schätzungsweise die Hälfte aller verordneten Medikamente bleibt unverzehrt, und sie dürfte es sein, der die Heil-Bilanz der Verordner ihre paar Lichtseiten verdankt; – erforscht werden die Zahlen nicht, weil sie sich ja schon bezahlt gemacht haben, aber man rechne nur hoch, was in den Haushalten herumliegt. Mitleid mit allen Opfern –: auch Privilegien wenden sich manchmal gegen ihre Inhaber, die sie sich herausnehmen, und die Hölle ist nicht allen so sicher wie denen, die sie predigen. Freilich, auch da beginnt die innere Gespaltenheit bereits das Äußere zu spalten: Immer weniger Chirurgen lassen im eigenen Ernstfall so an sich selbst herumschneiden, wie sie's mit ihren Patienten tun; immer weniger Internisten reden sich selber so wie ihren Patienten ein, daß etwa Bronchial-Ca mit nennenswerter Gesundungsaussicht operabel sei oder daß man mit einem Anus praeter doch *ganz normal* leben könne; – und der Zahnarzt, der sich selber Amalgam in den Mund packen läßt, ist inzwischen auch mit der Lupe zu suchen. Was sie da nichttun, könnte man ja als schöne Einsicht preisen, rückte es nicht ihr davon unbehelligtes Weitertun in ein doppelt dubioses Licht: indem es nämlich verwehrt, ihm die relative Unschuld des Vorsatz- und Tateinsichtsmangels zuzusprechen. Aber einstweilen mag diese Unschuld noch bei der

Mehrheit sein, und die Dynamik der Selbstaufklärung bleibt hinter der anderen, der immer geschwinderen, der Selbstautomatisierung zurück. Sie bewegt alles, was in der Medizin noch Entwicklung heißen dürfte, ob in der Klinik, ob in der Praktiker-Praxis – ob in der Diagnose, ob in der Therapie: hin zum konsequenten Endpunkt der Nosologie der normierten Sache. Dieser ist durchaus schon in Sicht, zurzeit in der klinischen Erprobung noch etwas ungefüge zwar, aber bald wahrscheinlich schon handlicher und bis zur Serienreife verkleinert: der totale Computer, in den der Patient geschoben wird wie in einen Backofen, in dem ihm vollautomatisch sämtliche Körpersäfte abgezapft und mit den von der Bundesärztekammer festgelegten DIN-Werten verglichen werden, in dem er von Sensoren begrapscht und abgetastet, geknetet und durchgewalkt wird und schließlich an der Mündung, die ihn wieder auswirft, sein Chemiepaket verpaßt bekommt, die Panazee der Industriegesellschaft…

Tatsächlich ist das keine Vorstellung à la Orwell, sondern längst schon im Prinzip die Wirklichkeit – nur noch ein bißchen täppisch in der Durchführung und, als Erdenrest älterer Zeiten, imperfekt. Denn wo es früher der in jedem Sinne menschlichen Hand bedurfte und in langer Praxis zu Spitzengefühl gebrachter Finger, greifen heute längst die Apparate zu und durch, um die Normdiagnose zu erbringen; jeder Quacksalber hat sein Röntgengerät in der Chrombude stehen und schaltet's bei jeder Gelegenheit so ungehemmt ein wie vor 50 Jahren die Schuhläden, die's heute nicht mehr dürfen (und daß es manchmal sogar gerechtfertigt ist und zur exakteren Erkenntnis verhilft, erhöht die Heilungschance ja noch lange nicht – im Gegenteil eher, weil die geschwächte Heilungskraft des Organismus es nun noch zusätzlich mit den destruktiven harten Strahlen aufnehmen muß). Und jede Praxis hat eine Tür, an der das Wort *Labor* so impressiv erstrahlt wie nachher auf der Rechnung, obwohl dahinter meist auch nur ein Automatismus sein Wesen treibt, der in einer mittleren Schachtel Platz hat. Unablässig fahnden die Praktiker – um nur den simpelsten Ritus zu nennen – nach pH-Wert und Glukose, nach Erythrozyten und Hämoglobin, nach Calcium und Ketonkörpern, nach Albumin und Bilirubin und Urobilinogen, als seien es die Ur-Sachen überhaupt, und der Patient sitzt beklommen nebenan vor ihrer strengen Gelehrsamkeit, der nichts entgeht, und schließt aus seinem eigenen Verhalten, daß auch die Krankheit vor ihr klein beigeben müsse: dabei tunken sie bloß Teststäbchen ein, die sich jeder in der Apotheke selbst besorgen kann. Das mochte ja alles noch sinnvoll sein, und sei's um der wenigen Fälle willen, wo es nicht automatisches Brimborium ist, sondern Anlaß zu weiterer Exploration; aber in der Regel folgt ihm bloß die ebenso automatische Behandlung –: haben sie wirklich einmal etwas entdeckt, wo man aufpassen sollte, eine kleine Nitrat-Nitrit-Reaktion etwa, so schreiben sie nur einfach, faul und »für alle Fälle«, ein Breitband-Antibiotikum aus, wo sie früher immerhin in einem wirklichen Labor ein Antibiogramm machen ließen oder wenigstens durchs Mikroskop ins Sediment spähten. Andererseits entfalten sie, wenn sie Blut geleckt haben, eine wimmelnde Aktivität und verbrauchen die Hälfte der GOÄ-Posten, um sich gelehrt aufzuführen –: wackeln die Transaminasen ein bißchen (um am nächsten Tag wieder ganz anders zu sein und endlich sogar unauffällig, wenn die Medikation auf Null geht), hat der Patient eine leicht vergrößerte Leber, schaut er etwas vergilbt drein und dreht gar der Welt eine Schnapsnase, so wollen sie am liebsten gleich eine Laparoskopie machen und diverse Probe-Biopsien; aber ist dann der zirrhotische Umbau wirklich einmal manifest, so stehen sie auch bloß mit düsterem Nicken da, weil sie sich's schon gedacht haben, doch so ohnmächtig wie ihre aus dem Befund abgeleiteten Verordnungen. Angesichts der Ohnmacht, den wirklichen Grund- und Endleiden wirksam zu Leibe und Seele zu rükken, hat sich die praktische Auffassung durchgesetzt, daß die Diagnose, als gelingendes Immerhin, schon das Eigentliche sei, ja als Anlaß zum Ut-aliquid-fiat so gut wie die Therapie: – *Krebsvorgeschehen erkennen heißt Krebs verhüten!* schreiben sie in ihren Anzeigen: ach, dem ist ja mitnichten so, ganz abgesehen davon, daß sie kausal vom *Vorgeschehen* so wenig wissen wie vom Krebs selbst. Was erkennen sie überhaupt – außer der Fata Morgana jener Kausalität, die in ihren Dogmen festgeschrieben steht? Was wissen sie überhaupt – außer den Spielregeln des Automatismus, zu denen doch wirklich nicht viel Wissen gehört? Was in den Praxen getrieben wird, ist nicht ein Gewerbe mit gelegentlichen Kunstfehlern, wie diese Banausen ihren Pfusch nennen, wenn er nicht mehr zu vertuschen ist, sondern eine einzige Kette von Nicht-Kunst. Sie können Nichts. Sie bringen Industriewaren unter die Leute, und welche es zu sein haben, lassen sie sich blind von den Herstellern vorschreiben, während sie früher immerhin noch en detail den Herstellern vorschrieben, nämlich den Apothekern, was sie zu mischen hatten –: fragt man sie geradheraus, warum sie die

Schachtel da verordnet hätten und keine andere, so kommt nach ein paar allgemeinen Werbetexten zuletzt immer nur noch der eine gleiche Text: Weil draufsteht, daß es hilft – weil der Pharmavertreter es gesagt hat. Ja, wenn das so ist, warum gehen die Leute dann nicht gleich zum Pharmavertreter? Das dürfte schwerlich eine Utopie sein –: fraglos wird es dem Golem eines Tages gelingen, die beiden Berufe im Zuge einer konsequenten Rationalisierung seines Großbetriebs miteinander zu verschmelzen; kaum noch auseinanderzuhalten sind sie bereits jetzt. *Die enorme Vermehrung des Wissens auf dem gesamten Gebiet der Medizin, insbesondere auch der Pharmakologie*, preist der Pharmakologie-Professor Herken in Berlin –: alles halb so wild; *enorm* kam ihnen immer schon jeder kleine Fortschritt vor, den sie machten, auch wenn er sich hinterher als ein weiterer Rückschritt erwies. Was immer enorm vermehrt wurde, die Therapiefähigkeit war es nicht – oder? Dann würde man gern Beispiele hören – aus jenen Grund- und Endkrankheiten nämlich, die seit je zum Tode waren und, enorm vermehrt seit jener Vermehrung, immer noch sind. Die Quantität der Arzneimittel nimmt zu, die Gesundheit ab. Es kommt Nichts heraus. Das ahnen bei all dem selbstbewußten Geschwätz durchaus nicht wenige Ärzte, und prüft man sie – viel behutsamer, als sie's selber bei einem tun – auf Herz und Nieren, so zeigen sie sich durchaus bekümmert und beklommen; aber Folgen hat das nicht, und sie predigen sich selber mit demselben Effekt wie der Heilige Antonius den Fischen. Dafür halten sie die externe Unwissenheit desto sorgsamer auf dem neuesten Stand, je mehr ihnen die eigene interne bewußt wird: immer komplexer wird die Nomenklatur ihres mechanistischen Welt- und Menschenbilds, hinter der sie sich verschanzen, weil jeder noch so angeschlagene Gesunde Menschenverstand sofort ins Kopfschütteln käme, hörte und läse er in Plansprache, was sie wirklich erkennen und wissen –: es ist Nichts. Sie verabreichen blind das ihnen industriell zugewiesene Warenpaket, und nicht einmal dessen Angebot können sie noch überschauen –: rund 50 000 Mittel enthält die Rote Liste, das Kompendium der Materia medica, – sollen wir ernstlich glauben, sie seien ihnen sämtlich mit all ihrem Gut und Böse geläufig? Nun kommt selbst eine luxuriös assortierte Klinikapotheke mit nur 2 Prozent davon aus, und der Rest ist Duplikat und Plagiat der diversen Industrie-Konkurrenzen oder auch einfach nur teurer Abfall; aber selbst dieser kleine Ausschnitt ist für einen alle Wirkungen beherrschenden, voll verantwortlichen Umgang damit den Praktikern längst nicht genügend transparent. Die Perspektive kann einem angst und bange machen –: entweder ja praktizieren sie lediglich mit dem ganz winzigen Anteil, der ihnen transparent ist, – dann ist ihr Wissen fragmentarisch, und wichtigste Notfallmittel bleiben ihnen vielleicht ganz unbekannt; oder aber sie schreiben ohne Übersicht alles aus, was ihnen vor die Prospektlesebrille gekommen ist, – dann ist ihr Wissen noch fragmentarischer und nur der Mantel einer heillosen Fahrlässigkeit. Zum Nachschlagen läßt ihnen die Drei-Minuten-Praxis ja keinerlei Muße: Kontraindikationen, Neben- und Wechselwirkungen kennen sie kaum, und macht man sie aufmerksam, so wiegeln sie's als Kleingedrucktes ab; Graeca sunt, non leguntur. Was auf sämtlichen Indikationszetteln steht, es sei nämlich, wenn sich bestimmte Folgen der Einnahme zeigen, – ja, nicht etwa das Mittel sofort abzusetzen, sondern *der Arzt zu fragen*, ist dabei der Gipfel des Hohns auf den ganzen Spott: – der Golem, der seine Verantwortung kleingedruckt abwälzt, weiß genau, wohin er sie delegieren muß, damit der Umsatz nicht nachläßt. Automatismus: sie verabreichen blind, seine Delegierten; sie schreiben aufs Rezept nur ab, was er ihnen befiehlt, und das Ergebnis ist eine gigantische Weltvergiftung, die sich neben der seinen, der allgemeinen, durchaus sehen lassen kann. Als der Unrat der Pharma-Industrie durch die Hinterschleusen in den Rhein geflossen war, haben zahlreiche Ärzte und Apotheker der Öffentlichkeit mitgeteilt, daß sie die Mittel der betreffenden Giftmischereien nicht mehr abgeben bzw. verordnen würden –: ist das nun unschuldsvolle Ahnungslosigkeit einmal mehr? Der Unrat, der die halbe Welt vergiftet, ist jener, der die Zwingburgen durchs Vorderportal verläßt und den sie professionell vertreiben. Sie wissen nichts und sie erkennen nichts. Sieht man sich an, wie lange ihrer aller geballte Praxiserfahrung braucht, um überhaupt zu einem Verdacht gegen ein Mittel, um dann zur zögernden Gewißheit, um schließlich, endlos später, zur Entschiedenheit und zum Rückruf zu gelangen, so fragt man sich, wieso sie überhaupt so kompliziert studieren müssen –: wo eigentlich sitzen ihre Spezialkenntnisse? Die Rückrufe kommen ihnen durchweg überraschend, und oft verschlafen sie die Nachricht überhaupt, und man erfährt erst in der Apotheke, daß das Ausgeschriebene gar nicht mehr ausgeliefert wird. Vielfach trauern sie ihm geradezu nach und halten die Schutzmaßnahme für so übertrieben wie vorher die Warnungen ihrer wenigen besseren Kollegen –: das Mittel hat doch immer so schön geholfen! Aber daß der Patient plötzlich wegbleibt aus der Praxis, hat ja leider nicht stets den Grund, daß er geheilt war: – sollte man nicht den Brauch einführen, auf den Todesanzeigen der Unter-70-jährigen mit abzudrucken, wer sie behandelt hatte? Das Verfahren würde der Intensivmast des Ut-aliquid-fiat direkt an die Wurzeln gehen und zuletzt mit sich bringen, daß unheilbare Krankheiten, wenn auch nicht ohne Beratung, am Ende doch ohne Behandlung blieben –: wäre nicht wenigstens das ein Ziel, nicht nur höchlichst zu wünschen, sondern auch realistisch erreichbar? Einstweilen zerren die Behandler noch um jeden Preis, das heißt um den höchstmöglichen, an den Sterbenden herum, um ihnen auch noch den Tod so zu vergällen und zu vergiften wie lebenslang das Leben, – obwohl ihnen das Hippokrates, auf den sie nach wie vor schwören müssen, ausdrücklich verboten hat –: es ist der Gipfelpunkt jenes Wahns von der totalen Machbarkeit und ihr absolutes Maximum, nämlich das des Umsatzes. Da wird der Arzneimittelschatz mit vollen Händen ausgeteilt und alle Kraft des Patienten zusammengerafft, damit er seiner finalen Großkonsumentenfunktion genügen kann; da gehn sie auf deren Ganzes, dessen Ende in Sicht ist; da haben sie, wo jener sie nicht mehr hat, ihre letzte Chance. Aber was so endet, im abscheulichsten Schauspiel, ist nur die Konsequenz eines von Anfang an terminalen Versuchs: die Schlußapotheose des Automatismus, in der seine sämtlichen Motive enggeführt werden. Der Tod gibt großzügig ein paar Tage her, damit sich das Leben, das sie ihm zuführen, auch wirklich für sie gelohnt hat, und die Erscheinungsdynamik der zunehmenden Arzneimittel und der abnehmenden Gesundheit spitzt sich zum logischen Endeffekt: geht diese auf Null, so erreichen jene ihr Non-plus-ultra. Was sich am Schicksal des Einzelnen zeigt, dürfte einmal die Geschichte der gesamten Medizin sein –: wenn sie die ganze Menschheit endlich in die letzten Züge gelegt hat, wird die Materia medica bis an die Sterne reichen. Und diese automatisch gewordene Dynamik mit ihrer indirekten Proportionalität, diese Summe der Unheilgeschichte sollte nicht schon in der Geschichte erkennbar sein, im Hier und Jetzt? Denn die medizinische Gegenwart, die in den Rückrufen ihr gesamtes Präteritum richtet, – kann sie, bei gleichgebliebenem Prinzip, eine andere Zukunft haben als jene, in der sie selber in Rückrufen gerichtet wird? Was wird das nächste sein? Was würde, verstünden die Anwender auch nur das geringste von der individualen Leibesidentität und ihren Signalen, das nächste sein müssen? Das ganze Paket der Gifte, bei deren Einnahme sich als erstes der Magen umdreht oder, bei i.v.-Applikation, die Intima gereizt reagiert – Schwindel auftritt – Parästhesie an Fingern und Zehen – die Augen übergehen (»Retina- und Makulaveränderungen«) – Darmtrakt und Haut revoltieren und die seelische Konstitution ins Zittern gerät (»Psychosenlocker«)? Das ganze Paket der Gifte, die, besonders wenn langzeitig verabreicht, Blutbildveränderungen im Gefolge haben – von der Leuko- und Thrombopenie bis zur tödlichen Agranulozytose? Man möchte da ja ganz direkt werden und fragen: Wie lange noch müssen wir mit ansehen, wie Ärzte, die nicht einmal die Grunddefinition von Viren kennen, bei jeder »Grippe« hemmungslos Sulfonamide verordnen – statt es bei Komplikationsgefahr mit einer unspezifischen

Reizkörpertherapie zu versuchen, die sie ebenfalls meist gar nicht kennen, oder mit proteolytischen Enzymen? Wie viele Lebernekrosen müssen sie noch konstatieren, bevor ihnen das Anilinderivat Paracetamol endlich unheimlich wird (so unheimlich wenigstens, wie es den Engländern schon vor einem Dutzend Jahren wurde)? Der Golem hat es, nachdem ihm das Phenacetin glücklich aus der Hand geschlagen war, in aller Stille als Ersatz in die meisten Schmerzmittel gepackt, und in deren Konsum liegt Deutschland einsam an der Spitze (pro Kopf doppelt so hoch wie Dänemark, sechsfach wie Finnland), von einer naßforschen Werbung gepuscht, die am liebsten jeden Bürger seinen Tag mit dem bekannten »Apothekerfrühstück« beginnen sähe. Wann endlich lernen diese Va-banque-Spieler die Allergien richtig lesen, d. h. die Arzneimittel aus körperfremder Chemie als Allergene überhaupt, und nicht erst beim anaphylaktischen Schock? Was wird das nächste sein, dessen enthusiastische Verheißungen im Rückruf landen? Man möchte geradezu prophezeien – für jene längere Zukunft, auf die man einstweilen nur hoffen kann –: vielleicht die ganze Gruppe der trizyklischen Neuroleptika, etwa die Phenothiazine vom Chlorpromazin-Typ, die in den fünfziger Jahren so begeistert applaudiert wurden und die halbe Nation beruhigten, bis dann – über eine cholostatische Hepatose – gelegentlich auch die Ewige Ruhe die Folge war, was aber die zentnerweise Anwendung nicht weiter behindert hat (und ich kenne Ärzte, die dergleichen ausschreiben, um Kleinkinder »ruhigzustellen«!). Neuerdings beginnt sich immer erdrückender die Gewißheit abzuzeichnen, daß der Dämpfungsschutz solcher Mittel (der ohnehin ein ganzes Elend für sich ist) destruktiven Körperprozessen wie dem Krebs die Entfaltung erleichtert: – sollte das, was so großartig »Hemmung der Aminpermeation von den Speichern zu den Synapsen durch Verringerung der Membranpermeabilität mit Folge der Verringerung der Neurotransmitterkonzentration an den Rezeptoren« heißt, – sollte das vielleicht ganz schlicht auch »das Leben« verringern? All das, oder doch manches davon, mag ja als Notfall-Applikation noch hingehen, unter Berücksichtigung jenes trostlosen *Stands der wissenschaftlichen Erkenntnisse*, der sich so enorm vermehrt hat. Aber man lasse sich von Apothekern die Verkaufsfrequenz nennen, die der Golem insgesamt verschweigt –: so viele Notfälle pro Quadratkilometer kann es gar nicht geben, solange man dem Verdacht widerspricht, daß die komplette Gesellschaft schwer körper- und geisteskrank sei. Die ganze Medizin ist kriminell, und wo sie als Hauptüberträger der Intoxikation nicht mehr bloß krank und siech macht, sondern zum letzten Ausgang vordringt, sind feinere Unterscheidungen möglich nur noch zwischen Fahrlässiger Tötung und Mord. Eine, wie immer späte Nachwelt wird das sehen –: wie wird sie urteilen? Wie wird sie etwa die Immunsuppressiva beurteilen (z. B. die Glucocorticoide), die wohl widersinnigsten »Heilmittel«, die je in den Arzneihort eingeführt wurden, und, zu ihnen gehörig, die Zytostatika (z. B. die wahrhaft unheimlichen Stickstofflost- und Aethylenimin-Derivate)? Ihre Kurzzeitfolgen sind furchtbar selbst da, wo sie, wie bei den Transplantationen, ein Todesurteil immerhin in Lebenslänglich verwandeln, so wenig länglich dieses auch sein mag, und die Langzeitfolgen sind gar nicht bekannt, weil die Langzeit überhaupt keine Chance vor ihnen hat; lägen die Leidensgeschichten nach der Operation so offen wie die vor ihr, so würde sich mancher um diese Art der medizinischen Begnadigung wohl nicht mehr bemühen. Nein, es hilft nichts; man kann keinen Frieden schließen mit denen, die so etwas enorm vermehrt verordnen, auch keine Kompromisse. Sie sind die Verkaufsautomaten einer sadistischen Industrie; sie wissen und erkennen Nichts: – ja, wieso müssen sie überhaupt noch so kompliziert studieren?

Denn das müssen sie, und daß sie es müssen, trägt nicht wenig zu ihrem illustren Selbstverständnis bei –: was so lange währt, muß doch endlich ausgesprochen gut werden – das am längsten Währende das Beste, die Eingeweihtheit überhaupt. Dabei zeigt schon die Zulassungsfilterung, für welche Art Auserwähltheit ausgewählt wird, und das scheinbar widersinnige Verfahren, unterschiedliche Begabung, Eignung und Motivation ausgerechnet für einen Beruf zu ermitteln, der die Lehrmeinung praktiziert, daß das Psycho-Soma aller Menschen gleich sei und reagiere, wird sofort plausibel und logisch, wenn man sich das Zielergebnis besieht: – bevorzugt wird die mechanistisch-intellektuelle Denkkonstitution, die zum »objektiven«, norm-automatischen Handeln prädestiniert; wer eher seelische Empfindlichkeit mitbringt, eine tastende Natur, Entscheidungsvorsicht, hat schlechte Chancen. Das Studium selbst ist durchaus entsprechend intellektuell anspruchsvoll, und der Laie sieht mit beklommenem Respekt, was die zukünftigen Herrscher alles lernen müssen, um zur Herrschaft zu gelangen. Aber betrachtet man – nicht mehr laienhaft – auch hier das Ziel und Ende, nämlich die Multiple-choice-Fragebögen der Examina, so hat es sich um die Aufhäufung bloßen positiven Theoriewissens gehandelt, um die sture Aneignung einer festgeschriebenen abstrakten Dogmatik, von der kaum ein Bruchteil in der späteren Praxis noch brauchbar ist. Praktiker vergessen das Ganze denn auch innerhalb weniger Jahre, und würden sie nach einem Jahrdutzend diesem Nichtsnutz-Examen noch einmal unterzogen, sie fielen desto sicherer durch, je sicherer sie inzwischen in ihrer Praxis das Heilen gelernt hätten. Das alles ist – schrittweise, denn es war nicht immer so schlimm – von den Standesorganisationen der Golem-Ära ausgeheckt worden, um den reibungslosen Übergang in die Automatenfunktion zu präparieren und ihrer Leere die Wissenschaftsautorität aufzuschminken, vor der inneren wie vor der äußeren Zensur: – wieso eigentlich zeigen Medizinstudenten schon nach wenigen Semestern ein so auffällig anderes Gehaben als alle anderen Wissenschaftsschüler? Fraglos würden sie weniger abgehoben dreinblicken, wenn ihnen statt eines Semesters Pharmakologie auferlegt wäre, ein paar Wochen – und ganz ohne die zusätzliche arteigene Quälerei – in einem *Primatenstuhl* zu sitzen, um immerhin andeutungsweise und symbolisch den Geist ihrer Wissenschaft am eigenen Leibe zu spüren, – einfach nur zu sitzen und nachzudenken; es könnten sehr besinnliche Zeiten werden. Denn sonst zu nennenswerter Besinnung kommen sie bei dieser Art Ausbildung nicht, bei deren Ende es meist mit der ganzen Bildung aus ist –: wenn sie endlich, nach dem bekannten *abgeschlossenen Hochschulstudium*, zum Praktikum in die Klinik schreiten, wo nach der ganzen grauen Theorie zum erstenmal nun ganz praktisch geheilt werden soll, so stehen sie vorm absolut

Neuen Tor und schauen entsprechend, Verzeihung, kuhdumm drein. Sie bleiben es in der Regel auch, wenn sie wieder herausgekommen sind; wirklich praktische Spezialkenntnisse haben sie, in der Regel, später nur in Immobilien. Die Fachschulung im mechanistischen Denken führt zu einer Verarmung des Denkens überhaupt und einmal mehr auch zu seiner Deformation: Wer unablässig eine angelernte Tätigkeit ausübt, die von so geringem Erfolg gekrönt ist, ohne sie und sich als bloß Angelerntes zu hinterfragen, zu bezweifeln, zu ändern, der muß erzdumm und -dämlich sein; man kann es kurzab nicht anders sagen. Es steht dem Automatismus des Medizinierens auch bezeichnend nicht im Wege; es gehört wie der geringe Erfolg geradezu ja zu seinen Bedingungen. Wie das Ethos verstummt, wie die Gewissenhaftigkeit, sobald das Funktionieren beginnt, so auch die geistige Bewegtheit; nein, wirkliche Gedankenleistungen sind von derart Ausgebildeten schwerlich zu erwarten. So auch keinerlei Grundlösungen der seit Unzeiten gähnend offenen Grundfragen –: der »Geist« der Medizin ist ein bloßes Gespenst, das sich den Aberglauben der Leute zunutze macht, um seinen weißen Kittel für die Aura der Metaphysik halten zu lassen – während er doch bloß aus dem Physikum stammt. Tatsächlich hat auf keinem denkerischen Gebiet der Begriff »Forschung« ein derart trostlos dreistes Gesicht –: das meiste Experimentieren dient der reinen Demonstration einzelner, fahrlässig isolierter Zusammenhänge (und allerdings so der weiteren Ausbildung, aber nicht des Forschers, sondern des von ihm als Rüstzeug mitgebrachten Größenwahns); das ganze medizinische Kausalitätsdenken spielt sich im System jener Logik ab, die – nach dem alten bärtigen Scherz –

den Zusammenhang zwischen dem Geburtenrückgang und dem Aussterben der Klapperstörche erspäht. Stößt diese Logik an ihre Grenzen und der ihr ergebene Kopf gegen die Wand, durch die er den des Patienten bringen will, geht also die Therapie ins Leere und Umsonst, so ist's auf einmal die Höhere Gewalt, mit der sie sich nicht mehr anlegen können, obwohl sie sich mit ihr, als der wirklichen Lebens-Causa, doch dauernd akimbo angelegt haben, und kein Gedanke wendet sich auf die niedere zurück, die doch die eigentliche Wand und Grenze war. Krankheit ist, was immer auch neuerdings die Gen-Forschung wieder erzählt, nie »Schicksal«, wie diesen Gesundheitsdenkern als letzter Weisheitsschluß einfällt, wenn das Ende ihres Lateins in Sicht ist, sondern immer ein Das-kommt-davon, und der größte Teil dessen, wovon es kommt, dürfte ihr Latein selber sein. Wer sich auch nur kleine Fähigkeiten zur Selbstbeobachtung erworben und das mächtige Wirken der vegetativen, »seelischen«, durchaus meta-physischen Lebenssteuerung zu ermessen gelernt hat, kann schier unsinnig werden, liest er den pompösen Unsinn, der alljährlich tonnenweise von ihnen abgesondert wird, unablässig als *dramatischer Durchbruch in der Forschung* deklariert, und angst und bange wird ihm bei der Vorstellung, daß all diese fixen Ideen irgendwo an Halbkranken ausprobiert werden, die dann Ganzkranke werden und schließlich in aller Stille zu Grabe gehen wie die fixen Ideen selbst, die in den Köpfen der Urheber neuen Spinngeweben Platz machen müssen; nach einem Jahr ist keine Rede mehr davon. Unsinn, tonnenweise: Rund 70 Millionen Druckseiten medizinischer Fachveröffentlichungen erscheinen weltweit alljährlich, und das Ganze wirkt nicht nur angesichts seines therapeutischen Null-Effekts wie die Hauszeitschrift einer monströsen Irrenanstalt. Zahllose Symptome, auf die hin bei Anderen sofort Behandlungsmaßnahmen eingeleitet würden, sind darin schon stilistisch nachweisbar, und sieht man zusätzlich auch noch die Antlitze der Verfasser abgebildet, so erschrickt man heillos bei dem Gedanken, daß diese frei herumlaufen und praktizieren. Sie tun es, zum einzigen Glück, ohne das alles selber zu lesen; um zu praktizieren, was sie praktizieren, bedarf's nur eines Abonnements auf die »Kartei der praktischen Medizin«, die hinter den Kulissen den jeweils neuesten Unwissensstand aus der Literatur kurz-referiert, und eines auf die Rote Liste. Aber das Elend wächst mit den ärztlichen Einfällen –: wovon kommt es, wenn nicht von den ärztlichen Einfällen? Was eigentlich widerspricht der – beileibe nicht hier zum erstenmal vertretenen – These, daß das enorm vermehrte Kranksein mit dem enorm vermehrten Wissen auf dem gesamten Gebiet der Medizin direkt kausal zusammenhängt? Da sind sie nun freilich sehr entrüstet, die Vermehrer, auch jene, die inzwischen schon wieder als Verminderer rückgerufen worden sind, und verweisen auf die gestiegene durchschnittliche Lebenserwartung –: wohl wahr, daß sie, wenigstens quantitativ, eine Weile gestiegen (und mittlerweile leider wieder rückläufig) ist; aber das ist, etwa, die durchschnittliche Körpergröße auch: – sollen wir uns nun konsequent Gedanken machen, wie auch das auf das Wirken unserer Schamanen zurückgehen könnte? Sie verweisen auch auf etwas konkretere Erfolge wie zum Beispiel die Transplantationen, die eindeutig lebensverlängernd seien; aber sie sind es abermals nur quantitativ und bilden im übrigen eine reine Grauensstatistik mit für dereinst vorausbestimmbarer Bilanz –: auch ein transplantiertes Organ ist der gebliebenen Fehlsteuerung ausgesetzt und erkrankt unfehlbar an demselben Leiden wie das ersetzte, von den übrigen Folgebedingungen der Fremdeinpflanzung zu schweigen. Darüber machen die sonst so auftrumpfend publizierfreudigen Mediziner freilich nur sehr zurückhaltende Mitteilungen; läge das alles offen, so konnte es unabsehbare Folgen geben, zuletzt den Verdacht, daß die ganze chemo-mechanistische Nosologie falsch ist. So lenken sie die Problemgewichtung auf Nebenfragen wie die Immunabstoßung, deren grundsätzliches Wesen sie ebenfalls nicht zu Ende zu denken wagen – weil sie sonst zwangsläufig zu der Erkenntnis vordringen müßten, daß der Organismus ihre gesamte Tätigkeit zum Abstoßen findet. Sie ist es wahrlich – und statt aller weiteren Beispiele, die vielleicht zu abstrakt blieben, trage ein Jeder nur die Erfahrungen seines eigenen engsten Lebensumkreises ein –: in keiner Lehre kollidiert die empirische Gewißheit derart mit der wissenschaftlichen Überzeugung. Wie hätte, wie *hat* das Urteil über diese Lehre zu lauten?

Nun ist wohl, Satyrspiel, hier nicht der angemessene Ort, die falsche Nosologie der Schulmedizin im Detail zu erörtern –: so albern ihre Vertreter sind und so sehr sie am Ende nach der Karikatur als adäquater Darstellungsform schlechtweg schreien, so ernst bleibt sie als Sache, als zentrale Causa für so vieles Grauen, und eine nur getuschte Skizze würde ihr – als zu leichter wie als zu milder Umriß – nicht gerecht. Es ist ja auch einzuräumen, daß sie selber sich vor dem, was in der Praxis und in den Praxen täglich mit ihr geschieht, nicht wenig graust; namentlich die Pharmakologie läßt es in ihren Lehrbüchern an Warnungen vor sich selber nicht fehlen – und weiß, wenn sie lehrt, durchaus auch, wie wenig sie weiß, was sie lehrt: die Grundtheorien (Rezeptor-Komplex- mit Okkupations- und Geschwindigkeitstheorie, die einander ausschließen und zugleich beide nicht umfassend sind in ihren Erklärungen; Induced-fit-Theorie) sind eingestanden hypothetisch und können gern in Ehren dastehen, solange sie nicht zum Leichtsinn bei den Proben auf ihre Exempel führen. Aber viel ändert das nicht: – auch die Lehre ist nur soviel wert wie die Praxis ihrer Anwendung, sobald es um das Lebendige geht; die Lehre ist Ursache der Anwendung, und wäre sie selber hier auch noch so rein und lauter, so müßte ein derartiges Maß an Mißbrauchbarkeit doch gegen auch sie bedenklich stimmen. Die Ernste Sache, die Falsche Nosologie, die Vorstellung von der Identität des Lebens mit der leiblichen Funktionsmechanik, die Vorstellung von dieser selbst als einem norm-automatisch arbeitenden Labor mit linear ablaufenden Reaktionen – doch ohne Vorstellung davon, wer oder was darin denn eigentlich wann welche Vitren zusammenschüttet –: dieses ganze, durchaus sehr große Thema erforderte gerechterweise eine Abhandlung für sich, und nur einer seiner Brennpunkte soll, weil für das chemische Therapieren bestimmend, hier noch mit anskizziert werden. Es ist der Sitz einer veritablen Schizophrenie. Denn zum einen wächst, wo nicht das Wissen, so doch die handfeste Ahnung von der Größenordnung der Biotransformationskräfte (namentlich in Bezug auf Spaltungen und Konjugationen), und daß sie außerhalb der Modell-Linearität der Laborvorstellungen, in der multiplen Kausalitätsvernetzung eines über-3-dimensionalen Lebenssystems, ähnlich unabsehbar sein könnten wie die hunderttausend Zellfunktionen, wird nur von sturen Positivisten bestritten. Andererseits aber nimmt die Sorglosigkeit immer mehr zu, in die Homöostase eben dieses ungeheuer subtilen Kräftespiels auf die gröbste Art einzugreifen –: dies ist schon in sich un- und widersinnig. Nun verfügt der Organismus als offenes oder Fließsystem entsprechend seiner vielfältigen Invadierbarkeit über sehr vielfältige Möglichkeiten zur Ausscheidung, und man darf ihm einiges zutrauen – einiges, aber nicht alles, strenggenommen nicht einmal vieles. Denn die Fülle der Natursubstrate, auf die er sich in biologischen Zeiträumen eingerichtet hat, ist in denen der jüngsten Geschichte rapide von den Kunstbauten der Chemie übertroffen worden, und sich auf sie einzurichten müßte er wiederum biologische Zeitspannen zur Verfügung haben. Er sucht sich durch Überanstrengung seiner Ausscheidungsmöglichkeiten zu retten –: deren Äußerungen heißen dann u. a. Allergien, werden von der Schullehre grundsätzlich mißverstanden und ihm rabiat verwiesen (und sind dabei »Krankheit« nur als Selbstbewahrungssignal einer hochsensiblen Gesundheit). Gelingt es ihm nicht unmittelbar, so chronifiziert sich die Anstrengung, und es entstehen schwelende Stoffwechselentgleisungen, die nach einiger Zeit, oft erst nach Jahrzehnten, die Krankheit als seinen nicht mehr veränderlichen Normalzustand manifestieren (also das ganze Symptombündel dessen, was der Medizin »Rheuma« heißt und nach seiner wirklichen Genese Hekuba bleiben wird, solange man ihr nicht das Therapie-Alibi sämtlicher Pyrazolinone aus der Hand geschlagen hat). Manchmal schließlich kapituliert er, der Organismus, bereits nach der ersten vergeblichen Anstrengung und hilft sich damit, die Invasionsübermacht von Bayer-Leverkusen und Konsorten in einzelnen Funktionsfeldern zu ghettoisieren, um sein System zu bewahren; dies Freilich auf Zeit doch vergebens: – muß man, den Krebs eher zu verstehen, daran erinnern, daß kanzerogen fast ausschließlich Stoffe aus dem Chemiebaukasten sind? Desgleichen teratogen und mutagen –: es kann nicht zweifelhaft sein, daß die Chemie der Industrie und die Chemie der Natur, bezogen auf »das Leben« und seine ersichtlich überwissenschaftliche Funktionsordnung, Gegensätze von Natur bilden. Kanzerogen, teratogen, mutagen: ist potentiell die gesamte Medizin, die diese Gegensätze ineinander schüttet, und nicht nur das runde Tausend der Stoffe, für die es einwandfrei bewiesen wurde; sie ist für das Lebendige selbst dissoziativ, ordnungsstörend, krankmachend. Die Pharmakologie, der diese Schlußerkenntnis durchaus dämmert, je länger sie sich darauf zuexperimentiert, weicht in gelehrte Dosierungsfragen aus, freut sich beruhigt, wenn zwischen ED-50 und LD-50, der durchschnittlichen Effektiv- und Letaldosis, ein schöner Raum bleibt und schreitet ihn mit vielen, auf dem Papier hocheleganten Hypothesen aus. Aber dieser Zwischen-Raum (einmal ganz beiseite gelassen, was unterhalb seiner, im Bereich der infinitesimalen Dosen, wo keine wissenschaftliche Neugier sich mehr umtut, sehr effektiv noch alles geschieht – weil, wie bei der radioaktiven Strahlung, ganz ohne Wirkung überhaupt keine Dosis ist, wie klein sie sich, auf dem Papier, auch immer ausnimmt und wie großartig daneben das Bagatellisieren der Politidioten) – dieser Zwischenraum bleibt jedenfalls ein Stufenweg zur Letalität und jede ihrer Stufen, wenn an irgendeiner nur quantitativ entfernten Grenzdosis der Tod in Sicht ist, qualitativ toxisch. Es dämmert ihr durchaus vieles, der Pharmakologie; sie kennt durchaus, wenn auch oft nur im Ansatz, ihre Probleme. Das Problem der Pharmaka mit hoher Enzyminduktion zum Beispiel (Barbiturate oder Analgetika wie das berüchtigte Phenylbutazon oder Insektizide wie die Chlorophenotane: DDT): die beschleunigte Biotransformation ergreift auch die körpereigenen Stoffe: der Plasmaspiegel sinkt im Handumdrehen ins Defizit. Oder das Gegenproblem bei den Enzyminhibitoren (wie etwa dem auch sonst hochriskanten Chloramphenicol): durch die Abbauhemmung entstehen Konkurrenzen um die Bindungsstellen der Enzyme, die den ganzen Metabolismus unberechenbar aus dem Gleichgewicht bringen. Das Problem der Enzyme überhaupt: ihre Aktivität und Aktivierbarkeit, ihr durchaus unterschiedliches Sortiment, das unterschiedliche Fehlen bestimmter Transferasen bei unterschiedlichen Völker- und Bevölkerungsgruppen, unterschiedliche Defekte bei Individuen, ja Unterschiede zwischen den Lebensaltern desselben Individuums – (ach, wie so mancher Säugling liegt, wenn auch federleicht, auf dem Gewissen des Hausarztes, der ihm Sulfonamide eingetrichtert hat!): die Membranen des endoplasmatischen Reticulums sind, um es bündig zu sagen, nicht weniger individuell ausgeprägt als die Gesichtszüge eines Menschen. Viele weitere Probleme: das der Speicherung durch die varianten Plasmaproteinbindungen, – das der Kumulation bei verlangsamter (etwa renaler) Ausscheidung, wo die nach Normzeiten angesetzte Zufuhr den Abbau überholt und leicht den LD-50-Wert erreichen kann: unkontrollierbares Risiko jeder Dauermedikation, – das der augenwischend so genannten »Nebenwirkungen«, bei denen ein rein begrifflicher Trick zu Wort kommt: »neben« heißen wegwerfend jene Anteile der Hauptwirkung, die einfach unerwünscht sind und die Wünsche oft genug zunichte machen –: alles abhängig von mitunter ausgeprägten, mitunter auch schwankenden individualen Vorgegebenheiten – ganz zu schweigen von den suprasomatischen, »seelischen«, in der Strahlungsebene liegenden Regulationsmustern, die das Forschungsinteresse schlechtweg als nicht-existent behandelt... Die Pharmakologie weiß viel; sie kennt ihre Probleme, die ihr immer wieder die schönen Graphiken der Transformations- und Eliminationskinetik durchkreuzen; sie möchte ums Leben gern Formeln haben und in die quantitativen Struktur-Wirkungs-Beziehungen Konstanten eintragen, und sie wird sie fürs Leben nicht gewinnen. Aber was immer sie weiß und redlich bearbeitet – die praktische Medizin weiß das alles nicht. Sie hat es irgendwann gelernt und dann schnell wieder vergessen, weil es für die Praxis gar zu lästig wäre –: sie verabreicht buchstäblich ohne Ansehen der Person. Sie stopft ihre Waren wahllos ins leidende Leben, als sei es ein Mülleimer; sie blockt und überschwemmt, zerrt hier an dieser Funktion und dort an jener, schlägt auch nicht selten unwirsch mit dem Hammer zu; sie kuriert überhaupt nur – Vorwurf seit Olim – an einzelnen Symptomen herum und hat entsprechend eine Welt- und Menschenanschauung ausgebildet, vor der es der Sau graust: Der Leidende – das ist eben die vom Hersteller seriell gefertigte Maschine, in der man sich, wenn sie nicht richtig funktioniert, jedes Rädchen einzeln vorknöpfen kann, und was als Mitmensch kam, heißt im Jargon, wenn er eingeliefert ist wie ein Delinquent, nur noch Sache: das interessante Ulcus von gestern, der apoplektische Insult von Station B. Die praktische Medizin ist inhuman ebenso, wie sie unwissend ist und anmaßend; sie verdrängt ihre Ohnmacht in die Verachtung der Ohnmächtigen, und die Grenzenlosigkeit der einen ist von der andern abzulesen. Was ihr an Qualität fehlt, ersetzt sie durch doppelte Quantität, damit der Automatismus läuft, der des Geschäfts wie der des Sadismus; was sie da macht, skrupellos addierend, multiplizierend, kumulierend, könnte auch eine weit simplere Lehre als die einmal gelernte und dann vergessene nicht mehr in Schutz nehmen, ohne selbst im Abgrund zu landen. Die Fallbeispiele liegen auf jeder Straße, und was daran extrem erscheint, ist die Symptomspur eines generellen Extremismus ohne Beispiel. Kommt da etwa ein über 70 Jahre alter Mann mit langjährig chronischen Schmerzen in Kopf, Rücken und Amputationsstumpf in eine Spezialklinik, so wird er dort 6 Wochen lang malträtiert (u. a. mit »Eisanwendungen«, »Elektrotherapie«, »Leitungsanästhesien«, »Laserbestrahlungen« und »Infusionen« aller Sorten) und schließlich mit der folgenden Dauermedikation entlassen: *Adalat 10 mg 1-1-0, Diazepam 5 mg 1-1-1, Bazaton 1-0-1, Dytide H 1-0-0, L-Tryptophan 2-2-2, Sermion 1-1-1, Sibelium 5 2-0-2, Saroten 25 1-1-1, Lioresal 5 1-1-0, Pulmoclase Kps. 1-1-1, Novalgin Tr. 60-60-60:* – fast alles in Maximaldosis, insgesamt pro Tag 29 Tabletten und 180 Tropfen (letzteres von dem schon erwähnten, dem ärztlichen Wähnen mittlerweile entzogenen Metamizol): ein gigantischer Dämpfungshammer mit leider nur zu absehbaren Folgen. Das weitere

Schicksal des Patienten ist unschwer vorauszusagen –: wäre es nicht wünschenswert, daß es das Schicksal der gesamten Medizin würde? Der Fall ist weder erfunden noch ad hoc konstruiert; er wurde erst kürzlich von dem redlichen, völlig entgeisterten Hausarzt des Opfers veröffentlicht (Medical Tribune 52/1986), ohne dort freilich zu Ende gedacht zu werden; bei der Klinik handelt es sich um die »Europäische Schmerzklinik« in Sasbachwalden, angeschlossen an die »Europäische Gesellschaft zur Erforschung und Behandlung von chronischen Schmerzen e. V.« (Präsident: Prof. Dr. F. M. Meissner). Und diese Behandlung ist beileibe kein greller Einzelfall –: man befrage nach Belieben ältere Leute, welchen Chemiekonsum ihnen die Ärzte auf Restlebenslänglich vorschreiben, ob sie nun leicht erhöhte RR-Werte in die Unterfunktion drücken, gegen nur drohende Erkältungen haushohe Antibiotika-Barrieren errichten oder auf eine gelegentlich festgestellte Myokardischämie gleich mit Ca-Antagonisten und Beta-Blockern losgehen. Es läuft alles aufs selbe hinaus: die beliebige Verfügbarkeit der großen chemischen Eingriffsinstrumente hat jedes Gespür für die Größenordnung des Eingreifens vernichtet, und so schießen Spatzengehirne mit nicht nur schwerem Geschütz auf Spatzen, sondern immer häufiger gleich mit ganzen Batterien von Artillerie. Dabei klagen sie habituell über den Mißbrauch der Medikamente und wollen für immer mehr davon zur »Sicherung« die Rezeptpflicht durchsetzen –: beiseite gelassen, daß es sich da um eine pure Erwerbssicherung des Standes handelt, ist es der Gipfel des Zynismus überhaupt: sie selber sind's, die den Mißbrauch professionell betreiben; kein Mensch würde sich so hemmungslos mit Giften vollkaufen, wie sie's ihm verordnen. Ihnen, nicht ihm zum Nachteil wird das BGA in ein paar Monaten wieder gleich 132 Analgetika auf einen Schlag verbieten: – das ist freilich alles nicht einmal halbe Arbeit, und die ganze wird erst geleistet sein, wenn das System dieser Medizin selbst aus ihrem Handel gezogen und verboten ist. Sie kennt das Leben nicht mehr; sie weiß nichts und sie kann nichts; ihre Totale Machbarkeit ist reine Mache, ut aliquid fiat. Sie ist verrückt geworden und längst gemeingefährlich –: die ganze praktizierende Ärzteschaft gleicht heute einem Trupp vierschrötiger Klempner, die sich einem Großsystem von Mikrochips mit der Rohrzange nähern. Man muß ihnen dieses Handwerk legen, gründlich, mit aller Rigorosität, ihre ganze Schildbürgergelehrsamkeit wie deren Anwendung; sonst wird es unfehlbar jene Katastrophe geben, die sie der Vorstellung bereits in Reichweite geholt haben. Katastrophe –: es gibt ja den Begriff der »iatrogenen Krankheit« seit schon geraumer Zeit und wie selbstverständlich, so wenig er auch auf den Liquidationen sein Recht bekommt; könnte es in diesem Dunkelfeld »objektiv« zugehen, so müßte auch auf zahllosen Totenscheinen der iatrogene Exitus stehen. Katastrophe, durchaus –: die bei solchen Überlegungen nur überlegen lächeln, haben das Ergebnis ihres dauernden Lächelns bereits hinter sich und brauchen sich nur umzudrehen: eine von chronischen Krankheiten wimmelnde, von Siechtum überkrochene Welt. Es ist ja ein Anblick, der in jedem anderen Zuständigkeitsbereich zu äußerst leisem Auftreten der Zuständigen führen würde: – was heißt es, daß ihnen das penetrant laute Lächeln so gar nicht vergeht? Allüberall stößt man auf den phänomenalen Titel *Krebs-*

spezialist – um aus der Phänomenologie dieses Lächelns nur eine einzige Grimasse herauszugreifen –: ja, wenn diese kompakte Erscheinung die Krebsstatistik nicht um einen Teilstrich aus ihrer Trostlosigkeit herausgeholt hat –, kommt man dann um die Folgerung herum, daß es sich lediglich um hochdotierte Spinner handelt, die zu ihrem Gegenstand ein ähnliches Verhältnis haben wie Psychotiker zur Realität? Nun, es leben so viele Leute vom Krebs, wie daran sterben, hat Hans Ruesch gesagt; das wird wohl so bleiben, und wenigstens in dieser Hinsicht dürfte die Medizin mit dem Tod weiter Schritt halten, so weit er sich auch noch ausbreitet. Er breitet sich weiter aus: er bestreitet mit dem Krebs ein volles Viertel seines Bedarfs, und dieser Anteil ist, bei stagnierender Heilungsrate, in den letzten 30 Jahren um 60 Prozent gestiegen. Wo bleibt die Konsequenz? Wo bleibt die Konsequenz aus jener kalifornischen Studie, die den Verdacht erhärtet, daß die Chancen unbehandelter Fälle nicht geringer seien als die der qualvoll behandelten? Wo die Konsequenz aus der Bilanz, die der Kasseler Radiologe Krokowski schon vor 10 Jahren auf dem 58. Deutschen Röntgenkongreß vortrug: »Unsere Therapie provoziert in vielen Fällen die Metastasierung« (die, im Gegensatz zum Primärtumor, der garantierte Exitus ist), und »die von Kollegen mitgeteilten ›überragenden Erfolge‹ beruhen auf entsprechend angepaßter, bereinigter Statistik«? Die Medizin selber, nochmals, ist kanzerogen – als der Einschleuser des Todes par excellence; mit allem, was sie verordnet, selbst mit Aspirin, kann man – und natürlich ist auch das »im Tierversuch« schon längst bewiesen, nur hier ausnahmsweise nicht stellvertretend verbindlich – maligne Gewebeveränderungen hervorrufen; – ist wirklich Unwissenheit der Grund, daß es nicht an der Großen Glocke hängt, die ihre Sterbefälle täglich ausläutet? Man muß ihr, nochmals, das ganze Handwerk legen, gründlich und rigoros –: was sie wissentlich betreibt, ist zuletzt, nach Tendenz und Dynamik, nichts anderes als ein gigantischer LD-50-Test mit der Menschheit, und den halben Wert hat sie bereits erreicht...

Genug –: man muß abreißen, was sonst endlos würde; man muß, wenn auch mit Gewalt, in die Endlichkeit bringen, was sonst an kein Ende mehr glauben ließe. Das Schicksal redet nur in Momenten mit Ironie und läßt die Satyrspiele scheitern, wo es die Tragödie fortspielt, das zur Erde schreiende Unglück –: man muß auch die Ironie gegen das Schicksal da beenden, wo es als der Tod erscheint. Ihm ist keine stilistische Geste gewachsen, was immer sie auch – geschrieben, gelesen – vielleicht an Wappnung leistet, und daß sie einen schweren Stand hat vollends gegen einen Stand, der so erfolgsbewußt in seinem Namen handelt und jede noch so grell gegen ihn erfindbare Wendung sofort zu seiner Wahrheit macht, ist nur die Vorspur des Endes auch allen Stils. Keine Wort-Spiele denn mehr, keine Wörter-Lösungen – nur noch das eine kahle Wider-Wort, die reine Wider-Sache gegen die Sache –: Feindschaft gegen den Gegen-Stand, der Tod und Krankheit vertritt; Feindschaft gegen die nur noch Ernste Sache, die von ihm vertreten wird. Das Leben sträubt sich mit schon fast letzten Kräften gegen die tödlichen Segnungen des Golems –: es muß sich endlich direkt, in Theorie und Praxis, gegen jene sträuben, die sie in Theorie und Praxis verbreiten. In allem Nur-noch-Ernst: Ich mache der Gesellschaft den Vorschlag, mit der ganzen Medizin Krieg anzufangen, Krieg bis aufs Skalpell, Krieg bis zur Bedingungslosen Kapitulation. Er wird sie, die Gesellschaft, Opfer kosten – auch wenn er, als Krieg im Namen der Humanität, nur einer der Aufklärung sein kann, der man in diesem Land keine zu bringen gewohnt ist. Denn sie wird, ebenfalls ungewohnt, sehr fleißig sehr vieles lernen müssen –: sie wird lernen müssen, bei Strafe des Krankseins, wie man gesund bleibt: wie man identisch bleibt mit seinem Körper-Ich und dessen Bedürfnisse wahrnimmt: wie man Befindensabweichungen als Gesundungsarbeit dieses Körper-Ichs erkennt und ihr notfalls hilfreich beispringt: was man dann tut – und, wichtiger noch, was man dann nicht tut: wann erst man wirklich den Ratgeber Arzt braucht und sein Instrumentarium – und wo man nachzusehen hat, um diesen Ratgeber zu kontrollieren: und so fort. Was da zu lernen ist, muß gelehrt werden: es gehört als Unterrichtsfach in sämtliche Schulen, wo ja alles mögliche sonst als unentbehrlich fürs Leben beigebracht wird (und mit der Wichtigkeit der Computertechnik dürfte es die der Gesundheit doch fast aufnehmen können), zusammen mit den Grundkenntnissen der Medizin wie der noch sogenannten Alternativ-Medizin sowie der welt- und zeitenweiten Kritik an ihnen, herüber und hinüber. Sehr viele verschiedene Disziplinen müssen dabei helfen, einen gegen die endlose Tradition genügend abgesicherten Lehr-Plan aufzustellen, viele Institutionen auch neben der Schule, nicht zuletzt die für den Unterricht aller Art zuständigen Kultusministerien, die vielleicht doch Wert darauf legen, nicht nur als Zerstörer der Humboldtschen Humanitätserziehung in die Geschichte einzugehen. Auch sie, die Lehrer, müssen lernen wie die Schüler, und es wird mühsam sein und lange dauern; aber erlernbar ist's, auch für den allereinfachsten Menschen – nicht zuletzt weil jene ersichtlich nicht genialen Leute, deren obskurem Mysterienkult die neue Erleuchtung heimleuchten soll, das alles ja schließlich auch einmal gelernt haben und soviel falsch wie sie auch Schüler gar nicht machen können. Sie allein freilich haben draußen zu bleiben, einstweilen jedenfalls –: ihr ganzes Gesundheitswesen, ihre Krankheitswirtschaft ist es ja, was dann einmal auf den Prüfstand eines gewachsenen Bevölkerungswissens zu kommen hat, und keiner der Geprüften darf dabei den Mund aufmachen. Aufklärung, aber Krieg –: denn es geht nicht nur um eine beiläufige Entmystifizierung des Ärzteberufs, um die Wiederherstellung seiner Unwissenheit und Leichtfertigkeit im öffentlichen Bewußtsein –, es geht in letzter Instanz um die Beseitigung einer ganzen Irrlehre, einer Falschheit und Krankheit selbst. Sie wird nicht wenige gute Folgen haben, diese Beseitigung, – bis hinunter zur vielberufenen, ganz banalen »Kostendämpfung im Gesundheitswesen«, die nur als Dämpfung des ärztlichen Anspruchs und der ärztlichen Tätigkeit überhaupt Aussichten hat; sie wird sich am Ende als Dämpfung der Krankheit selber erweisen. Gute Folgen auch im weitesten Sinne: als Erweiterung jener Selbstverantwortung und Mündigkeit, über die der Bürger doch auf keinem Gebiet eher verfügen sollte als auf dem der eigenen Gesundheit – und die man ihm gerade hier abspricht (um sie ihm auf soviel läppischeren Gebieten, von denen er heillos wenig versteht, heuchlerisch zuzusprechen): sie würde schließlich, folgenreich für die gesamte Geschichte, eine Erweiterung seines Selbst-Bewußtseins in jedem Sinne sein. Krankheit, gar mit Schmerz verbundene, weckt Un-Sicherheit, elementare Angst; die Auslieferung an den Arzt ist mit Ich-Schrumpfung und Objektüberschätzung verbunden; beides provoziert regressives Wohlverhalten, Unterwürfigkeit, diese wiederum Wissensverzicht, Selbstinfantilisierung –: welcher Praktiker kennte nicht die allessagend ängstliche Miene, mit der ihm der Patient bekennt, daß das verordnete Mittel noch nicht geholfen habe, – statt der zornigen, die ihm gebührte! Es ist ja ein Stück der total Verkehrten Welt, und die Medizin, der so gar nicht zu denken gibt, daß sie auch diese Verkehrung immer noch bewirkt, seit historisch lange versunkenen Zeiten, muß ganz einfach auch Geschichte aufholen –: sie muß, kurz gesagt, ihr längst überfälliges 1918 erleben, muß endlich Abschied nehmen von ihrer monarchischen Herrschaft, vom Autokraten- und Gottesgnadentum in ihrem Selbstverständnis, und daß ihre bisherigen Untertanen das aktiv begreifen und ihnen dabei energisch nachhelfen, geht hoffentlich eher ab, als sie den Krieg mit der Krankheit, in den und die sie ihr Volk getrieben haben, endgültig verlieren. Krieg gegen sie: er wird Opfer kosten, auch tragische, unschuldiges Leben das Leben. Denn selbst, wo das Krankmachende endlich gebändigt würde und eingeschränkt, bleibt das von ihm bereits Krankgemachte, und für Viele kommt sicher die späte Hilfe zu spät. Auch wird sich das medizinische Wissen nur sehr langsam von der Medizin erholen; es kann Generationen brauchen. Aber die Alternative wäre mit Sicherheit, daß über dem, was diese Schamanen verfechten, am Ende sonst noch die halbe Menschheit über die Klinge springt –: erst wenn die Rote Liste auf ein dünnes Heft geschrumpft ist, wird die allgemeine Gesundheitskurve wieder steigen. Vielleicht auch das Wissen über und um die Gesundheit – wer weiß? Zurzeit ist noch wenig davon in Sicht; damit muß man sich abfinden. »Man muß ein Stück Unsicherheit ertragen können«, sagte Freud. Man muß eine Wüste von Unsicherheit ertragen – so unerträglich sie ist, so leidvoll neben den wüsten Leiden der Kreatur, so entsetzend neben der mittlerweile bis an die Sterne reichenden Entsetzlichkeit der Existenz. Kein Wort der Genugtuung angesichts des großen Nescimus der therapeutischen Schulwissenschaften – wahrhaftig keins. Aber alle Worte, die der Mund hergibt, und alles bißchen Wissen der Vernunft gegen den Dünkel und die hochtrabende Genugtuung, mit denen sich das Nescimus vor den Unwissenden und Unvernünftigen aufspielt. Damit muß es zu Ende gehen, endlich, doch und doch. Und wenn es am Ende dann auch noch so wenig war, – es gehe zu Ende, damit Vieles zu Ende gehen kann.

VI.

Die Aussichten sind gering. So weit reichen die Zusammenhänge, in die das Phänomen *Tierversuche* blicken läßt, so weit übergreifen sie zuletzt jeden zeit- und ortsgebundenen, jeden nur gesellschaftlichen Zusammenhang, daß sich die Perspektive schließlich im fernsten Dunkel verliert – in jener universellen Finsternis, in der es auch für das Abendland, ihren lange hellsten Ausschnitt, längst Abend geworden ist. Den Schatten, der es zu verschlingen droht, wirft das sicher komplexeste Problem, das eine Menschheitspsychologie aufzuklären hätte: der pervertierte Umgang des Lebendigen mit sich selbst; er hat derart Welt-Weite, daß daneben alle individuale und soziale Geschichte nur untergeordnete Metaphern stellt. Was sie umschreiben, dunkel, erhellend, ist das immer Nämliche: die Groß-Identität des Todes, der das Universum ins Nichts zurückzieht und dessen Sog sich Nichts entziehen kann: – hätte die Erscheinungswelt, selbst mit aller Vernunft, überhaupt mehr Aussicht gegen ihn als, etwa, gegen die Gravitation? Hat er nicht vollends über die nur noch Moralische Rede Gewalt, sie endgültig in jene Lächerlichkeit zu werfen, in deren auszehrender Haft er die bloßen Gefühle längst hält? Was nützen noch wirklich so rührende Überlegungen wie die, ob eine nicht mehr fleischschlacht- und -freßlustige Menschheit nicht auch in ihrer Schlacht- und Freßlustigkeit gegenüber dem eigenen Fleisch und Blut abnähme, – wie die, ob der Quälsüchtige durch bloßen Entzug seines Objekts von seiner Qualsucht zu befreien sei, – wie die, ob nicht das Heil der Gesellschaftsgesundheit selbst in der, bekannt unsicheren, Gotteshand immer noch besser aufgehoben wäre als in der ihrer sadistischen Heiler? Die Metaphern des Wirklichen, wie immer auch anonym oder pseudonym sie auftreten, stehen wie Synonyme in Reih und Glied, und ihrer aller Grund-Bedeutung ist die der Zweiten Triebart. Sie bilden ein Schauerfeld von Symptomen für die immer nur gleiche Krankheit, die in aller Grabesstille ihre Fortschritte macht, und erläutern sich untereinander: – selbst die Tierversuche sind zuletzt nur eines dafür – wie eins für den Zustand der Medizin, der eins für den Zustand der Wirtschaft, der eins für den Zustand der Welt ist, des Menschen, der Alles mordenden Willens-Mechanik; dies steht nicht zu ändern. Was aber wäre dann zu ändern? Was wäre nichtnichtig vor dieser Gravitation? Die Moral, die so viel Welt und Menschen und Allesmorden gegen sich hat, hat auch in sich selber nicht weniger gegen sich: viele gar nicht dumpfe Ahnungen, viel niederdrückendes Besseres Wissen; sie weiß über das Wirkliche viel mehr als jene, die es nur sind. Sie hat sich selbst zu übertreffen, um bei ihrem Trotzdem bleiben zu können –: – nun, aber sie bleibt's. Viel mehr läßt sich nicht sagen – nur: sie bleibt's. Sie setzt auf die Endlichkeit des Einzelnen im unendlichen Ganzen und bleibt bei ihrer Gegnerschaft gegen jenes in diesem; sie bleibt bei ihrer Feindschaft gegen dieses in denen, die sie unablässig jovial auffordern, ihr Realitätenkabinett doch gefälligst *realistisch* zu sehen, und damit meinen, daß man sich mit ihnen abfinden müsse, weil sie ja nun einmal so, wie sie sind, realiter da seien; sie leistet sich, notfalls wider ihr vieles Besseres Wissen, den Notfall-Realismus, einen Unterschied zu machen zwischen dem Raubmenschen und seiner alles raubenden Überrealität –: ihm zu widerstehen sei dem Humanum erst erlassen, wenn es selber jener zum Raub gefallen ist. Man kann die horrende Kausalität des Nichtswerdens nicht aufreißen, unterbrechen gar; aber man kann ihr schwierig machen, was sie allzu einfach hat; ist sie in Ewigkeit, so soll sie, trotzdem, hier und jetzt nicht sein. Was irgendwann mit Sicherheit kommt, soll nach aller Möglichkeit doch hier und jetzt nicht kommen –: das Leben selber, jenes durchaus »höhere«, das die Moral vertritt, ist nie mehr als dieser ungewisse Aufschub des gewissen Tods. Wird er verdrängt aber, als die bleibende perspektivische Totale, so ist dieser Aufschub verspielt und er selbst ganz nahe –: eine Gesellschaft, die ihn, so verdrängend, nur desto mehr verhängt, je hektischer sie »am Leben« bleiben will, wird am wirklichen Leben nicht bleiben. Das Quälen der Tiere als Symptom, als Synonym und Metapher, entsetzlich stellvertretend (unersetzlich?): es wird seinen *Zweck* nicht erreichen. Der Zusammenhang schließt jede Art Finsternis mit ein –: Wo eine Qual akkumuliert wird, daß davor sogar der Strahlentod als Erlöser erscheint, liegt, auch ohne daß man in esoterischen Weltordnungen nachsehen muß, die Frage nahe, ob er vielleicht deshalb auf Erden zu erscheinen beginnt; Menschen, Parteien gar, die sich auf einen Weltordner berufen, verwundern jedenfalls durch die Zuversicht, mit der sie eine bevorstehende, endgültig bereinigende Welterlösung für ausgeschlossen halten. Das Tierproblem, die Greuel- und Grauensperspektive ohnegleichen, das stärkste Verbrechen, vernunftswidrig, lebenswidrig: ist ein Menschenproblem. *Seine* Endlast tragen die Mitgeschöpfe, die am Menschen so furchtbar zu leiden haben, weil er selber an sich zu leiden immer mehr verlernt, und *seinem* endlichen Leben springt die Moral helfend bei, die ihnen zu Hilfe kommt. Sie wird jene ihr gesellschaftlich verliehene Lächerlichkeit mit allen Kräften nutzen: als Ausweis ihres doppelten Rechts, gegen die Menschennatur zu sein und deren bestimmtes Schicksal, und als das Trotzdem des Lebens selbst –: konnte es sein, daß sie, die erst »dann« kommt, zuletzt, nach dem totalen Fraß, am Ende dann doch zuletzt auch *lacht*? Gegen den Tod ist vieles erlaubt – und ihr, die als einzige diagnostische Instanz den Not-Fall sieht, alles –: wäre erlaubt ihr, Notfall-Realismus, Ironie gegen das Schicksal ein letztesmal, an dieser ganzen Krankheit Quälerei, Sadismus, Inhumanmedizin sogar eine Symptomkur zu versuchen?

Die Aussichten sind gering, in jeder Hinsicht. Aber die Sozietät, durch Komplizenschaft mitschuldig und durch Leichtsinn, verdient als Buße ganz direkt das Risiko eines Großexperiments und Menschenversuchs: ob ihre Gesundheit in zehn Jahren eines Totalverbots aller Tierversuche und ergo der Nicht-Zulassung aller durch sie legitimierten Medikamente nachlassen, ob die Zahl der Erkrankungen, der Sterbefälle steigen wird. Eine große statistische Kommission, die dies untersuchte, wäre überhaupt die einzige Kostenerhöhung, die das Gesundheitswesen noch akzeptieren sollte (um vielleicht anschließend Milliarden sparen zu können): – utopisch? Die daran verdienen, werden es zu verhindern suchen, und die Aussichten gegen sie sind immer gering. Auch die gegen ihre unersetzlichen Stellvertreter, die von Staats und von Rechts wegen –: grad eben ist von der höchsten Gerichtsebene der Qualcharakter der Legebatterien verneint worden; 95 Prozent aller Verfahren gegen Flora- und Fauna-Sadisten werden eingestellt; die Gesetze erweisen sich als untauglich, und die Parteienbande, die das legislative Leistungspaket umschnüren, sind mit den Galgenstricken des Golems derart verfilzt und verknotet, daß niemand sie aufknüpfen kann, um es freizubekommen. Der Große Fraß geht weiter –: ein Gesetz gegen die Fresser, mit wenigstens einem Teil der Verve formuliert, die sonst bei Radikalenerlassen zum Zuge kommt, wird es vorerst nicht geben; daß die Geschichte Politikern auch das anlasten wird, was unter ihrer Ägide nicht-geschehen ist, schreckt keinen von ihnen, und die Vermutung, daß nach ihnen ohnehin die Sintflut komme, hat sich bei manchen ersichtlich schon zur beruhigenden Gewißheit verdichtet. Mißt sich die sittliche Kraft der Staatsarbeit an der Entschiedenheit, mit der sie die destruktiven Kräfte des gesellschaftlichen Ganzen in Schach zu halten und für die Zwecke des Ganzen zu instrumentalisieren vermag, so wird die der Golem-Epoche schwerlich ein befriedigendes Angedenken in der Historie hinterlassen. Der Golem, der der Feind bleibt, der Ghostwriter aller Metaphern vom ewigen Tod –: geringe Aussichten vollends gegen ihn. Die Erwägung des Schweizer Bundespräsidenten, etwa die Produktion gewisser Chemikalien ganz zu verbieten, würde sich ja verwirklichen lassen – in der Schweiz, und sicher dürfte das Schauspiel, daß man das Monstrum würgen kann, eine gewisse Überraschungswirkung auch ins Nachbarland schicken: – man kann es ja; man könnte es sogar bis zur Erstickungsgrenze; die Dynamik der Habgier, des Eigennutz-vor-Gemeinnutz, ist in der von ihr besessenen Menschensorte so durchschlagend gewaltig, daß sie sich, durch hochnotpeinliche Gesetze, bis aufs Blut einschränken läßt, und ihre kreative Kraft würde der Gesellschaft doch nicht verloren gehen. Aber ein derartiger Versuch, das uns alle in Grund und Boden wirtschaftende Pack aus seiner absoluten Suprematie zu reißen und ihm eine erste Angst einzujagen (und wir wollen uns doch einig sein, daß diese unterste Art von Kanaille, die uns den Planeten kahlfrißt und die Mitgeschöpflichkeit bei den Tieren nur so wenig spürt wie bei ihresgleichen sowieso, allein durch Angst zu halbwegs erträglichem Benehmen angehalten werden kann, durch Argumente nicht, durch keinen Appell, durch überhaupt nichts sonst) – ein derartiger Versuch wäre erst der allerbescheidenste Anfang, und der andere, die allesfressende *Wirtschaft* selber als System in die Subalternität zurückzuzwingen, aus der sie emporgekommen ist, wäre damit kaum erst eingeleitet. Zumal da die dazu nötige Alle Gewalt, die vom Volk ausgeht, der schon genannte alles übergreifende Gesetzesaufwand, den die Welt noch nicht gesehen hat, von diesem Volk ersichtlich noch lange nicht ausgehen, von dieser Welt noch lange nicht gesehen werden kann. Der Fraß geht weiterhin weiter, und jeder Jedermann frißt auf seine kleine miese Art mit, bis er selber auf die große gefressen wird und das Ganze auf die letzte ganze –: »Die Läuse, die auf einem Menschenkopfe sitzen, meinen gewiß, daß dieser bloß erschaffen sei, um sie zu nähren«, nochmals Grabbe (und »die Welten? Vielleicht nur größere Läuse als wie wir«.) Geringe Aussichten –: Diese Jedermann-Gesellschaft, deren Gedächtniskraft nicht einmal von einem Großskandal bis zur nächsten Wahl durchhält, diese nach dem Ausdruck der liebenswürdigen Theologin Ranke-Heinemann »verschlafenste Nation«, die sich für ein »aufgeregtes Volk« hält und zum Beweis nicht viel mehr veranstaltet als disziplinierte Diskussionen mit ausgesuchten Lebemännern und Herrenreitern etwelcher Wissenschaften (ZDF 26.6.86) –: wer von all dem in ihr Ersichtlichen, ecco, nicht um den Nachtschlaf gebracht wird, der hat einen krankhaften Schlaf, zumal am hellichten Tage, und die gelegentlich herumgesprochene Nachricht, daß es bereits fünf vor zwölf sei, drückt eine wahrlich sehr matte Wahrnehmung aus in einem Land, in dem es schon länger unentwegt dreizehn schlägt. Es liest nicht, dieses Land, es hört sehr schlecht und sieht noch weniger; seine Einsichtsperspektive ist so bescheiden wie sein sittlicher Status. So wenig wie man Deutschland jenes aufbrüllende Unrechtsbewußtsein abverlangen konnte, das der Unterrichtung über deutsche Verbrechen hätte folgen müssen, so wenig ist heute darauf zu rechnen, daß die Information über die Nachfolgeverbrechen gesittete Reaktionen bringt –: nichts ist ja neu daran, alles gesagt und beschrieben; Stöße von Bildern und Büchern; Stapel von Schrift. Deutsche Leser langweilen sich bereits; deutsche Lektoren sehen den Trend vorbei; deutsche Verleger geben den Rest zum Ramsch –: deutsche Leser, Lektoren, Verleger – das sind Jene, die hinterher grundsätzlich nichts gewußt haben. Man kann, als Deutscher, schreibend, angesichts der, auch schon gesagt, riesigen Komplizenschaft des Nichtwissens und Nichtwissenwollens, deren Fortbestehen die Grundlagengeltung der Ethik selbst infrage stellt, so kurz vor Schluß kaum noch mehr tun, um diesem Jahrhundert den Ruf eines Höhepunkts der Barbarei zu nehmen, – als fortzuschreiben, weiter dasselbe zu sagen? Die Gesellschaft ist chronisch krank, daran besteht kein Zweifel; sie frißt den Tod in sich hinein und wundert sich allenfalls, wenn er sich dann in ihr ausbreitet; sie reicht das todsichere Verfahren an ihre Kinder weiter, die schon die geborenen Opfer sind, und erhöht ihr durchschnittliches Lebendgewicht mit einer Erpichtheit, als könnte sie ihre Schlachtreife gar nicht abwarten –: nichts neu; Fortbestehen; Schatten der universellen Finsternis. Das Trotzdem, das »Leben«, die Moral, auch die von der Geschichte, bleibt weiter im Wartestand –: auf was wartet sie noch?

Aussichten, gering. Der Raubmensch, auch diesseits seiner Überrealität, hat viele Gesichter; sie durchgrinsen die Natur, entstellen ihr Antlitz; Feindschaft. In extremen Zeiten verrohen die Menschen, und die Tiere werden Platzhalter der humanen Eigenschaften; es gab sie immer, jene, in denen man der Menschheit als ihr Bestes die Vertierung wünschen mußte. Schopenhauer fand »die Gesellschaft der Zweifüßer entbehrlich« – bei Unentbehrlichkeit seines Hundes: »Wenn es keinen gäbe, möchte ich nicht leben.« So weit muß nicht gegangen werden, noch nicht, vielleicht. Aber wer das Weiße im Auge der Menschheit gesehen und daneben in das eines Hundes geblickt hat, der weiß: die Menschlichkeit ist schon lange nicht mehr an dem Platz, an den sie gehört. Sie ist verrückt worden, wird weiter verrückt –: wohin?

Aussicht: ins Nichts. Eine Menschheit, die sich zur Leistung gegen sich selbst außerstande erklärt, zur utopisch tätigen Hoffnung gegen den Tod, wartet mit Recht auf die Wasserstoffbombe.

Aus den Jahrbüchern der Hölle

Randbemerkungen auf dem Weg zu einer Konsequenz

Die Moral des Christenthums hat wahrlich eine große und wesentliche Unvollkommenheit darin, daß sie ihre Vorschriften auf den Menschen beschränkt und die gesammte Thierwelt rechtlos läßt ... Man sehe die himmelschreiende Ruchlosigkeit, mit welcher unser christlicher Pöbel gegen die Thiere verfährt, sie völlig zwecklos und lachend tödtet, oder verstümmelt, oder martert ... Man möchte wahrlich sagen: die Menschen sind die Teufel der Erde, und die Thiere die geplagten Seelen. Das sind die Folgen jener Installations-Scene im Garten des Paradieses.

SCHOPENHAUER

Es ist alles schon dagewesen, alles gesagt und geschrieben, das ganze Pro, das ganze Kontra, denn die Geschichte der Vernunft ist so alt wie die der bohnenstrohernen Holz- und Hohl- und Flach- und Schwachköpfigkeit, die auf Erden das Sagen hat –: gegen die hat sie zu allen Zeiten anzureden versucht, und ihr Reden füllt mittlerweile ganze Bibliotheken. Daß sie fortschreite, ist eine Hoffnung, zu der nur wenige Erscheinungen in der Tatsachen-Welt berechtigen; ob sie es jemals schaffen wird, jene andere aus den kreischenden Angeln zu heben, steht durchaus sehr dahin. Sie dreht sich um sich selbst, und jeder Kindskopf, der neu auf die Erde kommt, muß ab-ovo-nullo-utero selbst das dort Selbstverständliche erst frisch erlernen – und ist in seiner Lernwilligkeit dabei von durchaus unterschiedlicher Frische. Tatsächlich, man möchte ungeduldig werden –: muß man denn alles siebenmal sagen? Manches sieben-mal-siebzigmal, und es hat immer noch kein Absehen. Ja, man wünscht sich manchmal im Zorn, man könnte, nachdem die Gesetzgeber unter dem Andrang der besten Argumente nur wie die Schnecken vom Fleck kommen, die sie sich nach getaner Pfuscherarbeit gesotten vorsetzen lassen, schließlich einfach »die Macht ergreifen«, um den Greueln ein Ende zu machen, – und erinnert sich gerade noch rechtzeitig daran, daß auch ergriffene Macht auf Erden noch nie zum Ende von Greueln geführt hat und daß man mit solchen

Antrieben im Handumdrehen selbst auf der finsteren Seite steht, der man das Ende wünscht...

Noch einmal gesagt denn: Die Tiervernichtung durch Fleischernährung, die so arg- und sorglos herangewachsene, inzwischen beängstigend aufgedunsene Gewohnheit, hat viele Mächte auf ihrer Seite, und gegen die alleruntersten, archaischen ist immer noch am schwersten aufzukommen. Sie bleiben der felsenfeste Prellbock für alle Argumente, und die Vernunftsbibliotheken werden weiter an ihnen zerschellen. Gewohnheitsbildung ist ja ein Naturgesetz selbst, und was in biologischen Zeiträumen zusammengekommen ist, überwältigt immer noch mühelos die synthetischen Gegen-Gewohnheiten, die wir in bloß geschichtlichen Zeiten zusammengebracht haben und »Ethik« nennen und »Ästhetik« – Kultur zuletzt, mit allen ihren Etcetera wie der schön umfassenden »Gerechtigkeit«, dem Gegenkonzept zum natürlichen Gleichgewicht der Dinge; selbst daß der primitivste Nutzen mit in die Wagschale kommt, bringt sie nicht entscheidend zum Sinken. Denn »der Mensch« ist, nach Freuds umfassender Feststellung, »ein Wesen von schwacher Intelligenz, das von seinen Triebwünschen beherrscht wird«, und dabei wird es noch eine geraume biologische Weile lang bleiben. Die Lage unserer Entwicklungsstufe kann, entgegen allem Enthusiasmus der Schöpfungskrone, gar nicht trostlos genug gesehen werden: Wir sind alle noch keine Spur von immun gegen die finsteren Befehle des Stammhirns, das uns das bißchen Evolution, das wir hinter uns gebracht haben, immer noch bewahrt hat: wir können von der Selbst-Behauptung gegen den Anderen und das Andere nicht lassen; wir betreiben ungebremst die Ich-

Erweiterung als Wir-Reduktion und nennen kulturell geschliffen nur »Konkurrenz«, was in der Sache Raubrittertum und Wegelagerei geblieben ist, Einbruch und Überfall, gegenseitige Verwüstung, der Krieg aller gegen alle. Imgrunde sind in fünftausend Jahren Geschichte nur ein paar notdürftige Benehmensregeln dazugekommen, keine sehr imponierende Leistung; vom »Frieden auf Erden« kann keine Rede sein. Vom Frieden in der Natur, unserm unmittelbaren Wir, eher weniger als je: wir fressen uns in ihn und sie hinein, um unserm bißchen Arten-Ich ihre sämtlichen Energien einzuverleiben, und wie dieser Vorgang ausgehen wird, ist mittlerweile auch schon abzusehen: letal vermutlich, für den Aggressor und Fresser. Auch dies ist alles sieben-mal-siebzigmal bereits gesagt –: ist es überhaupt abänderlich – kann bloßes wiederholendes Reden darauf hoffen, jenen fürchterlich großen Zusammenhang selbst zur Korrektur zu bringen, den einzigen, mit dem der Mensch wirklich seinen Frieden gemacht hat, nämlich den seiner abgründig eigenen, primordialen Naturanlage?

Ja, und warum sollte man denn auch korrigieren, schallt es entwaffnend da wieder ab ovo zurück, sieben-mal-siebzigmal, nachdem sich das Kettenkarussell, eppoi, doch reibungslos dreht? Sicher, das tut es – und wird es weiterhin tun; nur daß es das auch tun wird, wenn wir selber dabei allesamt aus seinen Sitzen fliegen, zu unserer spätestens dann fälligen Überraschung. Ganz sicher: die drehende Evolution vollzieht sich mit uns, aber nicht für uns; wir sind die Quanten ihrer Energie, nicht ihr Ziel und Ende. Aber irgendwann einmal haben wir etwas gelernt und erworben, nämlich jenes folgenreiche Unterscheidungsvermögen zwischen Gut und Böse und Richtig und Falsch, mit dem wir uns aus dem Paradies katapultiert haben, und seither gibt es keine Un-Schuld mehr auf Erden: seither ist, wer sich nicht bewegt, sondern nur bewegen läßt, aus der Definition »Mensch« herausgefallen; seither sind wir eine Variable im Vektorentanz der großen Rotation, die gegen uns aus uns besteht, und seither sind wir nicht allein ihr, sondern Uns zu Willen, wenn wir gegen uns sind. Seither ist Selbst-Veränderung möglich und gleichbedeutend mit »Leben«: eingreifender Widerstand gegen den blinden Dauer-Lauf der Welt, Eingriff ins Große Ganze durch den in das Kleinste. Sicher, nochmals, die Wirkung ist nicht immer glücklich, für die Evolution selbst nicht und nicht für uns, auf deren Glück sie es nicht abgesehen hat. Denn der einstige Zugriff zum Baum der Erkenntnis war nicht sehr beherzt, und auch jede Art Irrtum hat große Chancen; wir nehmen, als aktive Faktoren der ontologischen Kausalitätsgesetze auch teil an jenem Gesetz, das alle Möglichkeit riskant mit der Kraft zur Selbstverwirklichung ausgestattet hat. Die Unschuld der Gewohnheit aber ist endgültig dahin: unser »Programm« duldet kein Verharren mehr, und der uns geschichtlich zugewachsene binäre Code moral verlangt bei jedem noch so kleinen Fort-Schritt seine Ja-Nein-Antworten. Warum Veränderung und Korrektur? Wir haben gar keine Wahl mehr, wo die Vernunft solche Fortschritte tut und den nachhinkend Noch-nicht-Denkenden anzeigt: wo Einsicht entsteht und, vereinzelt erst, dann um sich greifend kollektiv, sich einbekennt; ihr Metanoeite mahnt, auch wenn es oft wie bloß gepredigt klingt, gleichsam »mechanisch« nur eine Konsequenz an. Und damit ist die ethische Antwort keine bloße Option mehr, sondern eine Notwendigkeit.

Also wäre weiter Einsicht zu bekennen, um jene notwendige Konsequenz zu herbeizuwirken? Auch dies denn, noch einmal, siebenmal-siebzig-und-einmal mehr. Die Menschheitsgeschichte ist ein »Auszug aus den Jahrbüchern der Hölle«, wie Voltaire sagte; kein Zweifel; Optimisten sind nur Wenigwisser. Aber eins ist einem – nein, das muß ich nun doch, Bekenntnis, ganz persönlich sagen, obwohl auch da nur Wiederholer einer endlos alten Rede – eins ist mir nach über einem Halbjahrhundert Betrachtung dieser Jahrbücher unumstößlich klar geworden: Von allen Greueln der sich behauptenden, expandierenden, um sich fressenden Raubtier-Spezies Mensch ist keiner größer, entsetzender, zuletzt folgenreicher für die Symbiose, für das gesamte »Zusammen-Leben« auf dem Planeten als der gegenüber den Mit-Arten; von allen Tat-Sorten ist keine furchtbarer als das, was den Tieren angetan wird. Ganz gleich und dahingestellt, ob das greuelhafte Täter-Wesen im Recht ist, wenn es sich abgrenzt gegen sie, wenn es Bewußtseins- und Vernunftsbesitz für sich allein in Anspruch nimmt und sich mit dem Vorzug selbsterworbener Ethiken drapiert, – gerade mit solcher Selbstabhebung wüchse seine Verantwortlichkeit, wächst seine Schuldfähigkeit, vergrößert sich nur das Verbrecherische seiner Tat. Denn bloße Macht hat, ethische Antwort, Rechte nur bei Gleichstärke des Sich-Messenden; gegenüber dem Schwächeren hat sie Pflichten. Und das ist nun seit Anbeginn, sieben-mal-siebzigmal, empfunden und erkannt worden, solange nur Menschen »sich« empfunden und erkannt haben, und wer Autoritäten braucht, wo hier nur wiederholt wird, der findet sie in jeder wünschbaren Fülle: Gläubige mögen beim Heiligen Augustin anfangen und bis zu Teilhard vordringen, Agnostiker bei Pythagoras oder Leonardo und bis zu Adorno gelangen. »Verbrechen« haben sie es alle genannt: keinem Greuel ist die Vernunft ferner, keinem auch das denkende Bewußtsein, keinem schließlich die unablässig ausgeschriene »Humanität«, die sich, so fernab stehend von der entstandenen Einsicht, bloß noch zynisch ausnimmt, fast schon wie Faschingskostüm und Mummenschanz gegenüber diesem Mega-Massaker. Sie ist selber gefährdet durch ihr Fernstehen, durch ihr dumpfes Verharren in der Inkonsequenz; sie droht ihren Inhalt zu verlieren, wo sie sich mit diesem Verbrechen verträgt. Aber das sei eben nicht einzusehen, das – nein, persönlich: das sehen Sie, Leser, nun nicht ein, das müßte Ihnen »bewiesen« werden?

Noch einmal denn auch dies, mit Ungeduld: Die statistischen Zahlen des Massenmords und der Lebensmarterung, die den Hintergrund der Fleischernährung bilden, sind derart horribel, daß man nicht einmal über eine auch nur durchschnittliche Empfindungsfähigkeit verfügen muß, um davor das Bewußtsein zu verlieren –: machen Sie die Probe auf Ihr Exempel und rechnen Sie den eigenen Verzehr auf die Stadt hoch, in der Sie leben, auf das Land, auf schließlich den ganzen Globus mit seinen expandierenden Milliarden Ihresgleichen: – wie fühlen Sie sich? Die Einzelheiten geben den Rest, wenn es denn seiner bedürfte: die Zustände in Zuchtfarmen, Mastanstalten, Legebatterien – und auf den Schlachthöfen, den Hochburgen der Endlösungs-Industrie. Man kann sich das alles vor Augen bringen, jedenfalls vor die inneren; die äußere Anschauung liegt freilich nicht auf der Straße: ja, sollte man's als Tateinsicht werten, daß uns die Anblicke von den Tätern immer sorgsamer aus dem Weg geräumt worden sind, je mehr Taten wir in Auftrag gaben? Derart versteckt wird eigentlich nur die Leiche im Keller. In meiner Kindheit waren die Tierleichen noch mit einer gewissen Unschuld in den Schlachterläden aufgehängt, in erkennbarer Lebensgestalt: die vergleichsweise kleinen Quantitäten wurden vor aller Augen heruntergeschnitten, und ich entsinne mich durchaus meines kindlichen Grauens jedesmal und auch – sehr tiefer Zusammenhang – des Gefühls der Selbstgefährdung, das von dem Vorgang beängstigend ausging; heute sind die Großmassen, die wir dort verlangen, vorher von aller Lebensähnlichkeit befreit worden und kommen uns in einer Verpacktheit auf den Ladentisch und in die Taschen, der man von ihrer haarsträubenden Vorgeschichte nichts mehr ansehen muß. So wenig wie den sehr vielen Leuten, die bis zu diesem Punkt für unser Wohl gesorgt haben: sauberen Mit-Menschen, deren Hände unsichtbar von Blut triefen, weil sie den ganzen Tag nichts anderes getan haben als Bolzen in Gehirne zu schießen, Lebendiges ausbluten zu lassen und Leiber mit Messern und Beilen in kleine Stücke zu hacken –: Haben Sie schon einmal darüber nachgedacht, daß Sie selber einer ihrer Arbeitgeber sind? Die Täter sind unter uns, wie immer so auch hier und jetzt, sehr richtig, und ihre Nachbarn sind wir allemal; sie sitzen dauernd irgendwo neben uns, sitzen vielleicht irgendwann einmal, unter schlechteren politischen Umständen, über uns –: wie fühlen Sie sich? Was diese Leute neben und über uns hinter ihren verschlossenen Türen täglich tun, könnten nur wenige von uns mit ansehen, ohne in Ohnmacht zu fallen; aber Taten sind durch Türverschluß nicht aus der Welt, oder? Warum bleibt jene notwendige ethische Antwort aus, die der Einsicht, ja schon dem bloßen Einblick zu folgen hätte? Gelegentlich spähen die Objektive der Berichterstattung ja direkt durchs Schlüsselloch und zeigen uns, was wir wissen müßten; aber das geschieht in Medien, denen der Horror längst ein bloßes Spielzeug geworden ist und die uns diesen realen durch ihren sonst fiktiven längst entwertet haben; sie bewirken höchstens das gelegentliche Wegsehen, an das man sich auch sonst bei ihren Produktionen gewöhnt hat. Die Ästhetik fühlt sich durchaus beleidigt, aber ja, wir sind ja keine Barbaren; sie findet dergleichen degoutant und hilft sich gewohnheitsmäßig wie eh und je aus der Affäre: indem sie *sich* abwendet – statt der Greuel. Denn diesen Ausweg hat die ästhetische Empfindsamkeit ja immer, und in ihm macht das Ich von der raren Gelegenheit Gebrauch, sich einmal abzugrenzen gegen das Kollektiv, dessen Lebensformen und -normen es sich sonst so willig als Doublette anschließt. Hat ihn etwa auch, und vollends, die ethische?

Es steht nicht gut um sie und ihre Kräfte. Sicher, wir nehmen herzlich gern für uns in Anspruch, mitleidsfähig zu sein, und möchten diese Qualität in unserm Signalement um keinen Preis missen; selbst der Massenmörder legt Wert auf eine seelenvolle Miene und streichelt seinen Schäferhund. Aber wir fügen uns auch willig und erleichtert den Grenzen, die diesem Schönen Gefühl gesetzt sind: es ist flüchtig; es ist ein Sonntags-Gefühl, das sich abwenden kann, wenn der graue Alltag beginnt, – zu durchaus unserem

Schutz und Nutzen: wer die erbarmungswürdige Totale dauernd spürte, müßte ja auf der Stelle vom Schlag getroffen werden. Ist es nicht nur menschlich? Das Ganze heißt denn auch – als Selbstbeschreibung der Konstitution, die Ja-Nein zu sagen gelernt hat und sich doch zumeist durchs Niemandsland des Jein dazwischen beiseite drückt – »Menschenwürde«, im aufgeklärten Selbstverständnis lauthals seit Kant, heute spitzenbegrifflich sogar in unserem Grundgesetz: sie ist in aller Munde; aber wenn man sich klarmacht, daß nichts in der Öffentlichen Rede so vollmaulig beteuert wird wie das, was gerade in den Ruin abgeht, muß man wünschen, es möchte viel weniger davon die Rede gehen. Erst jüngst hat Hartmut von Hentig, der beachtliche Pädagoge, auf sie wieder als das eigentliche Über-Motiv hingewiesen, das zur Abschaffung der Tiere-Vernichtung anhalten müßte und dem alle anderen, nur pragmatischen Motivationen untergeordnet seien –: wie gern würde man ihm folgen! Aber ist diese Würde schon eine heikle Sache selbst, so handgreiflich der Zustand, in dem sie heute angelangt ist: ihr Ruin springt uns nicht nur aus dem politischen Teil der Zeitungen täglich entgegen; er durchsetzt längst die Alltagsgewohnheiten des Jedermann, der sich mit ihr auszeichnet: auf schlechterdings allen Gebieten wird längst getan, was unser so mühsam erreichter Kulturstatus eigentlich als Tat nicht mehr zulassen dürfte, und die Verpöbelung unseres Gemeinschaftslebens wächst nur noch mit der Selbstdarstellung, zu der ihr die Medien immer beflissener verhelfen. Vollends das Christentum, dem die Tiere freilich zu Recht immer mißtraut haben, nimmt in demselben Maße ab, in dem diese allerchristlichste Nation sich vollfrißt, und eines

Tages wird sie sich unter dem Jüngsten Gericht nur noch eine besonders modische Mahlzeit vorstellen, mit der man voll im Trend liegt. Es steht schlecht um die Würde dieses Würde-Begriffs –: gerade wo man sich auf ihn verläßt, sich behaglich in ihm als Gegen-Gewohnheit einrichtet, erschließt sich die unheilvolle Möglichkeit des Sich-Abwendens immer neu, die seinen verborgenen Kern bildet. Denn hier behält, selbst unter besseren Umständen, Adornos Idealismus-Kritik recht: »Die ethische Würde ist eine Differenzbestimmung. Sie richtet sich gegen die Tiere. Sie nimmt tendenziell den Menschen von der Schöpfung aus, und damit droht ihre Humanität unablässig in Inhumanität umzuschlagen ... Die Tiere spielen fürs idealistische System virtuell die gleiche Rolle wie die Juden fürs faschistische ... Die Möglichkeit der Rettung der Tiere unbedingt und um jeden Preis zu leugnen ist die unabdingbare Schranke ihrer Metaphysik ...«

Man muß sehr ins Grundsätzliche gehen, um zu erkennen, warum die alte Gewohnheit so schwer abzuwerfen ist, warum auch der bloße Enthusiasmus, noch einmal Vernunft und Humanität zu predigen, gar nichts hilft. Was kann man noch sagen, könnte man noch tun, was nicht schon erfolglos gesagt und getan worden wäre? Wir laufen auf einem Weg und bedenken Strategien, an ein als notwendig erkanntes Ziel zu kommen; wir spähen in lauter Sackgassen. Welcher Weg wäre denn zu empfehlen? Ich bin gefragt worden; ich weiß die zwingende Antwort nicht. Die große Insuffizienz ist ja menschlich selbst: ich will mich gar nicht ausgrenzen und überheben, wenn ich sage, daß mir der Zureichende Grund »die Ethik« bleibt (zu der

»die Ästhetik« gehört) – und die schwache Ahnung, die ich von ihrer Funktion in der übermenschlichen Ontologie gewonnen habe. Auch hier hat der »Schwächere« Anspruch auf behutsame Umsorgung: es ist leicht, Sonntags-Ethiker zu sein; es ist schwer, das Prinzip Ethik auf alle seine Alltage auszudehnen und seinen Ja-Nein-Forderungen dort auf Allezeit zu willfahren. Niemand hat ein Recht, mit Fingern auf den zu zeigen, der dem großartigen »Du sollst« immer wieder mit einem kleinmütigen »Ich kann nicht« antworten muß. Ich rede nicht von und zu den Leuten, deren Blick auf die Welt überhaupt nur von der Frage beherrscht wird, was sich davon fressen läßt; ich rede von jenen, die sehen und doch nicht glauben können –: wie wären sie – nein, persönlich noch einmal: wie wären Sie zu überzeugen?

Es ist alles gesagt, und ich habe nichts Neues zu sagen. Was ich vorschlage, kommt mir selber sogar kläglich vor angesichts jenes Über-Motivs, dem wahrhaftig alle anderen Motivationen untergeordnet bleiben, und ich finde es beschämend, als bloßer Pragmatiker dastehen zu müssen. Aber es geht um Strategie, um eine Vernunftslist, die Wirklichkeits-Chancen hat, und sie mag am Ende auch dieses Mittel mit der Kraft ihres Zwecks anheben: den Appell nämlich an jenen Ausschnitt der Vernunft, der sich, tief unten in den archaischen Gewohnheiten, mit dem leidlich zuverlässigen Instinkt der Selbsterhaltung verbünden könnte, mit dem Ego-Zentrum selbst, das allein die Fundamente umbauen kann. Und da wäre denn aus dem Längst-Gesagten diese Frage zu wiederholen: Legen Sie Wert darauf, lange gesund zu bleiben und länger zu leben? Die Antwort auf Ihre Antwort lautet, und mit aller Entschiedenheit, die längst in den Literaturen steht: Sie werden es, sein und tun, wenn Sie die Fleischernährung beenden: Sie werden, wenn Sie es rechtzeitig tun, keinen Krebs bekommen, keine Gefäßkrankheiten, keine Organ-Insuffizienzen, keine Stoffwechselstörungen und Gewebeverschlackungen – ja, nicht einmal jene Allgemeine Lebens-Müdigkeit, die nicht aus addierten Jahren kommt, sondern aus addierter Fehlernährung. Ich sage es, kurzum, ganz rund heraus, was meine Selbst- und Lebensbeobachtung mich gelehrt hat (und ein bißchen Studium in der Bibliothek der Vernunft) –: »Krankheit« ist kein Schicksal, was immer uns die Genetiker (die von nichts als ihrem wahnhaften Selbstgefühl ermächtigt worden sind, ihre windigen Hypothesen als Tatsachenbehauptungen vorzutragen) so alles erzählen; wer sich »richtig«, leibgemäß ernährt, im Rhythmus seines Stoffwechsels, wird nicht lebensgefährlich »krank«, bevor seine Zellteilungs-Uhr abgelaufen ist (wobei freilich das »ernährt« über den Tellerrand hinaus vieles als Quelle mit umschließt, von der Umwelt als Biotop bis zur Umwelt als Gesellschaft). Die Fleischernährung ist der Fehler überhaupt, die buchstäblich Fleisch gewordene Unvernunft, das Getötete die Quelle des Todes. Ich rede gar nicht von dem, was die Industrie mit unserer Nahrung alles anstellt; das ist ein Skandalkapitel für sich, mit schon endlos vorliegender Extra-Literatur; es wäre auch vergleichsweise simpel zu ändern. Ich rede auch nicht von der dem Egozentrum ebenfalls günstig naheliegenden »ökonomischen« Frage, was es an – gesünderer – Vegetationsnahrung kostet, um jene Tiere heranzuziehen, die dann Fleischnahrung werden: das Siebenfache etwa … wieso hungert ein Drittel der Welt? Ich bin's zutiefst überdrüssig, noch einmal aufzuzählen, was in allen Büchern steht –: kein Unternehmer würde in seinem Betrieb eine Wirtschaft dulden wie diese Idioten-Ökonomie, mit der das Unternehmertum insgesamt den Weltlauf betreibt. Ich rede allein von dem banalen Faktum, daß »der Mensch«, das Wirtstier der »Menschenwürde«, biologisch nichts anderes ist als ein, wie auch kompliziert ausgerüstetes, Ende Darm mit Ein- und Ausgang –: was muten Sie ihm alles zu? Fäulnis, Verwesung, Aas zuletzt, auf das er nicht eingerichtet ist, das durch seine Verweildauer unablässig »Gift« ausbreitet und die Ausscheidungsorgane überlastet, das unablässig auch Energie aufzehrt, statt sie zu erzeugen, und am Ende jene Energie, die »das Leben« ist –: lesen Sie das alles nach, wo es längst steht; Sie können, Gewohnheitsmensch, noch viel lernen. Sie können auch Erfahrungen machen (und dann die »wissenschaftlichen« Beweise überhaupt entbehren) – die etwa, wie Ihnen schon nach wenigen Wochen Gegen-Gewöhnung die eigenen Geschmacks- und Geruchssinne die Wahrheit sagen, nämlich daß Sie Leichenteile vor sich auf dem Teller haben: Sie können den Tod durchaus r i e c h e n – und ihn dann anderswo auch besser wahrnehmen. Und erkundigen Sie sich am besten gar nicht erst mehr bei »der Medizin«, die auch nur in bloßen Gewohnheiten steckt; sie ist dumm, nur fraßgierig selbst, und erfolglos als Resultat; Sie werden sie nicht nötig haben, wenn Sie rechtzeitig anfangen, den »Tod« aus Ihren Gedärmen fernzuhalten. Ich streite mich darüber weder mit ihr selbst noch mit ihren unbelehrbaren Opfern mehr; es steht zur Genüge in Stapeln von Büchern beschrieben und in ganzen Stößen von Argumentationen bewiesen, und wer's denn nicht annehmen will, der lasse es bleiben –

und lebe weiter mit der tod-sicheren Gewißheit, irgendwann, wenn sein malträtierter Organismus nicht mehr mitmacht, als Tatfolge sogar erst spät, als Lebensziel aber zu früh, trotz aller Verachtung für die Pflanzenkost ins Gras zu beißen.

Korrekturen am Kettenkarussell, Vernunftsschritte gegen die Hölle –: sie sind wohl überhaupt nur mit List zu bewerkstelligen. Überlisten wir uns denn – und halten wir uns an das kläglich Machbare. Der Egoismus, »gesund« zu bleiben, lange lebensfähig, ist am Ende, kläglich, vielleicht die einzige verläßliche Instanz, an die zu appellieren wäre; er wird aber vielleicht – in weiter Ferne – auch jene Folgen zeitigen, die den Utopien der Vernunft, die Ethik und Ästhetik, die der wahren Menschenwürde zur Gesetzeskraft verhelfen – bis hin zu jener generellen Schädigungs- und Tötungshemmung, die deren immer noch utopisches Endziel ist: das Zu-sich-selbst-Kommen des Lebens überhaupt. Beginnen wir bei den Tieren; wir beginnen damit bei uns selbst. Der ganze Rest, unendlich, folgt daraus.

Denn es gehet dem Menschen wie dem Vieh...

Fastnachtspredigt zum Skandal

Ich sprach in meinem hertzen von dem wesen der Menschen
darin Gott an zeigt
vnd lessts ansehen als weren sie vnter sie selbs wie das Vihe.
Denn es gehet dem Menschen wie dem Vihe:
Wie dis stirbt
so stirbt das auch
vnd haben alle einerley odem
vnd der Mensch hat nichts mehr denn das Vihe
Denn es ist alles eitel.

DER PREDIGER SALOMO

Wenn es dreizehn schlägt, hat es meist vorher, ziemlich geraume Zeit davor schon, zwölf geschlagen und noch weiter vorher elf, und wer lange genug zurückdenken kann und die richtigen Tentakeln hatte, erinnert sich sogar ans Eins-Zwei-Drei –: wozu der Lärm? Wozu auf einmal ein Lärm, wie er doch eigentlich nur statthaft wäre, wenn die Spitzenreiter der Apokalypse die allerletzten zehn Meter nehmen? Bisher umgab das Thema, während die Uhr vor sich hinschlug, eine fast gesittet wirkende Stille, und zwar seit gut fünfzehn wohlbestückten Nachrichtenjahren; die Geschäfte entwickelten sich weiter wie eh, und imgrunde ist auch gar nichts Neuestes passiert, es *droht* nur etwas zu passieren, wie es das irgendwo habituell ja tut und immer getan hat –: wieso auf Schlag die Große Aufregung? Gehörte sie nicht auch, weil vor allem doch die Engländer betroffen sind, auf die Seite »Auslandsberichte«, mit der man sich geruhsam zurücklehnen kann, wie etwa die Franzosen es tun –: *Pourquoi tout ce vacarme?* Die Frage, eine des Mephistopheles, hat es wirklich teuflisch in sich, und wer ein paar Jahrzehnte Leben in diesem Land hinter sich gebracht hat, mag »in der Tat« – abgesehen davon, daß er sich diese Aufregung schon öfter gewünscht hätte – aus dem Staunen nicht herauskommen: Ein Konsens im Aufgeregtsein, großdeutsch wie lange nichts, von der Etsch bis an den Belt reichend, und Tschernobyl wie Aids und Ebola derart mühelos hinter sich lassend, als seien das Sachen, wirklich so bagatellarisch, wie sie unterdessen im öffentlichen Bewußtsein herumliegen. Sogar das wohlerfahrene Mediengesetz, nach dem auch der bloß gerochene Braten höchstens ein paar Tage auf Seite Eins ausgekocht werden kann, dann auf die Seite drei der Speisekarte als Restegericht abzuschieben ist und schließlich, spätestens nach einer Woche, ganz nach hinten auf den Abfall gehört, ist an diesem Konsens gescheitert –: Monate schon brodelt das Thema mit dem Namen BSE, dessen Ingredienzien man nicht einmal mehr weiß, auch am häuslichen Herd auf sämtlichen Feuerstellen und blockiert sie für die vielen Skandale, die nachdrängen möchten –: es ist eigentlich nicht zu glauben.

Vielleicht liegt es daran, daß der Mündige Bürger diesmal nicht als Fühlender Mensch oder als Politischer Denker gefragt war, was ja nicht viel Platz wegnimmt, sondern als »der Verbraucher«? Da geht's an die Substanz, da wird es ernst, und vor diesem Ernst hat sogar die »deutsche Lachkultur« versagt (die es, unlängst im »Spiegel« gelesen, tatsächlich gibt und von der – wenn auch wohl vergebens – zu hoffen ist, daß sie weltweit einzig dasteht). Hoffnung auf Entlastung ist unter den gängigen, dem Schönen Schein verpflichteten Komposita höchstens noch bei der »Aktienkultur«, die es ebenfalls gibt und die sich leidlich hält; aber die »Verpackungskultur«, die für die rohesten Sachen gelinde Hüllen hat, ist bereits im Keller. Alles spreizt die Finger gegen die Bescherung, die aus dem Plastik hervorgeplatzt ist wie aus einem undichten Alibi und plötzlich so aussieht, wie sie ist; alles schreit wie nicht gescheit, als gehe es diesmal tatsächlich »um die Wurst«, und alles redet derart durcheinander, daß man sein eigenes Wort nicht mehr verstehen kann. Nun soll hier, für das eigene Wort, gar keine Ruhe ausgebeten werden, sondern nur die Atempause zu ein paar Zwischenbemerkungen, ehe es weitergeht. Denn weiter wird es gehen; von selber scheint sich, nach altgewohnter Weise, der Aufruhr nicht legen zu wollen, und die Hoffnung vorab der Händler, daß sich »die Verhältnisse« in Kürze »wieder normalisiert haben« würden, ist jedenfalls eitel –: es geht diesmal um ein ganz besonderes Verhältnis, und man darf die Krone Polens darauf verwetten, daß es nie wieder so »normal« sein wird wie vorher.

Es ins Auge zu fassen, ist das gefragte »Wozu« – der Sache BSE wie des Lärms ums sie –, und das allein bewirkt die eigentliche Charakteristik, die diesen Skandal zu einem sonderlichen vor anderen macht und dazu anhält, sein Menetekel zu entziffern. Sicher, die ersten Reaktionen seinerzeit, als die fatale Schrift an der Wand erschien, versprachen nur das Gewöhnliche mit der gewohnten Aktualitätsfrist –: eine Seuche, soso; eine böse Krankheit schon wieder, die aber sicher nur böse Menschen befällt; »die Medizin« wird's schon richten. Entsprechend begannen im Hintergrund, zur automatischen Beruhigung, allerlei »Forschungsinstitute« zu ragen, und im Vordergrund meldeten sich zuhauf die fälligen »BSE-Experten« – eine spezielle Sorte von Mitmenschen, unter denen man sich zwar, bei gegebener Problemlage, nur schwer etwas Gescheites vorstellen kann, die man aber aus der Zusammensetzung mit »Krebs-« und »Aids-« schon kennt, also Leute jedenfalls, die von immergrünen Problemen leben. Ihr wortreich vorgetragenes »Wir arbeiten dran«, sonst völlig ausreichend, um Glaubensgewißheit herzustellen und neue Forschungsgelder auf den Weg zu bringen, schien auch diesmal zu greifen, und eher routinemäßig gingen die Politiker an den Tanz, um den »Schutz des Verbrauchers« – ein gut einstudierter Versprecher von »Schutz des Verbrauchens« – sicherzustellen: der Konsum lief fast ohne Beeinträchtigung weiter; der Kanzler biß öffentlich in die Currywurst, und die Äußerungen des kleineren Machtpersonals hielten sich mühelos auf dem Niveau jenes Ministers Irgendwer, der seinerzeit in den Rhein sprang, um darzutun, daß man's durchaus darin aushalten könne – was die Fische verschiedentlich bestritten hatten. Die Verlagerung des Problems auf die Wirtschaftsseite schien jedenfalls keine Probleme zu bieten und die Installation der Ersten Bürgerpflicht gesichert, – als auf einmal nichts mehr stimmte.

Aufregung, Lärm: es gibt für solche Sachen einen geregelten Ablauf, auf den immer Verlaß war und nun plötzlich nicht mehr ist. Man könnte ihn »das Nachrichtenprofil« nennen: Zuerst erscheint das reine Problem mit drängender Entscheidungsalternative, dann tritt an deren Stelle ablenkend das Entweder-Oder des Parteien-Dualismus, und wenn daraus anschaulich genug hervorgegangen ist, daß Hü wie Hott für den festgefahrenen Karren gleich schlecht wären, wird die Priorität eines Höheren Guts gesetzt, das die bisherige Wahl-Qual vergessen läßt: Tertium datur, und das ist meist die Wirtschaft, deren Blüte so lange in glühenden Farben gemalt wird, bis man sie für das Gemeinwohl selber hält. Ein geregelter Ablauf, wie gesagt –: warum will er diesmal nicht ablaufen? Die Gesetze des Nachrichtenwesens, wonach ein jeder Novitäten-Krümel seine fest definierte

Zerfallszeit hat, scheinen am BSE-Phänomen zuschanden zu werden, und das kommt ersichtlich nicht nur daher, daß das Schlechte diesmal so nahe liegt, nicht wie sonst die Seuchen, Kriege, Naturkatastrophen irgendwo im Exotischen, weitweit hinter der Türkei, wo man gute Ratschläge hinschicken kann und allenfalls etwas Geld. Es scheint im Gegenteil diesmal um etwas derart Übergreifendes zu gehen, daß die Fundamente in Mitleidenschaft geraten. Wenn es Dreizehn schlägt, steht die Zeit selber still, und nichts kommt mehr vom Fleck.

Vielleicht sollte man versuchen, den Stillstand zu einem erneuten Blick auf die Sonderlichkeit des sonderlichen Skandals zu nutzen? Etwas Entscheidendes hat sich geändert seit den Anfängen, und zwei Phänomene fallen vorab daran auf: zum einen die frappierende Resistenz des Bürgers gegen die bewährten Beschwichtigungsrituale, zum andern der geradezu entgeisternde Zusammenbruch der politischen Benehmens-Façon. Er findet auf der vollen Breite der zurzeit anstehenden Streitfragen statt, aber es ist wohl kaum beweisbedürftig, daß er einzig und allein in der BSE-Katastrophe begründet ist. Vor ihr läuft alles in die Nebensachen davon, weil sie sich nicht mehr wie gewohnt parteilich polarisieren läßt; es wirkt wie eine Flucht, und in der Hast ist jede Absurdität recht, um als Unterschlupf zu dienen. Kaum beweisbedürftig, daß der »politische Dialog« – was man halt so nennt – eine Niveau-Senkung erlitten hat, die in der Geschichte der Republik nur mühsam ihresgleichen findet, einen Nieder-Gang zwischen Gürtellinie und Nullniveau, der sich der problematisch gewordenen »politischen Moral« – was man halt so nennt – bestürzend einverständig an die Seite stellt. Von der grundsätzlichen Balkensuche im Auge des Andern bis zur blinden Vernichtungswut sind alle Störungsformen des Augenmaßes vertreten, und man wird auf die Frage nach der Ur-Sache geradezu gestoßen. Wer nur irgendetwas zu sagen hat, bis hinunter zu den Eintagsfliegen der Macht, sieht sich »unter Druck gesetzt«, muß »Verschleppungen« gestehen, »räumt Versäumnisse ein«; die jeweilige Opposition verlangt Rücktritte und würde am liebsten gleich das ganze Kabinett keulen, nur weil ein oder zwei Minister den Schnelltest nicht bestanden haben, und im Handumdrehen ist eine sehr ernste Frage ins Handgemenge der alltäglichen Alfanzereien geraten, als ginge es nur wie gewöhnlich um die Umverteilung des Wählerstimmenbesitzes.

Alltägliche Alfanzereien: Alle werfen sich gegenseitig alles zu sein vor, was sie wirklich ja alles auch sind: inkompetent, nur flüchtig unterrichtet, immer zur Hälfte in Gedanken bei anderen Sachen, kurz ihr *recte* unser Geld nicht wert. Das Pathos des Ganzen aber straft die verlogene Aufführung Lügen: es geht um etwas Anderes, – und das erst erklärt das flackernd bengalische Licht im Theater und die Katastrophen-Umwitterung. Alles ist ganz beispiellos erschrocken, und nicht nur weil einigen der Schreck in die Knochen gefahren ist, es könnte vor ihre Wiederwahl unter Umständen die Notwendigkeit einer Wiedergeburt gesetzt sein. Noch nie hat das Phänomen »Angst« einen so vielfältigen und extremen Ausdruck erfahren, selbst bei »der Bombe« nicht, gegen die man freilich auch die Aktentasche hatte: – Angst denn wovor? Die Minister werden öffentlich in einer Weise geopfert, als gälte es einen Moloch zu versöhnen; sie versuchen zwar mit Würde abzutreten, haben sich wie gewohnt »persönlich nichts vorzuwerfen«, wollen nun heroisch »Verantwortung übernehmen«, ganz als hätten sie diese nicht längst schon gehabt, da das »Vertrauen der Bürger erschüttert« sei, und führen uns das ganze Mienenspiel der Opferochsen vor, so daß Wir, deren erschüttertes Vertrauen das angerichtet hat, uns am Ende noch als die eigentlichen Schurken fühlen. Dabei passiert ihnen doch aber nichts, denn »Verantwortung« von Politikern gibt es gar nicht; sie werden weder dekapitiert wie im einstigen Orient noch in unwirtlichen Kerkern gehalten wie im einstigen Abendland, und solange sie nicht für ihre Unverantwortlichkeiten mit ihrem Vermögen bzw. ihrer Pension einstehen müssen, sondern höchstens ihren Posten verlieren, um einen anderen anzutreten, ist die Redensart so gegenstandslos wie ein Amtseid. Wovor denn auf einmal die wirkliche Angst? Ist es gerade die wirkliche Verantwortung, die sie auf einmal, erstmals und einmalig, eingeholt hat?

Die Resistenz des Bürgers gegenüber dem ganzen Schwall der gewohnten Beschwichtigung ist ein neues Phänomen, und es gibt des weiteren zu denken. Denn obwohl natürlich längst bekannt ist, wie fließend die Grenzen zwischen Nachricht und Werbesendung, wie »mehrfach determiniert« die Äußerungen von Amtsträgern und wie belanglos ihre Sachgehalte sind, gehört eine Art Grundvertrauen doch zu den Guten Eigenschaften des Bürgers, und seine Strapazierfähigkeit ist bewiesen. Aber diesmal ist tatsächlich »das Vertrauen erschüttert«, und zwar gegenüber der ganzen politischen Kaste, zu deren automatischen Handlungen es gehört, Mißstände zu vertuschen und unter den Teppich zu kehren. Man hört nicht mehr hin, wo das geschieht, man wendet sich ab, – weil man's besser weiß? Der Aberglaube, daß Politiker mehr wüßten als andere Leute, steht zwar schon lange zur Abschaffung an, und tatsächlich mag diesmal genügend einleuchtend geworden sein, daß sie im Gegenteil, bei normaler Verständigkeit, lediglich mehr Rücksichten zu nehmen haben, die ihr Wissen beschränken, und mit ihren Reden nur um Teilnahme an dieser Beschränktheit werben. Macht ist nicht Wissen. Aber Ohnmacht ist das auch sehr selten, und höchstens mag dem wachen Bewußtsein aufgefallen sein, daß der wissenschaftliche Erkenntnisstand seit geraumer Zeit nur noch aus Politikermund kommt, nicht aus dem von Wissenschaftlern, die sich bedeckt halten und dem eingeleiteten Aktionismus sogar die Kommentare verweigern. Hat der erkennbar »politische« Charakter der uns erreichenden Informationen die Abwendung verursacht und bewirkt, daß der Bürger sich selbständig um Sachkundigkeit bemüht? Um eine ganz andere jedenfalls als die ihm gebotene: – nein, man muß auch hier um die Ecken sehen, um das eigentliche Besser-Wissen zu erblicken und die seltsame Aufkündigung der Gemeinschaft zu verstehen.

Sie ist wirklich frappierend. Denn »der Verbraucher« hat nicht nur begriffen, wie er selber verbraucht worden ist und wird; das wäre ja, bei seinem bekannt kurzen Gedächtnis, wohl reversibel. Er hat, der Konsument, geradezu entgegen der Tatsache, daß er eigentlich doch mit im Komplott ist, weil er selber den Kotau vor dem Götzen der Gewinnmaximierung als eingetragene Konfession führt, in aller Ruhe seinen Konsum selber halbiert und eine hochangestrengte, sogar parteien-konsentiente demagogische Maßnahme, wenn nicht alles täuscht, zum Scheitern verurteilt: den Versuch, den Gefahrengehalt des Problems auf die Wirtschaftsseite umzuschaufeln und es dort durch aufwendige Räumarbeiten wegschaffbar erscheinen zu lassen. Dabei ist sein Besserwissen von ganz eigentümlicher Färbung und jedenfalls keines in der Sache. Zwar führt der Jedermann inzwischen Viren und Prionen im Mund, daß es eine Art hat; aber wer in Straßenbahnen oder an Stammtischen dem Volk aufs Maul schaut, ist nicht sehr glücklich über das Gehörte, und das nicht nur weil immer noch zuviel Wunsch darin mitredet und zuviel Aberglaube an die Totale Machbarkeit. Es wirkt eher so, als sei es der politisch korrekte Beitrag zum gemeinsamen exzeptionellen Lärm, und der sei dadurch erst recht so geworden, daß man manchmal sämtlichen Ochsen (und Kühen), die da dreschen, das Maul verbinden möchte. Oder wäre dies eine List der Vernunft? Die geflügelten Wörter stehen durch den Massengebrauch wie nackt da und entlarvt: als bloße Jargonpartikel der Art, wie sie die Medizin als Therapieersatz habituell produziert, wenn sie sich nicht zu helfen weiß, und man sieht grell, daß was sie besagen, nicht gegen sie verwendet werden kann; selbst Wilhelm Reichs T-Bazillen wären konkreter. Nun wissen, was ein Virus ist, überhaupt nur wenige Leute, und unseren hochdotierten Kräutersammlern, die es zu wissen vorgeben, sind auch nur Wörter dagegen gewachsen; fragen Sie Ihren Arzt oder Apotheker. Es gibt nicht viel zu wissen, und der Bürger hat das begriffen. Er lärmt mit; aber was er in aller Stille getan hat und tut, ist seine eigentliche Antwort. Vielleicht sollte man von all den kunstvollen Redensarten ganz einfach wieder zur schlimmen Sache kommen, und die heißt:

sie entzieht sich, die Sache BSE, zurzeit noch vollkommen unserer Kenntnis.

Es macht wahrlich kein Vergnügen, auf Unwissenheit zu pochen. Aber sie liegt in dieser Sache ja einbekannt zutage, und bei den horrenden Maßnahmen, die geplant sind und einzeln überall schon praktiziert werden, muß denn doch mit Nachdruck daran erinnert werden, daß Wirkungssicherheit damit noch nirgends einkehrt. Was weiß man? Was läßt sich zurzeit wissen? Vermuten vieles, sicher wissen nichts. Der Ursprung? Völlig unbekannt. Der weitertragende Erreger? Jedenfalls die primitive Protein-Struktur, die der Test bei allen erkennbar erkrankten Tieren dingfest macht. Aber nur sie? Nicht vielleicht eine nur noch nicht dingfest gemachte weitere, mehrere gar? Solche nämlich, die von der Klauengrobheit der Tests noch nicht ertastbar sind. Erkrankungsbedingungen? Unbekannt; nach allem, was wir von Seuchen wissen, kann man seine Befürchtungen gar nicht weit genug treiben. Zeugen erkrankte Väter, gebären erkrankte Mütter gesunde Kinder? Wie steht's mit der Milch, wie mit den Exkrementen? »Keine Gefahr« versichert die Politik; aber die Molkereien kaufen verdächtigen Höfen nichts mehr ab. Was ist überhaupt rinderspezifisch an diesem Rinderwahnsinn, der bloß wieder ein Symptom des Menschenwahnsinns ist? Wird generell also bloß der Schafskopf befallen? Weshalb denn nicht auch Schweine, Geflügel, Fische, gepferchtes Wild? Nein, nicht nur Zuchtfische, alle überhaupt: wer denn paßt auf, daß das verbotene Tiermehl nicht einfach in der Nordsee verkappt wird wie dauernd andere Schadstoffe? Die jeweiligen Händler schreien auf und zeigen »Gütesiegel« vor; geschenkt, was sagt schon das Geschrei von Händlern. Irgendwer behauptet: keine Männer über 40; irgendwer behauptet: vorher auch mehr Frauen als Männer... alles bloße Wünsche, denen man nicht einmal Frömmigkeit attestieren kann; in England schon widerlegt. Und so denn immer weiter: Wir Wissen Nichts. Bliebe die nächste Frage: ob wir in absehbarer Zeit etwas wissen können. Es sieht, wunschfrei nüchtern besehen, schwerlich so aus. Bei Inkubationszeiten von bis zu Jahrzehnten sind Ursache-Wirkungs-Forschungen stark behindert, und die freihändigen Hypothesen, die ersatzweise überall ins Kraut schießen, sichern nur das eher bedauerliche Überleben der Gazetten. Da wir das der Tiere drastisch beschneiden, sind alle durch Beobachtung gewonnenen Daten hochgradig fragmentarisch, und das wird noch eine geraume Weile so bleiben. Zusammengefaßt: Über Infektionsursprung und Transmissionsweg läßt sich schlechterdings nichts sagen: Wer jetzt erkrankt, kann's aus bereits ergrauter Vorzeit haben, wo die Experten noch keine Ahnung hatten, und wer sich jetzt infiziert, muß – darf? – noch lange ohne Ahnung sein. Ahnungslosigkeit ist, so scheint es, das Dritte im Vergleich von Lärm und Gegenlärm, von Beschwichtigung und Aufbegehren, von Macht und Ohnmacht überhaupt.

Eine wirkliche Krise des Wissens –: hat sie mit der Wirklichen Verantwortung zu tun – und in dieser mit der Wirklichen Angst? Eigentlich müßten die sichtbar gewordenen Risse im politisch-sozialen Regelspiel alarmierend sein: hochalarmierend die Anzeichen, daß die Gesellschaft dabei ist, wieder vaterlos zu werden, ja daß sie – und eigentlich erstmals seit ihrem Bestehen – mit dem Vertrauensentzug den demokratischen Grundvertrag selbst hinzuwerfen droht. Nur wenn es wirklich dreizehn schlägt, glaubt man der Politik nicht einmal mehr die Uhrzeit –: hat's denn das geschlagen? Laut genug geht's wohl her; die Aufregung könnte größer kaum sein. Aber was immer sich in der alltäglichen Aktualitäten-Aufführung um die Hauptrolle balgt, es wirkt widersinnig nebensächlich: ein Quid-pro-quo, Stelldichein von Attrappen, die nur ablenken wollen, und nur manchmal erblickt man mitten im Vexierbild der schwirrenden Scharaden für einen Augenblick die versteckte Figur mit ihrer stummen, überlärmten Botschaft. Sie ist es, sieht man dann, die neben sich den Vortrag des Wissensstandes wie des Maßnahmenkatalogs so unauthentisch macht –: will der ganze Redeschwall imgrunde etwas ganz anderes sagen? Er wirkt wie bloßer Theater-Rhabarber –: das Volk murmelt, aber der Inhalt ist nicht zu verstehen. Tatsächlich könnte man manchmal am Realitätsgehalt der ganzen Debatte zweifeln: der Alkohol fordert europaweit doch erheblich mehr Opfer als die Seuche, ein Zigmalzigfaches der Straßenverkehr: – wozu der Lärm? Anders gefragt, Mephistos Erkundigung übersetzend: Um welche Wirklichkeit geht es eigentlich wirklich, wenn der Teufel beschworen wird?

Es geht um die Hölle, und Wörter sind's, die sie heraufbeschwören. Wer sie, die Wörter, beim Wort zu nehmen gewohnt ist, um den Zustand eines Menschen oder einer Gemeinschaft zu erfahren, erschrickt schon lange über die Geläufigkeit, mit der sich Ausdrückungen von Mund zu Mund bewegen, die eigentlich alle Schamhaare zu Berge treiben müßten. »Tiermehl« heißt eines, das obenan steht, »Knochenmehl«, »Blutmehl«, kurz »Kadavermehl« alias:

die gemeinte Sache ist inzwischen verboten, das Wort dafür aber hat die Gehirne auf immer infiziert. Was ist das, »Separatorenfleisch« – wie wird es »gewonnen«? Welcher infame Kopf hat die Bezeichnung »Rinderstau« ersonnen – für eine Verkehrsstockung auf dem Todesweg ins Raubtiergebiß des »Verbrauchers«? Jedermann weiß auf einmal, was »die Keulung« ist oder eine »Kohortenlösung«, Prägungen aus dem reichen Wörter-Schatz, der schon andere mit »-lösung« endende Begriffe hervorgebracht und noch viel anzubieten hat: hier etwa die »Grundsatzlösung«, meist mit der näheren Bestimmung »radikal« verbunden, aber auch die »Übergangslösung«, Lieblingswort der überall angestellten und unbegrenzt anstelligen Beschwichtigungsredner, die darauf warten, daß der Mündige Bürger endlich wieder unmündig wird: sie »warnen« permanent und vehement, aber nicht vor der Sache, sondern vor »Hysterie« und »Panikmache« und versprechen Zeiten, wo »die Lage sich normalisiert« haben werde. Man liest, als Vorschuß darauf, von »Spitzenreitern der Wurst-Hitliste« und hat mit einem Schlag die ganze Menschheit vor sich; was sich ihren Futtermitteln da beimengt, ist allerdings nur ein Grund- und Boden-Satz des schlechten Journalismus, der sich immerhin neben anderen Ingredienzien wie Klärschlamm, Exkrementen, Verpackungsmüll behaupten muß. Es steigt von diesem ganzen Vokabular ein Blutdunst auf, der einem den Atem verschlagen müßte, und der In- und Sammelbegriff, das Eine Unwort, in dem Alles Fleisch, das eben nicht »wie Gras« ist, Wort geworden ist und nach dem nur noch die Sprachlosigkeit kommen sollte oder die Sintflut, heißt »der Verbraucher«. Es ist gleichsam über Nacht, über der Nacht nämlich, die an den Tag gekommen ist, mit einer pauschalen, allumfassenden Bedeutung versehen worden, und sieht man jetzt hin, so weiß man auf einmal, sie hat immer darin gelegen.

Es hat immer den Tod umschlossen, dieses gräßliche Wort, und die Instanz, die das immer gewußt hat und am Feinschmeckertisch nur nicht wahrhaben wollte, hat auf einmal alle Wirklichkeiten auf den Tellern, die dem Verbraten vorangehen. Sie heißt »das Verbraucherbewußtsein« und ist, so stellt sich jetzt heraus, eine Teilinstanz des Über-Ichs, dem ein paar seiner elementaren Verdrängungen gekündigt worden sind. Nichts bedeckt mehr die Blöße; Firnis und Schliff der »Verpackungskultur« sind jäh dahin, und ein Barbar steht da, der auf einmal nicht mehr wohin weiß mit dem, was er alles weiß. Dieses schmatzende »Bewußtsein«, das etwa den Eiern seinerzeit zwar nicht die Käfighaltung der Hühner, aber doch die Fischmehlfütterung miserabel anschmeckte und erfolgreich auf seinem Guten Geschmack bestand, sieht sich auf einmal genötigt, im Phänomen »Kadavermehl« überhaupt eine umfassende Tatenerinnerung zu verarbeiten, die über seine Kräfte geht. Irgendein Maß ist plötzlich voll geworden und läuft über. »Tiermehl« – da werden pflanzenfressende Wesen ja nicht nur zu Fleischfressern umgepolt, sondern in Wirklichkeit zu Aasfressern, mit Folgen für ihre ganze Konstitution... »Milchaustauscher« – das Stichwort bezeichnet nicht nur eine ekelhafte Pampe (zu einem Fünftel Rohfett, u.a. Schweineschmalz und Rindertalg), mit der in der Tiermast Kälber 6 Monate lang gefüttert werden; es ist auch ganz nebenbei der Deckname dafür, daß sie nach der Geburt sofort vom Muttertier getrennt werden; eine eisenarme Ernährung soll die helle Fleischfarbe fördern, die der Fleischfresser wünscht... »Frühvermarktungsprämie« – das Bestechungsgeld, das Bauern bereit macht, ihren Kälbern nicht erst im Kindheits-, sondern bereits im Babyalter das Leben abzusprechen... Man sieht sie auf einmal wieder – nein, nicht auf der Weide, sondern in der Zellenhaft ihrer Boxen stehen, zum lebenslänglichen d. h. lebenskürzlichen Stumpfsinn verurteilt; man sieht sie auf Reisen, wenn sie an den Segnungen der Globalisierung teilnehmen und querfeldein und hin und her verkauft werden, bis sie irgendwo an Mars oder Memel unter den Bolzen kommen... Man liest von 19 Millionen Tonnen »Futtermittel«-Produktion und erfährt, daß jährlich 2 Millionen Tonnen »Schlachtabfälle« und »Tierkadaver« anfallen; man sieht die Geschäfts-Führer von Vernichtungsfabriken Gerät bei Fuß stehen und kaltblütig melden, daß »die Kapazität ihrer Anlage für 320 000 Tierkadaver pro Jahr ausgelegt« sei... Man weiß auf einmal wieder mit voller Konsequenz, daß es »Schlachthöfe« gibt und »Tierkörperverwertungsanstalten« – ganz zu schweigen von den »Versuchslabors«, in denen jeder wissenschaftliche Dreikäsehoch seine krausen Einfälle an Wesen durchprobiert, die im seelischen Rang hoch über ihm stehen... Es gibt dies alles, es wird in Wort und Bild in allen Medien gezeigt, und im Schreck vor dem Gezeigten ist auch der Gedanke enthalten, wie viele Nachbarn man hat, die von diesem Mega-Tod leben; man weiß auf einmal, warum sie so sind, wie sie sind. Sie sind ja unsere Nächsten in einem sehr unheimlichen Sinn: Man sieht in ihre Gesichter wie in einen Spiegel: die Ähnlichkeit ist frappierend, und der so naheliegende Gedanke, daß man als Auftraggeber tatbeteiligt ist, will sich nun und nie mehr entfernen. Es ist aus mit der Nachtruhe, und wenn Ihnen das, wegen zu dicker Haut, erspart ist, dann nehmen Sie eine Nachhilfestunde – besuchen Sie einen Schlachthof, begleiten Sie die Tiere zu ihrem letzten Stündlein und dann darüber hinaus durch alle Verwertungsstadien bis zur Dehydrierung und Pulverisierung –, stellen Sie sich vor, Sie müßten selber Hand anlegen –, und versuchen Sie anschließend Ihrer Überzeugung Ausdruck zu geben, Angehöriger einer gesitteten Nation zu sein: – Sie werden, hoffe ich wenigstens, Ihrer Mitwelt dabei durch verschiedene Sprachfehler auffallen.

Die Daten, die statistischen Zahlen des Massenmords und der Lebensmarterung, die den Hintergrund der Fleischernährung bilden, sind derart horribel, daß man nicht einmal über eine auch nur durchschnittliche Empfindungsfähigkeit verfügen muß, um davor die Fassung zu verlieren. Sie sind dem Bürger über Jahre hin in ungezählten Büchern und Zeitschriften nähergetreten – und jedesmal erschrocken wieder weggedrängt worden –: jetzt auf einmal gelingt das nicht mehr, und die Wiederkehr dieses Verdrängten läßt alle geübten gesellschaftliche Strategien, sich eine aktuelle Kalamität vom Hals zu schaffen, versagen. Aus dem Schatten der aktuellen Seuchenfurcht hat sich riesenhaft eine Grundangst erhoben, und ihre Charakteristik gibt zu erkennen, daß etwas aus dem Dunkel heraus zur Wirklichen Verantwortung gezogen worden ist. Vor ihr läßt sich nicht mehr beobachtend abseits stehen: sie bezieht sich auf den Hergang von Taten, an denen Jedermann beteiligt war. Der Bürger Jedermann hat sie als die eigenen erkannt; er erkennt die eigene Habgier und Skrupellosigkeit in jener der Händler und Hersteller wieder, und die laute Erschrockenheit, mit der er, nicht mehr zu beruhigen, auf die »Krise« reagiert, ist die vor sich selbst. Die Krise ist, er weiß es, so wenig eine der Wissenschaft wie eine der Wirtschaft, und sie hat auch längst viel mehr als nur die Gesund- oder Nichtgesundheit der Fleischernährung zur Debatte gestellt. Es geht um einen gewaltig größeren Zusammenhang –: jenes genannte »Verhältnis«, das nie wieder seine alte infame Normalität zurückgewinnen kann, ist das zu den Tieren überhaupt, ist unser Umgang mit dem, was in der Präambel des Tierschutzgesetzes »Mitgeschöpf« heißt, zuletzt unser Umgang mit dem Lebendigen schlechthin, und jede Lösung, die ihr Grundsätzliches unterhalb dessen sähe, wäre Stückwerk. Es ist uns schlagartig etwas ins Bewußtsein gerückt, in die Erinnerung zurückgekehrt, und mit einem schlichten, altmodischen, aber immer noch mächtigen Begriff läßt sich sagen, was darin nun dreizehn schlägt: es ist »das Gewissen«. Seine plötzlich sprechende Stimme hat, als das wahre Medium der BSE-Botschaft, alle so vernünftig scheinenden Maßnahmen als bloßen Aktionismus dastehen lassen und den eigentlichen Zivilisationsskandal, die wahre Kulturschande zu erkennen gegeben: das, was wirklich zum Schreien ist und was der unartikulierte Lärm wirklich meint, dessen Wozu in Frage steht. Zu erkennen gegeben hat sich, daß bei der flitzenden Eloquenz des Wirtschaftsteils und der vielen Wirtschaftsteilchen, die Wir sind, das Eigentliche ungesagt geblieben ist und als Frage immer noch wartet: Handelt es sich bei dem, was zu tun ist, am Ende gar nicht um eine wissenschaftliche, gar nicht um eine wirtschaftliche Entscheidung? Sind deshalb die Politiker so auffallend unzuständig? Handelt es sich am Ende um einen moralischen Entschluß? Blödheit lacht, und tatsächlich sind die Zeiten lange her, wo bei Verstößen gegen die Gesittung mit Antworten aus Donner und Blitz gerechnet wurde. Das Universum funktioniert nicht nach Gesittungsregeln, glauben wir inzwischen zu wissen, und wackelt keineswegs, wenn sich 55 Millionen unseresgleichen totschlagen –: könnten wir uns irren? Könnte es sich zu Sanktionen entschließen, wenn die EU den Totschlag von nur zweieinhalb Millionen ins Auge faßt? Weshalb denn haben wir wovor denn Angst?

Jaja, die Natur schlägt zurück, sagen Leute, die's nicht glauben wollen, und bekreuzigen sich, wenn sie's glauben, was Abhilfe aber auch nicht bringt. Die Natur schlägt zurück – das heißt: sie versucht wie jedes erkrankte Lebe-Wesen einen Selbstheilungsprozeß – das heißt: sie bildet Anti-Körper aus und greift die schädigende Causa an – und das heißt: den krankmachenden Mikro-Organismus Mensch –: sie läßt die Elemente außer Kontrolle geraten (die es, beiläufig dabei zu erkennen, ohnehin nie gab –: sollte man vielleicht sagen, sie kündigten die Selbstkontrolle auf?): das Feuer rast, das Wasser flutet, die Erde bebt, und die Luft verpestet sich, – kurz, die Natur macht ihrem Erb- und Erzfeind das Leben schwer und wünscht es ihm ersichtlich irgendwann unmöglich zu machen. Blödheit lacht, hat es immer getan; mag sie's weiter tun. BSE ist ein Frontalangriff auf den Gegenwartszustand der Zivilisation. Ist es wörtlich ein Angriff? Die Tiere schlagen zurück. Man kann das auch anders sagen, aber als Metapher für die Ur-Sache stimmt der Satz ersichtlich. Wenn die Erde ein balanciertes Funktionssystem ist (ich habe links von mir das »Gaia«-Buch des Harvard-Biologen

James Lovelock auf dem Schreibtisch liegen), haben Eingriffe multiple Wirkungen, Kettenreaktionen von unabsehbarer Erstreckungslänge allesamt. Die Homöostase reagiert mit kreativen wie destruktiven Kräften, um sich zu erhalten: ihre Abwehr produziert Seuchen wie Kriege (von denen man die komplizierte Kausalität lernen kann, in der solche Balanceakte des Großen Wesens vor sich gehen); wo der Mensch Anti-Biotika produziert, entsteht bald die Gegenbewegung Resistenz. Das Eigen-Leben der Natur widersteht unseren Lebensdestruktionen schon lange. Aber wo seine uns verträglichen Strukturen zusammenbrechen, versagt es ja eben nicht selbst, sondern es versagt nur uns seine Verträglichkeit. Man muß seine Zustandssignale als Metaphern lesen, denn wie es für solche Aspekte noch kaum eine offizielle Forschungsneugier gibt, so fehlt auch der anstehenden Diskussion die Terminologie, und wir sind, es steht nicht zu ändern, auf Zeichendeutung angewiesen. Der Wahnsinn der Rinder ist ein solches metaphorisches Zeichen –: was teilt es mit? Im Einflußbereich einer Infektionsquelle erkranken nicht *alle* Wesen, im Fall von BSE sogar prozentual nur wenige; nur wo die natürlich gegebene Immunschranke erniedrigt ist, greift die Übertragung –: wann ist sie erniedrigt? – und wodurch? Beim Menschen hat sich – gegen viel blödes Gelächter anfangs – inzwischen herumgesprochen, daß es »seelische« Faktoren sind, die das bestimmen, und das mag denn meinethalben wieder eine Metapher sein; es ist aber eine, die so unabsehbar viel Gehalt in sich aufgenommen hat, daß die Verweisung ins Irrationale nicht mehr gelingt. Blödheit lacht trotzdem –: es ist der Klumpenpulk derer, die immer zuerst-lachen und nie am besten und die es zuverlässig auch getan haben, als erstmals von den epidemischen Gefahren die Rede war – wie zuvor von denen beim Ozonloch oder der Plutoniumstrahlung. Seelische Störung aber heißt, daß die den Tieren von uns bereiteten Leiden eine Schwelle des Geht-nicht-mehr überschritten haben, jenseits derer sich ihre Wesenheit verstört –: man kann sicher sein, daß dies eine verhindernde, korrigierende Maßnahme auslöst – und wenn wir diese hier, die BSE, durchkreuzen, ist uns die nächste tod-sicher – wie MKS und TBC.

Es geht auch wirklich nicht mehr. Nur was die Homöostase – ein Alias für »seelische Konstitution« – der Natur selbst verletzt, löst als Voralarm soviel Grundangst aus, wie sie sich zurzeit in zahllosen kollektiven Symptomen beobachten läßt; ihr ist mit ein paar pragmatischen Strategien nicht mehr beizukommen. Es geht nicht mehr um die Scheidung von Nutzen und Schaden, nicht mehr um die von Gewinn und Verlust, nicht einmal mehr um die von Machbar und Unmöglich –: es geht um die von Gut und Böse. Denn die Homöostase besteht selbst aus beider Balance, und was sich uns von ihrem komplexen Regelwerk mitgeteilt hat, ist – im Pro wie im Contra – die Quelle unseres ethischen Kanons schlechthin. Einzig von ihm sind die Ja-Nein-Antworten zu beziehen, die uns die Wirkliche Verantwortung abfordert: »die Ethik«, die kein Wenn und Aber kennt, läßt Handel treiben mit sich nicht. Zurück von der Natur heißt ihre Forderung generell; zurück von allen zum Exzeß gelangten Gewohnheiten, die das Lebenspotential dezimieren. Das Bewußtsein dafür kann freilich nicht vermittelt werden, schon gar nicht argumentativ begründend. Denn es gibt für ihre Geltung keine Gesichtspunkte wie Nützlichkeit; sie ist *der* Gesichtspunkt selber wie »das Leben« und ihre Erhaltung wie die seine das höchste Rechtsgut ebenso, wie sie die Basis der Rechte überhaupt ist. Sie hat sich, was im Gewimmel der irdischen Händel selten genug geschieht, mit einem Schlag eingemischt und uns zur Ordnung zurückgerufen, zu der Ordnung, in der es zu ihr selbst keine Alternative gibt. Das ist im höchsten Grade beunruhigend, denn viel bequemer ja ließe sich's ohne sie um einen Kompromiß feilschen –: sie hat alle unsere möglichen Kunststücke von vornherein zum Stückwerk gemacht. Was denn noch tun? Angesichts der großen Gegen-Stimme wirken die kleinen, wie mühsam auch zum Einvernehmen gebrachten Machbarkeiten auf einmal kläglich, fast lachhaft, ein selbstbetrügerischer Schwindel, und man mag sie gar nicht mehr vortragen –: was noch tun? Offenbar kann man nur noch Platz schaffen für das, was am Ende getan werden muß, und den Krempel der kleinen Kompromisse aus der Perspektive räumen, damit das notwendige Endziel allen sichtbar wird.

Unser Lärm hat den Teufel beschworen, er steht auf einmal da –: *Que demande monsieur? Qu'y a-t-il pour son service?* Bitte sehr: Er erfüllt uns gern alle Wünsche, die schlauen wie die törichten; zu seinem Vorteil sind sie gleichermaßen. Er lenkt uns gefällig von unseren Ängsten ab und will uns nicht einmal, nur keine Sorge, das schlechte Gewissen nehmen, er will's nur verbessern. Schon hat mit seiner Hilfe das Wort »Ethik« selber in den Mund der Politiker gefunden, und obwohl es nur stark ramponiert wieder herauskommt, sind wir doch angenehm überrascht, es dort zu sehen. Er hat, zur Verbesserung, die End-Redaktion der täglichen Nachrichten übernommen und bedient uns behutsam, dosiert, mit Takt; er führt uns an der Hand durch den Blätterwald und hat uns schon auf Seite fünf, in der Ecke unten rechts, wo der Weg ins Unterholz beginnt, und wir haben kaum merken müssen, daß es aus den gedrehten Locken des Feuilletons zur glatzekahlen Sache ging, als der Handel »Kaufzurückhaltung« meldete und der Wirtschaftsteil in unsere Rechte trat. Was gibt er uns nicht alles zu lesen! Zur Gefahren-Entwarnung allerdings im Moment noch nichts; es bleibt abzuwarten, was die Forschung irgendwann erbringt, – und, bitte sehr, dann mag auch aufgepaßt werden, daß das Erbrachte nicht nur anzeigt, wer von den Auftraggebern am besten gezahlt hat. Aber wieviel anderes ist beruhigend zu melden! Das schlimme »Tiermehl« ist immerhin vom Tisch, »vorerst« jedenfalls, und das »Risikomaterial« soll auch ganz »aus der Nahrungskette genommen« werden; dazu wird es ganz neue Bestimmungen fürs Schlachten geben – auch zum Schutz der Schlächter, die vielleicht Schaden nehmen könnten; es sind ja so sensible Leute. Das Überschußfleisch wird nach Korea verschifft, und »aus humanitären Gründen« will man sich's sogar teurer zu stehen kommen lassen, als die Vernichtung es wäre –: man muß doch was für die Armen tun! Außerdem bekommen sie »strenge Auflagen« mitgeliefert, und getestet soll die Bescherung auch noch vorher werden; also an uns liegt es dann nicht, wenn was passiert. Sind die Tests eigentlich sicher? Sicher, aber ja – wenn bestimmte Voraussetzungen erfüllt sind, und vorausgesetzt natürlich, der Proband ist tot. Nichts ist vollkommen; man muß sich tatsächlich was einfallen lassen. Die Ernährungs- und Landwirtschaftsorganisation der UNO meldet, daß wöchentlich zwei Haustierrassen aussterben … dafür wird die genetische Umrüstung auf ein Einheits-»Nutztier«, wachstumsbeschleunigt, ertragsmaximiert, ins Auge gefaßt. Schon ist ein Mischwesen aus Mensch und Rind zum Patent angemeldet: eine Retortenkreuzung, die allerdings bedenklich stimmt, weil sie fraglos die rinderliche Erbsubstanz bis ins Ungenießbare verschlechtern wird … Die Einfälle überschlagen sich, und die Berichterstattung des Teufels hat ein so eindrucksvolles Tempo vorgelegt und ein so hohes Plazierungspathos entfaltet, daß sie eigentlich vor nichts mehr zurückschrecken muß als vor dem Moment, wo sie automatisch, da von zu vielen elenden Menschlichkeiten handelnd, in Parodie umschlägt. Eben ruft die Schlagzeile: »Metzger schöpfen Hoffnung« – drei Wörter, deren Nebeneinander einem alle Hoffnung nehmen könnte –: warum diese Schöpfung? Weil der Verzehr der Metzgerware, durch irgendeine neue Entdeckung oder Erfindung, wieder gefahrlos geworden wäre? Nein, sondern weil die Leute wieder leichtsinniger werden – endlich! Oder doch nicht?

Oder werden sie's doch nicht? Die Gegen-Stimme der Ethik, immer leise, hat es sicher nicht leicht, denn die Offerten der Anderen Seite sind bestechend, und so große Sachen wie das »Endziel« brauchen doch gute Weile. Was soll daran Schwindel sein, wenn eigens ein Ministerium geschaffen wird, damit der Verbraucher sich »geschützt« fühlen kann beim Verbrauchen? Soll man denn in jeder Mahlzeit mit der Gabel nach Prionen stochern? Das gute Vertrauen, die bessere Kontrolle –: in der Turbo-Wirtschaft bleibt eins so unbelohnt wie das andere. Die Totale Kontrolle vollends ist eine Utopie; bei unseren gemästeten Sportlern ist sie auch nicht geglückt, obwohl deren Vernunftsgaben die der Rinder wahrlich nicht übertreffen. Kompromisse überall, Krempel. Was alles in die Mast gemischt wurde, um ihr Tempotempo zu machern, war schon vor einem Vierteljahrhundert, als die Panscherei begann, ein Skandal. Seither gibt es staatliche Futtermittelkontrolleure, denen der vorgesetzte Druck, keine Arbeitsplätze zu gefährden, von vornherein ein Auge zudrückt, während das andere erst auf dem Weg zum Endprodukt, wo viel passieren kann, einschläft; aber auch wenn die gepanschte Wurst erwischt wird, liegt der Nutzen bei Null, denn die Namen der Panscherfirmen bleiben unter Verschluß, so daß der Bürger sich gar nicht vorsehen kann. Auch sind die Strafen im Hintergrund sehr undrakonisch und werden von den Tätern mit verbindlichem Lächeln erlegt –: zuerst einmal wäre die Legislative gefordert, dem neuen Gefahrentypus durch radikale Rechtsschöpfungen gerecht zu werden. Aber die ist sie dem ganzen Jahrhundert der Barbarei schuldig geblieben, und fragt man jetzt nach ihr, so sieht man sich wie immer an irgendeine Bärenhaut verwiesen, auf der kein Handlungsbedarf gesehen wird. Einstweilen richtet sich denn alles gemütlich unter der Kontrolle ein und schreibt auf seine Etiketten die schönsten Sagen des klassischen Altertums: – von den »Bio«-Eiern (»Freilauf«, »Bodenhaltung« und was nicht alles sonst) stammt inzwischen auch die gemächliche Hälfte wieder aus den Legebatterien... Nein, es wird keinen Leichtsinn mehr geben gegenüber diesen Luftspiegelungen; dazu sagt Nein schon die kleinste Vernunft.

Das sagt sie, noch vor dem umfassenden Nein der Ethik, auch zu der albernen Erwartung der Politik, es müsse nun überall erleichterter Enthusiasmus ausbrechen, weil so viele wohlklingende Vorsätze gefaßt werden –: die Täter wollen doch wieder lieb sein, und das werden die Rinder bestimmt honorieren, indem sie die Weitergabe ihres Wahnsinns unterlassen. Geht es denn darum noch? Oder geht es darum gar nicht mehr, wenn vom »Schutz des Verbrauchers« die Rede ist? 400 000 Rinder sind unterdessen »im Gespräch« und stehen zur vorsätzlichen Tötung an – nun, aber nicht weil sie wirkliche oder eingebildete Krankheitsträger wären, sondern »zur Entlastung des Rindfleischmarktes«, nämlich weil der Mensch sie nicht mehr ernähren will, nachdem sie selber sich der Menschenernährung entzogen haben. Nun stehen sie in ihren Boxen, weil keiner sie mehr fressen will, und kosten –: wieviel kosten sie eigentlich? Ihr Lebensunterhalt für eine – wie auch von uns kurzgehaltene – Lebenszeit jedenfalls weniger als ihre Tötung, denn der tötende Staat bietet den Haltern rund ein Drittel mehr als der Markt, als Anreiz. Wir befinden uns längst auf der Wirtschaftsseite, und da muß der Verbraucher, der geschützt sein will, wie immer erst einmal ein Opfer bringen. 400 000 Rinder allein in Deutschland, zweieinhalb Millionen EU-weit –: eine Mega-Hekatombe, die den Moloch sicher zufriedenstellen wird, jedenfalls für eine geringe Weile? Für eine nur sehr geringe Weile. Denn die Logik, die der Massaker-Planung zugrunde liegt, ist gar nicht imponierend: Rindfleisch zu essen ist ungesund, sagt sie, also wird weniger gegessen, also gibt es nun zu viele Rinder, die nur Kosten nicht Nutzen bringen, also bringt man sie um. Nun sind die Kosten kleiner, aber die Geschäfte auch, also müssen die Verbraucher wieder animiert werden, mehr zu essen, also essen sie wieder mehr, und die Züchtung zieht nach, bis die Ausgangssituation wiederhergestellt ist. Ist das Rindfleisch bei dieser nicht nur barbarischen, sondern auch ersichtlich dümmlichen Prozedur gesünder geworden? Nein, das Problem ist nur unterwegs auf die Wirtschaftsseite geraten, und das rächt sich an der Vernunft, die einer einfachen Leserbrief-Schreiberin mühelos den Vergleich einfallen ließ, die Tötung von Millionen Tieren »zur Stützung des Fleischmarkts« sei genau so sinnvoll, wie wenn man Millionen Häuser einrisse, um der maroden Bauwirtschaft aufzuhelfen.

Bloße Vernunft, noch einmal, könnte dieses Vorhaben erledigen. Aber sie hat, wahrhaftig wunderlicherweise, nur zur Verstärkung der sehr leisen Anderen Stimme gedient, deren Nein den Lärm diesmal mit aller Gewalt durchdrang und die Politiker begreifen ließ, daß ihr Dialog mit dem Bürger längst zu Ende ist und nur noch zwischen ihnen und der Wirtschaft stattfindet. Ich rede nicht von dem, was ganz unten lebt, *in faece Romuli,* Plebs, Hefe, RTL-Publikum; dort hat die betriebene Politik sicher ihr erwünschtes Echo. Aber oberhalb dessen hat die Andere Stimme die Antwort bestimmt und den Blick über den Skandal des Tags hinweg auf den Skandal der Epoche gelenkt –: wer sie einmal gehört, ihn einmal gesehen hat, kann beides nicht wieder vergessen. Der Bürger hat das Nein der Ethik mit aller Entschiedenheit nachgesprochen, sogar unterstützt von den Bauern, in deren Widerstandsbegründung es unüberhörbar mitspricht. Davon haben nicht einmal die Milliardenkosten ablenken können, die es macht, die Millionen Tiere zu »Kadaverbrei« zu zerschreddern, die Kosten selbst nicht und nicht die dialektischen Scheingefechte um die Frage, wem sie in Rechnung gestellt werden sollen: – uns in jedem Fall doch, auch wenn, damit es nicht so auffällt, allerlei magische Pseudonyme als Adresse darauf stehen: »der Bund«, »die Länder« oder »der Steuerzahler«. Es ist ein Sühnebedarf entstanden, und der Bürger, der weiß, woher er eigentlich stammt, hat ihn anerkannt. Nicht hingenommen haben ihn nur die der Tat nahestehenden Kreise, die überall die Chance für »Entschädigungen« wittern und die Ethik dem lyrischen Flattersatz vorbehalten möchten. Sind ethische Regeln nur dann verbindlich, wenn sie keine Kosten machen? »Trotz ethischer Bedenken« rechnet die zuständige Ministerin mit dem Massaker, und eine andere Ministerin hat Bedenken nur, weil die Opfer nicht der Ernährung dienen, sondern »letzten Endes« bloß Heizmaterial werden sollen –: ja, ist der Mensch, sobald er nur frißt, ethisch aus dem Schneider? »Trotz ethischer Bedenken« bedeutet, ganz und gar nicht exkulpierend, Tateinsicht – und ist einer der jämmerlichsten Sätze, die zum Skandal gesprochen worden sind. Wer seine Arbeit vom obersten Gebot des Lebensschutzes bestimmt sieht, kann – und muß wahrscheinlich meist – in die Lage kommen, »trotz wirtschaftlicher Bedenken« zu handeln. Aber er kann nicht dem Lebens-Synonym Ethos trotzen; das ist eine Konkursanmeldung. Die Ethik sagt Nein zum Massaker an Millionen Tieren, vom bestehenden Gesetz zu schweigen: eine elementare Entscheidung, die jeder seelisch intakte Mensch treffen kann, egal was Tüfteljuristen oder die »Vertreter der beiden großen Konfessionen« dazu sagen. Es geht nicht mehr. Wer eine Lebensvernichtung solchen Ausmaßes plant, so gibt sie zu erkennen, schließt sich aus der

Gemeinschaft der sittlich verfaßten Nationen. Es geht nicht mehr. Was tun? Die Verwunderung darüber, daß Parteien und Verbände, die sich zum Christentum oder ähnlichen trittfesten Weltanschauungen bekennen, angesichts solcher Massen-Massaker-Vorhaben derart unbesorgt in die Zukunft blicken, mag beiseite bleiben –: es wird mit ihren Überzeugungen wohl doch nicht so weit her sein, wie sie uns glauben machen. Der christliche Bauer im Fernsehen (»Ich habe doch keinen Zoo!«) wird uns auch sein Christentum etwas kosten lassen, das steht fest. Also müssen wir ihn auf eine Weile als Tierpfleger bezahlen. Wie viele Rinder können von den Milliarden, die ihre Vernichtung kosten soll, ihr Gnadengras verzehren? Weideland, EU-weise brachgelegtes, gibt es genug; es »rechnet sich« sogar, wenn man's rechnet. Aber selbst wenn unterm Strich ein paar rote Zahlen blieben, sie wären eine Kleinigkeit gegenüber dem immensen Schaden, der geschichtlich aus einer so unerhörten, noch nie dagewesenen animalischen Lebensvernichtung erwüchse. Dergleichen mag »die Natur« selber tun, wenn sie Kälte in die Mongolei schickt; aber sie ist unser Vorbild ja nicht, war selber noch nie die Richtschnur humanen Handelns –: ein bißchen anders wollen wir's doch bitte anstellen, als der Schöpfer uns in seinem fatalen Modell vor Augen hält, wenn wir Wert darauf legen, der in Jahrtausenden erarbeiteten Gesittung den Rang einer menschlichen Wertschöpfung zu bewahren.

Was denn tun – außer dem Selbstverständlichen? Die Folgen reichen weit. Wer einen so gigantischen Verstoß gegen die Gesittung begeht, verliert das Recht, in Fragen der Gesittung Urteile zu fällen und Maßnahmen zu ergreifen.

Er verliert u.a. die Legitimation, namens der Humanität gewalttätig Streit zu schlichten; er verliert die Befugnis, Menschenrechte einzuklagen. Denn die Menschenrechte selbst werden verletzt, wenn der vertretende Staat ein Massaker anordnet, das die erdrückende Mehrheit der Vertretenen unverantwortlich findet, und eigentlich verliert er damit seine gesamte Autorisation. Die Grenzen der Staatsermächtigung müßten längst ein rechtsphilosophisches Thema sein: ihren absoluten Charakter hat »die Macht« lange verloren, in welchen archaischen Träumen sich die Mächtigen auch wiegen. Was tun? Deutschland kämpft auch gegen Probleme immer gern bis zur letzten Patrone und hört erst auf, wenn alles in Scherben fällt; aber am Ende steht ja doch die Bedingungslose Kapitulation: – warum nicht gleich? Was tun denn? Rechtzeitig kapitulieren natürlich – bei soviel alliierten Übermacht-Verhältnissen. Das heißt bedingungsmäßig vorab: Proportion sehen und die kleineren Übel vom größeren unterscheiden lernen; es heißt damit: als zentrales Problem jenes »Verhältnis« sehen lernen, das nie wieder »normal« werden kann und darf, das zu den Tieren. Generell heißt es ferner: Anerkennung der absoluten Priorität der Ethik; pragmatisch: entschieden beginnende, vorsichtig wachsende Reduktion des Fleischverzehrs. Es heißt schließlich: Absage an das aus Amerika eingeschleppte Prinzip der Exzeß-Wirtschaft; es gehört zu den Niedrigen Beweggründen, die bei anderen Kriminalien strafverschärfend, nicht -mildernd wirken. Die hemmungslose Hab- und Besitzgier, die überall harmlos im Munde geführte Sucht nach der »Gewinnmaximierung« –: unsere Psychologen könnten es langsam an der Zeit finden, der Gesellschaft zu erklären, was es bedeutet, wenn der Entwicklungsweg des Ichs durch eine Störung an einer früh-infantilen Stelle arretiert wird und deren Programm fortan unablässig und lebenslang repetieren muß, – hier am Abschnitt der Realitätsaneignung, einem der wichtigsten überhaupt, ganz in der Nähe der Fraßsucht gelegen –: eine Störung selbst jedenfalls, auf die man nicht stolz sein muß. Sie ist, diese mechanisch grabschende Habe-Gier als Charaktereigenschaft peinlich, als Wirtschaftsprinzip ein Irrtum, als evolutionärer Grundantrieb der peinlich-irrigen Kreation Mensch gleich an zweiter Stelle, nach der Mordlust, jedenfalls der sittlichen Bändigung und Korrektur bedürftig. Ein paar Politiker werden »dagegen« sein; aber was liegt denn an ein paar Politikern! Was liegt daran, daß ein paar Händler nicht mehr reüssieren? Daß ein paar Habgierer fallieren und ein paar Betonbaracken weniger in die Landschaft wuchern? Wer sich auf die Grundlagen aller Gesittung zurückbesinnt, ist vielleicht der Aufforderung, auf die ganze Wirtschaft einmal probehalber zu pfeifen, nicht mehr ganz so verschlossen, wie sie's gern möchte.

Notwendige Zielsetzungen können sich durch Übertreibung vereiteln –: Reduktion des Fleischverzehrs heißt nicht totaler Vegetarismus. Er wird sich, nach gemachtem Anfang, sehr langsam nur weiter ausbreiten, und der Hinweis klingt allemal weltklug genug, daß andere Raubtiere auch weiterhin Fleisch fressen, ohne sich wie Morgensterns Hecht von einem Moralprediger bekehren zu lassen. Der Mensch *ist* ein Raubtier, sicher, eine gelungene Kombination aus Killerhai und Säbelzahntiger, mit bloß etwas Mondschein als Puderzucker obendrauf, und es gäbe durchaus Gesichtspunkte, die Mischkreuzung mit den sanftäugigen Kühen vielleicht sogar zu begrüßen. Der Mensch ist ein Raubtier, aber eben nur metaphorisch, bitteschön; »in Wirklichkeit« ist er ein Pflanzenfresser, der sich nur falsch ernährt und deshalb ein »Gesundheitswesen« unterhalten muß, über das der ganze Kosmos lacht. Zu den Vorteilen der vegetarischen Ernährung gibt es Bibliotheken voll Literatur, und bei den »paar Vegetariern« handelt es sich nicht bloß um einen kleinen Verein, der irgendwo in der Vorstadt links hinter der Tankstelle gemeinsam Bier trinkt; ihre Einsichten haben längst einen festen Platz in der Statistik der Gefäß- und Gewebekrankheiten, und zwar einen nur positiven. Aber die Nutzen-Begründung für den Vegetarismus ist eine Hilfskonstruktion der Vernunft; die Kernbegründung bleibt ethischer Natur. Vielleicht gelingt es ja auch irgendwann, als kleine Schulung der Empfindlichkeit, genug Ekel in die Vorstellung zu bringen, daß man von kleingemahlenen Tierleichen gemästete Nahrungsmittel vor sich auf dem Tisch hat? Bei Karpfen aus einem Teich, in dem eine Leiche gelegen hat, würde das Gruseln doch ausreichen, auch die gierigsten Mäuler zu schließen: – es wäre das immerhin ein Anfang. Die Seuche liefert uns zugleich das schöne Modell einer Machbarkeit, die man in der bloßen ethischen Diskussion bestritten hat: die der gewaltigen Umstellung der Futtermittel. Ist sie bei den Tieren möglich, denen von heute auf morgen Ersatz für das Tiermehl geschaffen werden muß, so auch bei den Menschen, die sich die Tiernahrung ersetzen müssen. Sicher, ein paar Profitmacher gehn pleite; dafür bekommen andere Branchen Aufwind, und im Großen bleibt ja doch alles »in der Familie«. Und daß die Schlachthöfe sich reduzieren, bringt uns zudem das beruhigende Gefühl, weniger Nachbarn zu haben, die mit bluttriefenden Händen in den Feierabend kommen. Die Vernunft lehrt, was geht, wo die Ethik uns beibringt, was nicht mehr geht. Auf dem gängigen Weg kann uns auch der Staat, der große Wegelagerer an allen unseren Wegen, mit einer Konsumsteuer nachhelfend auflauern, wenn die kostengerechte Umlage die Preislatte noch nicht hoch genug legt, so daß Fleisch ein schwer erschwingliches Genußmittel wird wie sagenwir Kaviar. Den »Schaden« hat die ganze Gesellschaft wie den unabsehbaren Nutzen; sie muß nur umlernen. Umlernen mußte sie schon andermals, »im Krieg« nämlich, als es Fleisch nur in Gramm-Mengen gab; es ist ihr – ich bin Zeuge – durchaus gut bekommen.

Nun fliegen die eingedrillten Wörter wie wahrlich nicht gescheit: »Versorgungseinbruch«? Ach was: es geht nur dem Überfluß an den Kragen, nicht dem Notwendigen, das jeder weiterhin für sich definieren möge. »Zusammenbruch des Rindfleischmarkts«? Nicht doch; das ist ein bloßes Zetermordio der Profitfront. »Überlebenskampf« der Fleisch-Industriellen? Man sieht sie richtig vor sich, wie sie in ihren Villen mit den Sorgen ringen –: Gott, wie tragisch! Vielleicht sollten sie gar nicht überleben, sondern einfach zur Hölle fahren? Ach, die schönen Zeiten sind dahin, wo die Religion für Sünder ihres Schlages noch den Feuerpfuhl bereit hielt... Blödheit lacht, und mit ihr die ganze widerwärtige, kirchensteuerzahlende Kaste, die ihre Befugnis, mit Tod und Leben Handel zu treiben, noch nie hinterfragt hat –: warum sollte sie darüber nicht notfalls im Schuldturm nachdenken dürfen? Keinen Pfennig Steuergeld für ein »nationales Existenzsicherungsprogramm für Rinderhalter«! Gibt es, wie ein Minister sich ausdrückt, »unverschuldet in Not geratene Betriebe«? Ergreifend, wie uns das Bild von wenigen still weidenden Schwarzen Schafen gemalt wird – inmitten der Herde der Unschuldslämmer. Sollen wir die alle für Analphabeten halten, die nicht lesen konnten, was auf den Papiersäcken stand? Ach nein, sie wußten auch immer, wo man Antibiotika bekam und somatotrope Hormone, sogar das nie zugelassene BST; es gab und gibt einen Schwarzen Markt für die Schwarzen Schafe. Nun wollen wir sie ja gar nicht, wie derselbe Minister fürchtet, eigens »an den Pranger stellen«, was auch höchstens metaphorisch geschehen könnte; sie sollen nur nicht auch noch belohnt werden. »Erstattungsfähige Schäden«? Entweder haben sie gewußt, was sie verfütterten, dann sollen sie's uns büßen, – oder sie haben's nicht gewußt, dann sollen's die Lieferanten ihnen büßen, die sie getäuscht haben. Die »Schuld« liegt im Begriff »Kadavermehl« selbst beschlossen, gar nicht in der davon übertragenen Krankheit. Ein Bauer des 19. Jahrhunderts, also grad um die Ecke, würde auf Darlegungen eines heutigen Kollegen zur Agrar- und Ernährungswirtschaft fraglos mit der Frage reagieren: »Sind Sie denn wahnsinnig geworden?!« Rinderwahnsinnig vielleicht noch nicht, aber menschenwahnsinnig längst, von einer Ansteckung her, die weit zurückliegt. Sie ist der Feind.

Oder wäre das alles bloß Sonntagsenthusiasmus und Kanzel, und der immer so unendlich überlegene volkswirtschaftliche Aspekt bliebe das Wahre? Oder der elementar animalische, mit dem er primitiv genug zusammenhängt?

Es »schmeckt« eben, das Fleisch, und noch in der ausgeklügelten Argumentation ist das Schmatzen, das Charaktergeräusch der Gegenwartsgesellschaft, nicht zu überhören. Es »schmeckt« eben, und der Gute Appetit als Ergo-Sum ist allgemein anerkannt. Wie wird die Zukunft schmecken? Sie ist doch sicher auch hierin das Schlaraffenland der Unbegrenzten Möglichkeiten. Wieso wurde das Tiermehl uns eigentlich über einen Zwischenträger zugeführt und nicht direkt zum Mund, schön misch-gestaltet als Wurst, appetitlich geformt als Braten? Ein paar Geschmacksdetergentien drüber, ein paar Farbstoffe rein, und schon steht's frisch auf dem Tisch. Bei Katzen und Hunden, die immerhin geborene Fleischfresser sind und im Dosenfutter längst nach diesem Modell bedient wurden, klappt es freilich nicht immer, wenn auch immer öfter: sie wenden sich, selbst hungrig, manchmal unerklärlich von der gesegneten Mahlzeit ab, und was aus dieser wird, wenn sie unverschlungen nur ein Viertelstündchen an der Luft steht, mag sich jeder als Experiment zu erfahren gönnen. Aber die Menschen werden schon nicht so heikel sein; im Kino kann man's bereits sehen, nur daß den Tätern dort, aus einem sehr künstlichen, nicht gerade der Wirklichkeit abgeguckten Kunstprinzip heraus, dramatisch draufgekommen und der Garaus gemacht wird. Nachdem wir nun einmal aus gegebenem Anlaß erkennen gelernt haben, was Profitgier und Händlermentalität zu leisten vermögen, können wir doch gleich auch den weiter-nächsten Schritt in die Zukunft tun und zur Anregung die Vor-Schläge der Dreizehn voll aushorchen. Einer davon, ziemlich früh, so um sechs oder sieben geschlagen, stammt von Jonathan Swift. Zwar sind alle

Horror-Satiren der Literatur inzwischen von der Wirklichkeit überholt worden, aber diese eine steht, wenigstens soviel ich weiß, noch offen: Kommt sein »Bescheidener Vorschlag« vielleicht doch noch zu Ehren...? Wie schmeckt eigentlich Kinderfleisch? Es wird doch irgendwo ein Institut geben, das entsprechende Forschungen betrieben hat. Gibt es in unseren Strafanstalten keine Kinderfresser mehr, auf deren Erfahrungen zurückgegriffen werden könnte, oder sind sie alle wegen eigener schwerer Kindheit schon wieder entlassen? Man ist doch neugierig: Schweinebabys sind ja eine erprobte Delikatesse; Rinderkinder werden, bei kultivierter Zubereitung, gern genommen: – also, warum so zögerlich hier? Wer andere Wesen sich selber fressen läßt, sollte doch, wenn die nicht so recht mitziehen wollen, mit eigenem Beispiel vorangehen. Natürlich könnten nur die besten Stücke in den Handel kommen, der auf sich halten muß (»strenge Auflagen«); aber die Abfälle (»Separatorenfleisch«) könnten zu Menschenmehl weiterverarbeitet und an die Dritte Welt verfüttert werden, die sich ja als Haupt-Produktionsland wiederum anbietet... Wann werden Menschen dehydriert und pulverisiert und als Brennstoff verwertet? Weiterverarbeitung von Leichen –: im Kino gibt's auch das bereits, und so phantastisch sind dessen Einfälle ja doch nie, daß die Wirklichkeit sie nicht einholen könnte. Sollen wir ernstlich glauben, die menschliche Habgier, die den Grundgeist der Wirtschaft bildet, werde vor dem allen zurückschaudern? Aber wieso sollte sie denn! Gibt es Beispiele, daß sie je vor etwas Perversem zurückgeschaudert wäre? Man kann das Abendland auf alle möglichen Arten untergehen sehen; die Angebotspalette ist größer als je, und dem Homo sapiens, der Krone einer Schöpfung, der alles zuzutrauen ist, wollen wir doch ruhig Alles zutrauen.

Und alles gegen ihn aufbieten. Das Nein der Ethik muß wieder neu einstudiert werden, bis es »im Chor« erklingt, millionenstimmig. Es geht nicht bloß um kreatürliche Mitgefühlskundgaben; es geht um die Achtung vor Rechten. Ihre Grundwerte haben für Menschen inzwischen, mühsam genug, mit einer Menge von Salzkörnern, eine definierte Form erhalten –: sie müssen, es steht nicht zu ändern, auf alle Bewohner des Planeten ausgedehnt werden, die eine höhere Wesenheit erkennen lassen. Dies heißt, lange schon verlangt: der Tierschutz muß aus dem albernen Gesetz, das ihn nur unterläuft, heraus in die Verfassung. Ein humanes Selbstverständnis ist nicht mehr möglich ohne die Eingrenzung aller »Mitgeschöpfe«. Der Bürger hat die seltene Chance, unmittelbar souverän zu handeln; er hat die Chance, die Mächtigen abzustrafen, die sein Schaden waren und sind, indem er einfach fortsetzt, was er als Antwort begonnen hat: die Reduktion seines Konsums. Er hat eine gewaltige Lehre der belästigten Natur erhalten; er kann der Macht selber eine gewaltige Lehre erteilen. Nachdem »der Mensch« sich doch in anderer Hinsicht längst entschlossen hat, vom Brot allein zu leben, sollte er's vielleicht nur einfach ein bißchen wörtlicher tun? Nicht ganz wörtlich; so unrealistisch bin ich nicht. Aber das Endziel muß sein, den Fleischkonsum gänzlich aufzugeben, irgendwann, nach vielen Generationen des Abbaus. Am Ende steht dann als Ziel noch vieles – darunter, mit der Änderung der Fraßgewohnheiten eng zusammenhängend, auch eine neue Wirtschaftsmoral – die es ja doch schon einmal gab, in den frühen Gründerjahren nämlich, jenen schönen Fernen Zeiten, in denen man in den Zeitungen noch Berichte über »Fortschritte der Zivilisation in Nordamerika« las…

Die BSE-Krise ist eine Chance, »die Welt zu verbessern« –: nicht oft bietet sich in der Kulturgeschichte die Gelegenheit, einen kleinen geschichtlichen Evolutionssprung zu tun… Sie wollen nicht? Das kommt mir nicht unerwartet. Auch recht, lassen Sie's gut sein und leben Sie wohl. Essen Sie täglich Rindfleisch.

Tiere – Rechte – Ethik

Kleines Parlando über die Großen Dinge

Ich fürchte, die Thiere betrachten den Menschen als ein Wesen Ihresgleichen, das in höchst gefährlicher Weise den gesunden Thierverstand verloren hat, – als das wahnwitzige Thier...

NIETZSCHE

Wir müssen buchstäblich bei Adam und Eva anfangen, denn es ist eine sehr alte Geschichte. Zwar lesen wir sie heute ein bißchen anders als unsere glaubensfesteren Vorfahren, die sich's wohlig in ihrer Wörtlichkeit bequem zu machen und theologisch wissenschaftlich sogar den Erschaffungstermin der Welt zu errechnen wußten, nämlich den 23. Oktober 4004 v. Chr. um 9 Uhr morgens (so der Hebraist John Lightfoot im 17. Jahrhundert); wir wollen unser amüsiertes Besserwissen in Grenzen halten und uns nur ganz kurz das blasierte Mienenspiel unserer heutigen Wissenschaft leisten, die inzwischen ein wenig weniger nicht-weiß. Aber sie ist immer noch lehrenreich zu betrachten, die alte Geschichte, und wer sie in seiner Kindheit, lernfreudig und noch ganz ungestört von Anthropologie und Astronomie, von Biologie und Verhaltensforschung, in den schönen alten Bilderbibeln zuerst betrachtet hat, denen des 19. Jahrhunderts am liebsten, Schnorr von Carolsfeld etwa oder Doré, dem bleibt das Bild vom Eden-Garten, allen anderen voran, fürs Leben unvergeßlich –: nicht nur die ideale Landschaft, das »Heimat«-Modell aller blühenden Künstlerphantasien, sondern auch das Ensemble der Wesen darin, der Produktion des Sechsten Schöpfungstags: das sympathische Menschenpaar, ersichtlich in keinem gravierenderen Problem befangen als dem, mit anmutig belaubten Ästchen seine Geschlechtsmerkmale zu verstecken, – die

Entstandenen Arten der Tiere drumherum, zigfach überlegen an Quantität und bereits mit allen Instrumenten böser Umgangsformen ausgerüstet, mit Pranken und Krallen, mit Reiß- und Giftgebiß, doch unbedrohlich nicht nur für die beiden Aufrechtgänger, die noch kein Wässerchen trüben können, sondern auch für einander allesamt, der Falke neben dem Sperling, der Löwe neben der Gazelle, die Katze neben der Maus, – und schließlich, last not least, der Gartenbesitzer selbst, sichtbarlich grundzufrieden mit seiner Tagesleistung, unverfälscht wohlwollend, der spätere Große Wassertrüber, und so unallwissend väterlich, daß man ihm nichts von seiner Zukunft und keine Spur von dem ansieht, was Freud dann ihm und allen »Vätern« nachwies –: welch eine wunderbare Symbiose! Welch eine Idee auch, dieser metaphysische Zoo, der unsere grausamen irdischen Imitate allesamt zu trostlosen Karikaturen macht, dieses Idyll, dessen bloßer Abbildung der Inbegriff eines Friedens- und Freudenlebens gelang, wie ihn noch keine andere menschheitliche Sehnsuchtsprojektion so umfassend und konzentriert zuwege brachte, diese oberste aller Utopien, die doch wortwörtlich einfach »Tiergarten« heißt – *pardês* hebräisch, *parádeisos* griechisch –: das »Paradies«!

Nun wollen wir es nicht bei der Rührung bewenden lassen, sondern, wie seinerzeit der Blick des Superintendenten Herder auf die Szene, Erkenntnisnutzen daraus zu ziehen versuchen: Eine wunderschöne Poesie gewiß, ein grandioses Stück archaischer Literatur, – ist sie aber mehr? Sicher nun nicht das *Autos-epha* des Gartenarchitekten und Designers selbst; das glauben höchstens noch ein paar vom Aussterben bedrohte Amerikaner. Auch schwerlich Geschichte wohl, aus Urzeiten dunkel erinnert; was wir uns von ihnen, an ein paar leidlich feststehende Evolutionsdaten geklammert, vorstellen können, ist wahrlich allem Idyllischen fern und im Gegenteil so haarsträubend, daß nur unser genetisches Gedächtnis, nicht ganz so empfindlich wie wir heute selbst, uns einiges davon aufgehoben hat. Eine bloße Wunschproduktion also? Das Wort liegt bequem zur Hand, anscheinend gut geeignet, auch den nüchternen Frager vollends zu ernüchtern, und wenn die Psychoanalyse, die unseren Begriff des »Historischen« sehr erweitert hat, uns in der Ontogenese des Individuums an die früheste Symbiose, die mit der Mutter als Stellvertreterin der ganzen eigenen Art, und an ihre Befriedigungserlebnisse verweist, so erklärt sie fraglos die meisten unserer späteren sozialharmonischen Strebungen. Doch es verbleibt ein Zögern, auch jenes andere Zusammen-Leben, das mit den andern Arten allesamt, in der phylogenetischen Geschichte auf einen entsprechenden, im Wunsch Wiederherstellung fordernden Primärvorgang zurückzuführen, und daß uns die Beobachtung unserer Kleinstkinder, in deren Umgang mit anderen Lebewesen die Artendifferenzierung noch nicht ausgeprägt erscheint, dieses Zögern verweisen möchte, verhilft uns doch nicht zur Gewißheit. Die Hypothesen ließen sich fortsetzen, gelehrt wie ungelehrt, denkend oder nur fühlend; keine bleibt ohne zweifelhaften Rest. Es steht, so scheint es, nicht allzu gut um unser Geschick, uns das Ergreifende der alten Geschichte, die unsere Geschichte offenbar nicht ist, über eine rein ästhetische Genugtuung hinaus zu erklären –: ja, warum legen wir sie nicht kurzerhand denn zu den Unerforschlichkeiten, die nach Goethes

Empfehlung einfach schweigend zu verehren sind, – was handeln wir überhaupt so umständlich von einem Welt-Bild, gegen das »in Wirklichkeit« doch Alles ganz anders ist?

Es ist ja auch in der Alten Geschichte in Wirklichkeit alles bald ganz anders; Sie wissen, wie sie weitergeht. Der Gartenbesitzer hatte eine strenge Benutzungsordnung erlassen und die, wiewohl nur vegetarische, Ernährung durch das Verbot einer bestimmten Obstsorte eingeschränkt; das Menschenpaar übertrat's, und der ganze Tiergarten, einheitlich mitgefangen, verfiel der Bestrafung: er wurde aus der schönen Symbiose vertrieben, und die Himmelsgeschichte war zu Ende, die der Hölle begann. In ihr wurde nun alles buchstäblich auf den Kopf gestellt; aber wir müssen dessen Kontrastprogramm, einen Ersatz-Garten zu entwerfen, als durchaus rührige, immer strebende Bemühung so wenig würdigen wie die alte Theologensorge, ob denn nach jenem Original-Verstoß überhaupt etwas Rechtes dabei herauskommen könne, um zu wissen, daß es etwas auf den Kopf Gestelltes war. Ein Garten, ja, noch einmal, dieses aufwendige Etwas, das »Kulturgeschichte« heißt, »Zivilisation«, aber erschreckend »ganz anders« und für den hortologischen Blick von ehedem »pervertiert« wahrhaftig: Eine Landschaft, in der die Vegetation, das dritte Mit-Leben, nur noch in Rudimenten vorkommt, von einer beton-gegossenen Zweckwelt gestutzt und zersetzt, – die Tiere darin auf kleine reservierte Ecken zusammengedrängt, mit zerfranstem Gefieder und verkommenem Fell, in ein fremdbefristetes Überleben geduckt, die Todesangst in allen Augen, sehr reduziert schon längst, nach Arten wie in jeder Art,

Besiegte mit ihren altmodischen Waffen, – dafür die Sieger nun überall, die alles Gleichgewicht sprengende einstige Abart, von der noch Platon in seiner Schöpfungsgeschichte bemerkenswert fand, daß sie eigentlich von allen Arten am mangelhaftesten ausgestattet sei, die beiden Nacktschnekken, das vervielfältigte Pärchen, das nach dem Ästchen griff und längst den ganzen Wald hat, inzwischen bis unter die Stirn bewaffnet mit allen nur denkbaren Klauen- und Krallenhaftigkeiten, mit einem wahren Inbegriff von Reiß- und Giftgebiß, daß jedes bloße »Raubtier« davor blaß wird: – wo ist denn der frühere Gartenherr hin, der väterliche Genetiker dieser Genesis, der einmal »alles gut« fand, grundzufrieden? Er sollte es uns wiederholen, dieses »alles gut«, finden wir; allein, er ist nicht mehr da, schon lange nicht mehr gesehen, vielleicht längst tot, ein Opfer selber seiner Kreation geworden, und das vor über hundert Jahren schon, wie es Nietzsche vermutete, als ihm die Abwesenheit auffiel... Dies also unser Garten »in Wirklichkeit«, das »Ist«-Bild der Welt, realistisch zu sehen – realistisch auch zu benennen? Die alte Geschichte hat sehr viel mit Gut und Böse zu tun, und wenigstens der Gegenbegriff zu ihrem Idyll müßte verwendbar sein; aber wenn ihr, das zeigt die grundzufriedene Miene so vieler der heutigen Gartenbesitzer unbestreitbar an, nicht einmal das damals gewonnene Unterscheidungsvermögen mehr zu glauben ist, was hat sie uns dann noch zu sagen gegen unser Wirkliches Weltbild – was handeln wir, nochmals, so umständlich davon?

Sie hat uns, sie selber, tatsächlich ein Unterscheidungsvermögen verliehen, und das ist der Rest, der immer noch aus ihr bleibt, gerade wenn ihre Historizität uns so wenig mehr einleuchten kann wie die Verfasserschaft eines metaphysischen Stilisten. Nicht Gut und Böse scheiden sich darin: – das sind vergleichsweise subjektive Begriffe, so hoch ihr Brustton auch über alle anderen wegzutönen scheint, und die definitive Bestimmung bleibt, ihre Geschichte beweist es, Auslegung und schwankend. Sondern es tritt darin der Gesamtheit unseres »Seins« das komplette Phänomen eines »Soll-Seins« an die Seite: eine Gegen-Wirklichkeit, nicht mehr ein bloßer, wie immer auch entstandener Optativ unserer Wahrnehmungsgrammatik, sondern aus der übergeordneten Syntax selber stammend: ein Objektivum geradezu von außerhalb unserer Sinnenwelt und ihrer vom Lustprinzip verformten Wahrnehmungen – aus jenem Großen Ganzen sich abbildend, das »universell« heißt und in dem alle scheinbaren Gegensätze »tatsächlich«, »wirklich«, »realistisch« im Gleichgewicht e i n e s Gesetzes funktionieren: der »Symbiose« schlechthin. Es redet da, Bilder bildend, mit Affekten affizierend, eine Stimme auf uns ein, die buchstäblich nicht »von dieser Welt« ist – nicht nur weil sie auf ihrer rückverfolgbaren Kausalitätenstrecke, der individualen wie der stammesgeschichtlichen, keine zwingend erklärende Ur-Sache aufspüren läßt, sondern weil ihre Vokabeln allesamt außerhalb unserer Wort-Schätze liegen, erfahrungsextern in jedem Sinn, ja sinnlos für unsere Sinne: ein phänomenales Etwas, »außersinnlich« einwirkend, eindrucksvoll ausdruckslos: eine Stimme, die zu sehen – ein Bild, das zu hören – ein Gedanke, der zu fühlen – ein Gefühl, das zu denken ist –: das befehlende Panorama eines Soll-Seins, neben dem die Beratungen dessen, was »Gewissen« heißt oder »Über-Ich«, durch die Psychoanalyse als kulturgeschichtliche Erwerbung unserer Konstitution verständlich geworden ist und uns gelegentlich, wenn leider auch sehr unterschiedlich laut, beim Handeln dreinredet, wie bloße Redensarten wirken... Nun sind die Redensarten unser Schicksal auch hier und die Wörter hilflos allesamt, insuffizient wie vor dem Sein so vollends vor dem Soll-Sein, und mit ihnen von dessen Landschaft zu sprechen wird doppelt heikel dadurch, daß es diese in die fatale Nähe des kirchenreligiös behaupteten »göttlichen Heilsplans« geraten läßt, der nach soviel erkennbarer Unheils-Vergangenheit seiner Behaupter doch allzu viel Gut-Gläubigkeit von uns verlangt: – wäre denn nicht wenigstens säkularer davon zu reden? Die Theologien haben es beneidenswert einfach – wie etwa die jüdische, die an die Präexistenz der Tora glaubt, in der sogar Elohim selber nachgeschaut habe, als er sich zur Weltschöpfung anschickte –: wäre nicht säkularer davon zu reden? Eines Tages durchaus natur-wissenschaftlich vielleicht: von der Möglichkeit, daß in diesem Panorama des Soll-Seins ein über-3-dimensionales Endbild jenes alle Kräfte-Vorstellungen übersteigenden Energie-Sogs sich in unsere Wahrnehmung projiziert, in dessen zeitlicher Verwirklichung wir nur die infinitesimal winzigen Quanten sind? Wir haben dafür inzwischen, »zur Zeit«, den Begriff »Evolution«: Vokabel für die aus der Biologie von Darwins kausalstatistischem Ansatz auf alles Anorganische bis in die kosmische Geschichte ausgedehnte Vorstellung von einem gigantischen, alle Vorstellung selbst sprengenden Wachstumsprozeß der Gestaltenfülle, ausgelöst von einer initialen Explosion, die das Unerkennbare selber ist, zielgerichtet auf eine Vollkommenheit unausdenklichen Ausmaßes...

Wir wissen nicht viel, haben noch viel zu ahnen; die Wörter bleiben hilflos und insuffizient – wie das Wort für das Sensorium, das sie uns suchen läßt, der sicher komplizierteste aller anthropologischen Begriffe: »die Seele« ... Hilflos und insuffizient –, und ich habe hier nur darum so viele davon aufgeboten, um wenigstens quantitativ das volle Gewicht dessen wiederherzustellen, von dem sie parlando ausgingen und zu dem wir zurückkehren wollen –: daß wir »berührt« sind von der Gewalt jenes Symbiose-Bildes, hat uns, nun wieder kurz gesagt, zu »erinnern«, daß wir einer Ontologie zugehörig sind, deren notwendige Wirklichkeit wahrhaftig die unsere und ihre kleinen Wahnbildungen übergreift. Es bewahrt, dieses nur scheinbar idyllisch phantasierte, in Wahrheit eine zwingende Tat-Sächlichkeit spiegelnde Bild jedenfalls eine ganz eigenartige Autorität, die uns festhält wie eh und je, und ihr Merkwürdigstes ist sicher dieses »wie eh und je« selbst: daß sie nämlich, aus der ältesten Literatur unseres Kulturkreises stammend, ihren Imperativ bereits »im Anfang« endgültig formuliert hat: *bereschit – en arche* – –

Das Echo dieser befehlenden Stimme des Soll-Seins reicht durch die Geschichte bis heute. Es heißt »Ethik«; »Symbiose« könnte ihr Synonym sein. Die Symbiose der Wesen ist jedenfalls ihr Grundthema, früh schon dringlich geworden durch die enorme Vermehrung des Aufrechtgänger-Paars, und wenn so auch dessen Zielbestimmung darin Vorrang bekam, so hatte es doch immer wie selbstverständlich das gesamte Arten-Panorama des Lebendigen im Blick. Sie war, die Ethik, eine philosophische Wissenschaft: der großartige Versuch, das menschliche Wollen in die Pflicht zu nehmen, seine Grundantriebe auf ein erträgliches Benehmen einzuschwören und das Einzelne mit dem Anderen zusammenlebensfähig zu machen. Aber während die asiatische Antike durch die Zulassung auch der irrationalen Erfahrungsinstrumente zu einem erstaunlich weiten Lebensbegriff gelangte und zu entsprechend lebensfreundlichen Maximen, entwickelte sich in der abendländischen, »klassischen« die Vernunftstradition der abstrakten Begriffsbildung mit kausal-logischer Definitionsgrammatik, und die Ergebnisse waren für die Gleichberechtigung des Lebendigen vor dem Leben nicht immer günstig. Wo ein Soll-Sein formuliert werden soll, ist die Beobachtung des Seins zur Autoritätsfindung wenig ersprießlich und muß zwangsläufig zur Einschränkung des Beobachteten und seiner Vielfalt führen: zur Begrenzung der philosophischen Bemühung auf eine Zielgruppe, deren Grundbeschaffenheit eine Strebensgleichheit wenigstens vermuten läßt. Dem Menschen also wandte sich auch die menschliche Ethik zu, und wie verschieden auch ihre Soll-Beschreibungen waren – das sozialnützliche »Gute« des Sokrates und die »Tugend« Platons (mit seiner tiefsinnigen psychischen Instanzenharmonie), die aristotelische »Glückseligkeit« im Mittelmaßhalten oder gar die Askese des Antisthenes, daneben das Lustprinzip der Hedonisten und Epikuräer –, sie alle waren Selbstbehauptungen der Vernunft gegen das Nicht-Vernünftige und schrittweise Abwendungen von Pflanze und Tier. Abstrakte Begriffe verlangen zudem, wo sie aus den Erscheinungen abgezogen werden, den Gegen-Begriff zur eigenen Grenzbefestigung, um sozusagen Gegen-Standfestigkeit zu gewinnen; sie müssen mit ihm ins Konkrete der Erscheinungen zurückkehren und sich dort einer Entsprechung versichern, denn das »Absolute« ist nun einmal unsere Sache nicht. Die Tiere, deren Sache auch unsere Vernunft nicht war, parierten dieser Notwendigkeit der philosophischen Symbiose-Diskussion, in der sie immer noch immer dabei waren, und hielten still und stumm, als die Mit-Tiere, die nun immer gleicher als die andern wurden, sie bei der Parabel nahmen –, aber damit begann ihre Ausgrenzung aus dem Garten der Symbiose selbst, die Spaltung der Lebenswelt in das Eigentliche und das Andere – und das Ende des Paradieses endgültig... Sie wissen, wie auch diese Geschichte weiterging: die Theologie löste die Philosophie ab, und das Autoritätsproblem wurde von der Generallösung der Religionen erledigt, die, den Buddhismus ausgenommen, alle gemeinsam haben, daß ihre Benehmensregeln sämtlich auf ein *Egode-lego-hymin* oder *Qala'llahu* zurückgehen: – ich drücke es so entfernt vom Alltäglichen aus, wie Gottes Wort es unserem Alltag längst ist. Den Problemen, dem Nachdenken über sie tut das nicht gut; der Ethik tat es so wenig gut wie den Tieren. Beiseite gelassen, daß Jachwä-adonai, Theos und Allah sich durchaus verwirrend unterschiedlich über ihre Anliegen geäußert und die fundamentalistischen Theologien zudem genügend Exempel statuiert haben, was alles man mit Gottesworten anstellen kann, – fest steht, daß dem Zusammenleben der Lebe-Wesen kaum eine Lehre so nachteilig gewesen ist, so geschichtlich katastrophal wie die christliche. Sie hat eine Herrschaftsform über das Lebendige zu verwirklichen gesucht und verwirklicht, der kaum eine andere Diktatur vergleichbare Greuel an die Seite zu stellen wüßte, und daß sie heute davon zurückgezogen lebt, in leidlich erträglichem, wenn auch immer noch unauffälliger zu wünschendem Ruhe-Stand, kam wahrlich nicht aus freiem Entschluß. Ihre Ethik entstammte jenem unheilvoll anstelligen Soll-Satz, den der Gartenbesitzer seinen Geschöpfen ins Exil mitgab, dem vom Untertan-Machen und vom »Herrschen über die Fische im Meere, und über die Vögel unter dem Himmel, und über das Vieh, und über die ganze Erde, und über alles Gewürm, das auf Erden kreucht.« Er steht ganz in der Nähe jenes schönen Symbiose-Bildes; nichts hat uns ihm ferner gerückt. Denn die Trennung zwischen den Wesen bekam nun, nach all den wortreichen physischen Argumenten der Philosophie, einen metaphysischen Begriff, und er wurde den Tieren endgültig verderblich –: nicht nur die Vernunft fehlte ihnen, Voraussetzung u.a. dafür, in der Philosophie mitzureden, – sie hatten auch den »Logos« nicht, den aristotelischen so wenig wie wie den johanneischen, die theologische Summe (– fragen Sie mich nicht weiter aus, was das sei; auch Faust wußte es nicht genau –), und damit entbehrten sie, befand nun der Heilige Thomas von Aquin, die »unsterbliche Seele« und deren Erlösungsaussicht; man konnte sie nur tief unter dem gewöhnlichen Sünder und Nebenschurken sehen, dem beides gewiß war. Tatsächlich hatten die Tiere mit dessen Erbsünde wenig im Sinn, und sie sind denn auch, aus noch vielen anderen Gründen und trotz der Bemühungen des Heiligen Franz und des Heiligen Antonius, dem Christentum nie beigetreten (und wären sie es, so hätte es ihnen mit Sicherheit so wenig genützt wie später den Negersklaven, die mit ihnen auf eine Stufe gestellt wurden). Aber was durch das Christentum für sie in die Geschichte kam und die immerhin noch erträgliche Meinungsvielfalt der Philosophie auf über tausend Jahre beendete, war von allerschlimmsten Folgen und blieb endlos folgenreich auch, als seine Geschichte zu Ende zu gehen begann und die Meinungen sich langsam erholten. Noch Descartes, der intellektuelle Athlet und seelische Krüppel, stand in der fortwirkenden Tradition und hat nur ihre Endkonsequenz formuliert; er behält wenigstens das Verdienst, daß seine stupide Maschinen-These für die Aufklärer provozierend genug war, um sie an das Grundproblem der Ethik zu erinnern und zu differenzierteren Überlegungen zu bringen. Das Soll-Sein bekam durch sie wieder feinere Wörter – und feinere Farben: nie ist der alte symbiotische Garten so oft und so bewegend vors Auge gerückt worden wie in der Kunst des 19. Jahrhunderts, nie freilich auch so beängstigend künstlich. Wie selbst bedroht von der immer schwärzer heranwachsenden Gegenwarts-Zukunft, verstummen in dieser Künstlichkeit die Argumente zum ohnmächtigen Bekenntnis, schließlich zur bloßen Repetition, Zusammenbruchslaute insgesamt, Selbstlauf des längst Überholten; er dauert heute noch an, wo die Philosophie vor den ethischen Grundfragen der Symbiose Zuflucht bei den Kapriolen der Banalsoziologie findet und sich lieber in der Postmoderne aufhält als im Universellen…

Die Geschichte des Soll-Seins ist, können wir zusammenfassen, nicht weniger deprimierend als die des Seins, in dem wir mittlerweile angekommen sind, im nun endlich zur Neige gegangenen Jahrhundert der Werte-Katastrophen; sie war deprimierend vor allem für die Tiere, die, wiewohl bei ihnen selber wenigstens die Umgangsprobleme innerhalb der eigenen Art inzwischen längst gelöst waren, den Erkenntnis- und Entscheidungsprozeß abwarten mußten und keine sehr hohe Meinung von dem gewinnen konnten, was der erkennende und entscheidende Aufrechtgänger ihnen angeblich allen voraus hatte. Vernünftig sei der Mensch, hatten die Philosophen ihnen gesagt, und sie seien's nicht; er allein habe den Logos, sagte der Apostel Paulus endlos weiterhin, und sie, die *Zoa aloga*, kämen vor der Ewigkeit nicht in Betracht. Die Evolution läuft nach unseren Zeitbegriffen sehr langsam: – wie sollte das Symbiose-Problem so vom Fleck kommen? Vollends nachdem Kant den Logikern die Illusion verwiesen hatte, das Soll-Sein lasse sich aus dem Sein ableiten –: auch dessen Erkenntnisgeschichte, wachsend, war nicht weniger deprimierend, und an die »vernünftige Natur« der Stoiker als Modell ließ sich nicht mehr glauben: in ihr war unsere »Glückseligkeit« nicht vorgesehen; sie hat sich selbst im Sinn und ihre Kontinuation – ganz wie wir selber, ihre bloßen Quanten, uns und die unsere. Das Sein wurde schwieriger, das Soll-Sein mit ihm. Und da der Kontrastbedarf der Begriffe mit dem so immer schwierigeren Begriffsbedarf der Vernunftstiere auch immer mehr wuchs, wuchs auch der Kontrast zu den vernunftlosen. Es wurde jener veritable Abgrund daraus, den Freud im Zuge seiner Überlegungen zum phylogenetischen Erwerb von Verhaltensformen, als er ihn noch eine bloße »Kluft« nennen durfte, bereits durch »frühere Zeiten menschlicher Überhebung allzu weit aufgerissen« sah. Er wußte viel vom Kontrastwahn des Menschentiers – u.a. daß man unsere kulturgeschichtliche Entwicklung und das darin gewachsene »allgemeine Schema eines psychischen Apparates auch für die höheren, dem Menschen seelisch ähnlichen Tiere gelten lassen« müsse – und tadelte, daß »die Tierpsychologie die interessante Aufgabe, die sich hier ergibt, noch nicht in Angriff genommen« habe: – was wissen wir? Noch immer so wenig wie eh und je, vielleicht noch weniger. Noch immer ist »die Vernunft« der Fetisch unseres abgehobenen Selbstverständnisses, obwohl es sich doch längst daran überhoben hat und sich durch die Beobachtung vernünftig Handelnder zur äußersten Zurückhaltung bewogen fühlen sollte –: wo eigentlich ist die andere, tierische, die herablassend »Instinkt« bei uns heißt, ihr unterlegen? Würde sich nicht eher die Bedenkenlosigkeit, Wesen der eigenen Art zu töten, zur Auszeichnung des Menschen anbieten? Sie ist jedenfalls eine Eigenart, in der er unvergleichlich exzelliert; im Punkt Vernunft ist der Kontrast weit schwieriger zu erhärten – und das nicht nur, weil sie beim einzelnen Vertreter unserer Art so schwer nachzuweisen ist, daß sie sich höchstens sehr prinzipiell behaupten läßt. Daß Tiere die Bedingung »Gedächtnis« erfüllen, bedarf keines Beweises: in ihre Wahrnehmung des Augenblicks mischt sich auch erinnertes Erlebnis, und strittig mag höchstens die Frage bleiben, ob sie beim reagierenden Augenblickshandeln die Zeitmodi Präsens und Plusquamperfekt differenzieren können: – wir wissen es nicht. Wir wissen nur, daß auch das Menschentier es – zu einem Prozentsatz, der verschwiegen bleiben soll – nicht immer kann: geht beides bei ihm durcheinander, so nennen wir das »Psychose« und finden erhöhte Fürsorge angemessen – wenigstens in sittlich normalen Zeiten, die allerdings nicht immer die unseren sein müssen. Die Staatseinrichtungen und Gemeinschaftsstrukturen vieler

Tierarten imponieren uns ohne weiteres, und wieder Freud vermutete, sie seien, kaum anders als bei uns, einschließlich der »Verteilung der Funktionen« und der »Einschränkung der Individuen« Ergebnis eines Ringens »durch Jahrhunderttausende« –: keins der Vernunft? Daß »unsere Empfindungen uns sagen, in keinem dieser Tierstaaten und in keiner der dort dem Einzelwesen zugeteilten Rollen würden wir uns glücklich schätzen«, nannte er hinterhältig genug »kennzeichnend für unseren gegenwärtigen Zustand« –: einen der Vernunft? Die Beherrschung der Grundantriebe immerhin gilt uns als einwandfreie Tugendleistung, und an Bemühungen dazu fehlt es weniger als an Erfolgen; nur hat schon Plutarch darauf aufmerksam gemacht, wie sie bei den Tieren ganz ohne Vernunftsunkosten weit erfolgreicher stattfinde. Er ist sogar, Plutarch, in einer glanzvollen Dialog-Satire auf die homerische Erzählung von Kirke, die dem Odysseus sämtliche Gefährten in Schweine verwandelt hatte, so weit gegangen, das Schwein-Sein selber hoch zu preisen: es sei dem heroischen Mensch-Sein bei weitem vorzuziehen…; dies würde er allerdings, kennte er das Schicksal der Schweine inzwischen, heute wohl nicht mehr behaupten. Mit einiger Sicherheit sagen läßt sich allerdings, daß auch die Tiere mit dem Menschentier, alles erwogen, wohl nur selten tauschen mochten, und die Pferde und Hunde, die für uns in den letzten beiden Kriegen gefallen sind, hat schwerlich das Glücksgefühl beseelt, das ihren vernunftbegabten Herren von jeher zugemutet werden durfte, nämlich daß es *dulce et decorum* sei, fürs Vaterland zu sterben. Es ist eine buchstäblich eigenartige Sache mit den Glückseligkeiten: die der Tiere unterscheiden sich von den unseren, das ist wahr, und daran müssen alle vorschnellen Versuche einer Gleichmacherei scheitern; freilich unterscheiden sich von den unseren auch die unseren, und wo sich dem einen durch den Gebrauch des Putzmittels Sowieso-Ultra oder den Verzehr eines Zuckerriegels schon der siebte Himmel malt, fühlt sich der andere in seiner Zugehörigkeit zur Menschheit verunsichert. Doch gleichviel, die Befriedigungserlebnisse, deren Erstrebungs- und Stillungswechsel den sogenannten Lebenssinn formulieren, sind immer auf einen Kanon von konstitutionellen Vorgaben bezogen; von außen gesehen müssen sie alle wahnhaft heißen, und Adornos düstere schopenhauerische Klage über die »trübe und depressive Dauer« des Tiers, sein »bohrend leeres Dasein … zwischen punkthaften Augenblicken gestillten Triebs und endloser Sucht« beschreibt uns alle gültig gleichermaßen; die Anthropologie hütet sich nur, uns durch genauere Aufschlüsse zu erschrecken. Wir wissen wenig – über uns zum Glück, über die Tiere zum Unglück für die Tiere. Was zum Beispiel über die Sprache, das großartigste Attribut der Vernunft? Sie hätten keine ausgebildete Syntax, so wenig wie reichere Wortschätze, sagt »die Forschung« seit Olim –: nun, wer eine Morse-Botschaft beurteilen sollte, würde über das Sprachvermögen der Mors-Menschen zu ähnlichen Ergebnissen kommen. Beweisbar ist immerhin, daß Tiere oft nach erstaunlich kurzer Zeit unsere paar Vokabeln verstehen lernen, was man leider umgekehrt zu unserem Ruhm gar nicht sagen kann; wir sollten auch den Umstand, daß deren gewöhnliche Imperativ-Form selten Folgeleistungen zeitigt, nicht allzu schnell falsch auslegen. Die Sprache ist, so sieht es überdies aus, wie die Vernunft dem Menschen nur wiederum sehr »im Prinzip« eigentümlich, und wie der Kontest zwischen einem Unterhalter-Menschen des Senders RTL, der ja durchaus nicht im Neanderthal entstanden, wenn ihm auch stark verpflichtet geblieben ist, und einem unterhaltsamen Hund im Hinblick auf den Vernunftsgehalt ausginge, scheint mir ungewiß; nur physiognomisch ist die Entscheidung natürlich sofort sicher zu treffen ... Die Diskussion über das große Scheide-Kriterium Vernunft und seine Ausdrucksmittel aber verdeckt vor allem eins: daß in der anderen, der über die Gefühlsfähigkeit und ihre Ausdrucksmittel, längst Einigkeit besteht. Tiere empfinden Lust und Schmerz – die erste nach ihren Prämissen, den zweiten nach ihren wie unseren, und selbst daß »der Tod«, der größte der Schmerzen für Leib und Seele, ihnen unreflektierbar sei, läßt sich – wie sonderbar, daß Schopenhauer einmal irrte – kaum noch behaupten: – wer es nicht glaubt, betrete einen Schlachthof und begleite dort, wenn er's durchhält, die Opfer in ihren letzten Stündchen. Es gibt den Schmerz, den nur das reflektive Denken vermittelt, wohl wahr; zum Glück muß ihn unter den vielen Menschenarten nur eine kleine Abart empfinden. Aber wie groß er sei, der physische, uns allen gemeinsame, bleibt ihm übergeordnet. Das Leiden, das uns allen durch Existenz gemeinsame, bleibt uns allen übergeordnet; die Vernunft verhilft nicht zu seiner Mäßigung. Vor dieser einen Überordnung wird sie selbst als Differenzbestimmung wesenlos und subaltern, vor dieser einen Sicherheit tritt alles zurück, was unsicher war durch all die lange Zeit und ist und bleiben mag. Das leidvolle Sein: ist es aber zuletzt das fehlende Gleichheitszeichen zwischen den Seiten der Symbiose, zwischen Uns und dem Anderen, so ist uns selber angetan, was wir tun, und unsere Ethik, die so beschauliche Meinungsvielfalt über das Anders-Sein, fällt aus aller wolkigen Theorie auf den Boden unserer Tat-Sachen und wird zuständig, uns zu sagen, was sie sind. Die Vokabeln haben wir längst dafür; unsere Geschichte der Symbiose mit unseresgleichen hat sie ausgebildet und ihrer Bedeutung eindeutige Werturteile eingepflanzt; sie heißen: Entrechtung und Freiheitsberaubung, Versklavung und Ausbeutung, Folter, Mord...

Es wird nun ernst, und der heitere Ton, den wir zu gewinnen versucht haben (weil ja nur so über Himmels- und Höllengeschichten leidlich gefaßt zu reden ist, die Sachen überhaupt, von denen wir so spottwenig wissen, viel weniger als uns frommt), erschwert sich uns mit einem Schlag, und eigentlich ließe sich nur noch »mit Grabesstimme« fortsprechen. Denn wir treten mit unserem Thema in einen Todes-Bezirk ein, der alles Parlando ebenso erstickt wie die abgehobenen Begriffe wissenschaftlicher Betrachtung und buchstäblich alle Sprache verschlägt. Von ihm wissen wir mehr, als uns lieb sein kann, – oder wissens wir's nicht? Wissen wir nicht, wie es in unseren Schlachthöfen zugeht? In unseren Zuchtanstalten? In unseren wissenschaftlichen Labors? Ich wiederhole nur ein paar Sätze, wie sie in meinem Versuch über das »Potential Mengele« stehen, wo Sie dann weiterlesen können. Dort, in den Gartenanlagen unserer Symbiose, werden die Tiere in Gefängniszellen gehalten, so eng wie die Stehsärge von Oranienburg –: das Licht, das ihnen morgens aufgeht, kommt von der Neonröhre, die angeht; ihre Grundlebensbedürfnisse werden mit der chemischen Keule niedergeschlagen, ihre Grundantriebe ebenso an- und abgestellt, Fortpflanzung und Nachkommenaufzucht auf perverse Art mechanisiert; ihr einziger Daseinszweck: Selbstaufzucht, Selbstvervielfältigung; Haftpsychosen sind die Regelfolge, Selbstmordversuche sogar; die Lebensdauer, die ihnen zugebilligt wird, liegt tief unter ihrer natürlichen Lebenserwartung; das Urteil, Begnadigung ausgeschlossen, lautet generell auf Lebenslänglich ... Lebenslänglich hieße die Antwort unserer Rechtsprechung, wenn dergleichen uns von uns angetan würde. – Und die zweite, die andere Seite mit der größeren Legitimation »Wissenschaft«, das andere Daseinsmodell der Tiere, der andere Garten –: da hocken sie, in körperenge Kästen gezwängt, damit sie sich nicht bewegen können, wochen- und monatelang; wo auch ihr kleinstes Zappeln und Zucken den Täter noch stört, gießt man ihnen Gipspanzer um; damit sie nicht schreien und beißen, schneidet man ihnen die Stimmbänder durch und vernäht ihnen die Mäuler; man verätzt ihnen den Magen, die Augen, die Haut, infiziert sie gewaltsam mit den greulichsten Krankheiten, die sie von allein nie bekämen, treibt sie mit Nervengiften in Krämpfe oder Wahnsinn, vergiftet und vergast sie mit den aberwitzigsten Substanzen, implantiert ihnen Elektroden ins Gehirn und jagt ihnen Stromstöße in sämtliche Lebensfunktionen; man zertrümmert ihnen die Knochen, verbrüht und verbrennt sie, setzt sie in Eisbäder und Hitzekammern; man erprobt Waffenwirkungen an ihnen, bis hin zum kompletten ABC, mit dem die ewigen Klippschüler der Weltgeschichte die Weltverwüstung präparieren: – das alles bei lebendigem Leibe, meist ohne genügende Anästhesie, und reicht der eine Versuch nicht aus, sie umzubringen, so werden sie dem nächsten überantwortet; eine Überlebenschance gibt es nicht… Meine Damen und Herren, das ist nun ein Thema ohne Ende, und Sie sind nicht auf mich angewiesen hier, um darüber etwas zu erfahren. Ich fasse nur in ein paar Sätzen zusammen, was als Tat uns alle zu Beihelfern hat –: Die statistischen Zahlen des Massenmords und der Lebensmarterung, die den Hintergrund der Fleischernährung bilden, sind derart horribel, daß man nicht einmal über eine auch nur durchschnittliche Empfindungsfähigkeit verfügen muß, um davor das Bewußtsein zu verlieren. Machen Sie die Probe auf Ihr Exempel und rechnen Sie den eigenen Verzehr auf die Stadt hoch, in der Sie leben, auf das Land, auf schließlich den ganzen Globus mit seinen expandierenden Milliarden Ihresgleichen. Ich sage Ihnen, eine mittlere Großstadt »verbraucht« im Jahr 200 000 Rinder-Kälber-Schweine: – wie fühlen Sie sich dabei? Die Einzelheiten geben den Rest, wenn es denn seiner bedürfte, die Zustände in Zuchtfarmen, Mastanstalten, Legebatterien und eben den Schlachthöfen, den Hochburgen der Endlösungsindustrie. Man kann sich das alles vor Augen bringen, jedenfalls vor die inneren; die äußere Anschauung liegt freilich nicht auf der Straße. Ja, sollte man's als Tateinsicht werten, daß uns die Anblicke von den Tätern immer sorgsamer aus dem Weg geräumt worden sind, je mehr Taten wir in Auftrag gegeben haben? Derart versteckt wird eigentlich nur die Leiche im Keller. Ich sag's persönlich: in meiner Kindheit waren die Tierleichen noch mit einer gewissen Unschuld in den Schlachterläden aufgehängt, in erkennbarer Lebensgestalt; die vergleichsweise kleinen Quantitäten wurden vor aller Augen heruntergeschnitten, und ich entsinne mich durchaus meines kindlichen Grauens jedesmal – und auch, ein sehr tiefer Zusammenhang, des Gefühls der Selbstgefährdung, das von dem Vorgang beängstigend ausging. Heute sind die Großmassen, die wir dort verlangen, vorher von aller Lebensähnlichkeit befreit worden und kommen uns in einer Verpacktheit auf den Ladentisch und in die Taschen, der man von ihrer haarsträubenden Vorgeschichte nichts mehr ansehen muß – ganz ähnlich wie jene andere Verpacktheit, die mit dem Etikett »Wissenschaft«, uns nicht mehr sehen läßt, was hinter jedem neuen – und meist nutzlosen – Medikament eigentlich steht. Man sieht nichts mehr – so wenig, wie man den vielen, sehr vielen Leuten noch etwas ansieht, die bis zu diesem Punkt für unser Wohl gesorgt haben: sauberen Menschen, deren Hände unsichtbar von Blut triefen, weil sie den ganzen Tag nichts anderes getan haben als Bolzen in Gehirne zu schießen, Lebendiges ausbluten zu lassen und Leiber mit Messern und Beilen in kleine Stücke zu hacken. Haben Sie schon einmal darüber nachgedacht, daß Sie selber einer Ihrer Auftraggeber sind? Die Täter leben unter uns, wie immer so auch hier und jetzt, sehr richtig, und ihre Nachbarn sind wir allemal; sie sitzen dauernd irgendwo neben uns, sitzen vielleicht irgendwann einmal, unter schlechteren politischen Umständen, über uns: – wie fühlen Sie sich? Was diese Leute neben und über uns hinter ihren verschlossenen Türen täglich tun, könnten nur wenige von uns mit ansehen, ohne in Ohnmacht zu fallen. Aber Taten sind ja durch Türverschluß nicht aus der Welt, oder? Warum bleibt jene notwendige ethische Antwort aus, die der Einsicht, ja schon dem bloßen Einblick zu folgen hätte? Gelegentlich spähen die Objektive der Berichterstattung ja direkt durchs Schlüsselloch und zeigen uns, was wir alles wissen müßten. Aber das geschieht in Medien, denen der Horror längst ein bloßes Spielzeug geworden ist und die uns auch diesen realen Horror durch ihren sonst fiktiven längst entwertet haben; sie bewirken höchstens das gelegentliche Wegsehen, an das man sich auch sonst bei ihren Produktionen gewöhnt hat… genug davon. Wir haben hier nur einen ganz kurzen Blick in die Anstalten unserer schönen neuen Gartenanlage getan; sehr weit entfernt ist sie von jenem Anfang, seine Perversion insgesamt. Tagtäglich, um nur noch einen Punkt zu nennen, schließen wir ungezählte Mit-Arten von der Evolution überhaupt aus, machen Jahrmillionen zunichte, die ihre Lebensmöglichkeiten angelegt und entwickelt haben – auf ein Ziel zu, das wir so wenig sehen wie das eigene. Soll der Mensch eines Tages als einziges Wesen übrig bleiben, als einziger Überlebender seiner Taten? Wie wäre es zu nennen? Von allen Wörtern, die dieses Wesen für sich in dieser Endzeit selber geprägt hat, bietet sich – Inbegriff von Offenbarungseid überhaupt – jenes vorab vielleicht an, das es längst in aller Unbefangenheit selber benutzt: das Wort »der Verbraucher«. Tatsächlich, es nährt sich längst nicht mehr allein von den »Gütern dieser Erde«, es ver-braucht sie und sie, es frißt sie kahl und buchstäblich weg, bis nichts mehr davon übrig ist. Das Raubtier Mensch, dessen Fraßgier inzwischen alle Maße sprengt, das in der gesamten Lebe-Welt herumwüstet und die Lebe-Welt längst in Lebensgefahr gebracht hat, das seine Werturteile überhaupt nur noch danach ausrichtet, was sich in dieser Welt mit Lustgewinn fressen läßt – während die tierischen Raubtiere dagegen aus ihrem Vernunftsinstinkt heraus geradezu »wählerisch« anmuten und jedenfalls die Gleichgewichte halten... das menschliche Raubtier: wir sind in einer Weise der Inbegriff des alten Topos geworden, daß dem Geschichtsschreiber unserer Zeit die Hand von der Tastatur fällt, weil sich ihm die Aussicht auf eine Zeit, in der es noch Geschichtsleser geben werde, selber verdunkelt...

Wir haben einen kleinen Gedanken-Gang durch ein Bild gemacht, eine alte literarische Metapher, eher kurz und schnell und mit vielen luftigen Abkürzungen; wir waren berührt von seiner sanften Gewalt und wollten ihr einfach nur nachgehen; wir sind dabei unversehens vom Himmel in die Hölle geraten. Nun stehen wir da, von aller arteigenen Vernunft entgeistert: wohin geht es weiter? Zurück in jenen Anfang wohl kaum, in dem »alles gut« war; das wäre Träumerei, pur kindisch, Sozialromantik, und nun wirklich nur Literatur. Weiter denn, realistisch vernunftbegabt, zu auf das Ende, in dem nichts mehr gut sein wird, weil Nichts mehr ist? Auch nichts mehr schlecht dann wenigstens, böse, beraubend, quälend mörderisch: – Sie hören da von mir nur einen Gedanken, der denkenden wie fühlenden Menschen seit Anbeginn immer wieder gekommen ist, mein Wort darauf, und weiter kommen wird. Die Summe der Leiden ist größer als die der Freuden in unserem ruinierten Garten, das steht fest, und nur daß sie, wie das bißchen Eigentum, das unsere wichtigste Glücks-Illusion darstellt, in ihren Partikelmengen unterschiedlich verteilt ist, verhindert die sonst fällige Konsequenz, nämlich die Emigration aus der ganzen Anlage überhaupt, die »Leben« heißt. Der einstige Gartenherr, so lange abwesend, daß er selber fast nur noch wie Literatur wirkt, kann uns »im Augenblick«, in unserm bißchen Teilhabe an Seiner Zeit, mit seinen Verheißungen so wenig mehr trösten wie das Versprechen der Evolution, es werde einmal anders stehen um die Verhältnisse von Glück und Qual und Freude und Jammer und Elend und Sterblichkeit, grenzenlos sich addierender Sterblichkeit – irgendwann eines Tags, will sagen Jahrmilliards: – unser Vernunftstalent hat inzwischen derartige Fortschritte zu verzeichnen, daß wir selbst solche Schönen Aussichten in die ewige Finsternis schicken können; sein Smog verdunkelt sie schon jetzt. Trotzdem – und alle Kulturgeschichte ist als ein solches Trotzdem gegen uns zustande gekommen –: es hat uns aus jenem naiven Bild des Soll-Seins etwas ergriffen, und das Ergriffene in uns selbst ist die Instanz, die uns die rationalen Überlegungen beendigt – nicht widerlegend, sondern auflösend in das Nichts, in das die Vernunft zu blicken hat. Wir wissen nichts über sie, »die Seele«, noch weniger über ihre Un-Sterblichkeit, hinsichtlich derer wir eher der Rede des alten Samuel Butler zuneigen, *he would like more evidence of it,* – nichts als daß ihr keine andere Instanz der Ontologie an Gewalt gleichkommt: sie allein hält uns wortwörtlich am Leben; wir sind »tot«, wenn sie sich von uns zurückzieht, viele von uns schon »im Leben« selbst. Vielleicht ist sie ein Gemeinschafts-Wesen selber und die Symbiose jenes Bildes nichts als ihr eigenes Abbild, so unzulänglich nur übersetzt in solche Sichtbarkeit, wie es die Begriffe der Ethik als Übersetzungsversuche ihrer Stimme im Hörbaren sind. Sie hat geredet, und wir haben sie gesehen; sie hat uns als gleichsam leibhaftiges Soll-Sein befähigt, Entsetzen über unser Sein zu erfahren, und wir sind beauftragt – von einem Folglich, gegen das alle Begriffsbedingungen der Vernunfts-Kausalität gegenstandslos werden ... Sie müssen mir nicht zu erkennen geben, was ich mit solchen Sätzen riskiere; ich weiß es und bange um meine unzulängliche Übersetzung. Ich bange aber nicht um das Original, denn Sie kennen es: – kennen Sie eine größere Autorität ...? Wir sind beauftragt, und die Zahl derer, die das wissen, wächst. Wozu beauftragt? Nun ist die Stimme der Ethik leise »von Natur«, beratend, vorschlagshöflich, und die vielen Übersetzungsfehler, die uns im Lauf der Zeit mit ihr unterlaufen sind, haben auch genügend vernünftige Gründe dafür zusammengetragen, daß die Philosophen, trotz Platons Empfehlung, noch nie an die Macht gekommen sind: ja, der Seins-Motor »Macht« ist dem Soll-Sein geradezu entgegengesetzt; durchsetzen kann es nichts, noch weniger erzwingen; es bedarf der Gesetze – schon gar bei jenen leisen, im Weltradau praktisch unhörbaren Imperativen, denen das Interesse der primordialen Antriebe in voller Wucht entgegensteht. Aber Gesetze verlangen, wo sie Verzichtleistungen verfügen, einen plausiblen Gemeinschaftsnutzen, um über die Strafdrohung hinaus leidlich bruchlos zu funktionieren; er kann, dieser Nutzen, durchaus wahnhaft sein, nur den Herrschaftsinhabern dienlich, und ein Schutzparagraph für des Kaisers Bart oder des Kriegsministers Kostüme ist allemal leichter zu installieren als einer gegen die Mittagstisch- und die Wissenschaftsmetzgerei. Der Nutzen des Verzichts auf Tierfolterung und -vernichtung ist, wiewohl genügend beweisbar, so plausibel nicht, und die leise Ethik könnte lange warten, bis er auch dem letzten Fraß- und Habgierer einleuchtend würde – wahrscheinlich bis zum Sankt-Nevermore's-Tag. Aber wir sind nach der maßlos akzellerierten Entwicklung in einer Endzeit angelangt, die das lange Warten nicht mehr zuläßt –: wir müssen die Leise Stimme verstärken, bis sie auch dem lobby-ertaubten Gesetzgeber hörbar wird, und ihn, notfalls mit vorgehaltenem Wahlschein, zwingen, das Seine für sie zu tun. Ist er denn taub? Wir haben ein »Tierschutzgesetz«, o ja, und es ist ein Werk mit durchaus ethischem Anspruch; es versteigt sich in seiner Präambel sogar so weit, von der »Verantwortung des Menschen« zu reden, ja vom »Mitgeschöpf« Tier, und gibt als seinen Zweck an, dessen »Leben und Wohlbefinden zu schützen«. Wir haben ein Tierschutzgesetz, ja, und es ist ein exemplarisches Vorzugswerk der Vernunft; es verlangt in seiner Präambel kategorisch seine Befolgung – sofern man keinen »vernünftigen Grund« habe, es nicht zu tun. Wir haben ein Tierschutzgesetz, ja ja und nein nein; es ist nur wenige rote Heller wert und hat in der Praxis keine viel größere Geltung als diese; seine Paragraphen bestehen hauptsächlich aus minutiösen Anleitungen, es zu umgehen, zu unterlaufen, zu durchkreuzen... ich habe das in meinem Buch ausführlich auseinandergenommen, und Sie können es dort nachlesen. Wir brauchen ein Tierschutzgesetz nach wie vor, und wenn das jetzige, das weniger die Weisheit des Gesetzgebers zu bewundern gibt als seine schwerhörige Schläue, durch die Revision gegangen ist, die zurzeit läuft, werden wir weiterhin nach wie vor ein Tierschutzgesetz brauchen. Es wäre aber, auch gelungen, erst nur der Anfang. Am Ende muß ein Tierrecht stehen, in dem wirklich von den Rechten der Tiere gehandelt wird und nicht nur von denen des tierischen Menschen –: es muß ins Grundgesetz selbst und dort die Rechte der Stärkeren, die wir natürlich bleiben, brechen. Das Recht des Tiers in der Gemeinschaft wird begrenzt sein müssen, sehr begrenzt sogar, – wie das des Menschen in der Gemeinschaft, und niemand wird Privilegien fordern, wie sie die indischen Kühe genießen. Aber ein Stück »Freiheit« wird dabei zu sein haben, eine, die den Namen verdient, auch wenn sie nicht die volle »Unabhängigkeit von eines Anderen nötigender Willkür« sein kann, die Kant das »ursprüngliche, jedem Menschen kraft seiner Menschheit zustehende Recht« nannte; auch jedem Menschen ist sie noch nicht gesichert... Das bleibt ein Thema für sich, und seine Implikationen reichen zu weit, als daß sie mit nur streifenden Bemerkungen ernst genug genommen wären. Es geht bei der Wiedervereinigung der Wesen um nichts Geringeres als um eine Wende in der so endlos lange prästablierten Disharmonie; es geht um nichts Geringeres als um eine von Grund auf neue Übersetzung der Ethik »Symbiose«; – nicht ausgeschlossen, daß auch für den Menschen nicht nur neue Pflichten, sondern auch neue Rechtsgüter dabei herauskommen... Trauen wir es uns nicht zu? Wir haben uns so hohe Begriffe zugelegt, unsere Fähigkeiten zu definieren, daß aus einem davon doch die nötigen Kräfte zu ziehen sein müßten: – wie wäre es mit der »Menschenwürde«? Sie ist zwar ein tagtäglich malträtierter Begriff, und die Geschichte ihrer Nachbarschaft zur Vernunft empfiehlt sie nicht: sie war die Komplizin bei deren Kontrast-Definition und Mitarbeiterin am Abgrund, ja sie ist selber geradezu definiert von ihm, von der Ab- und Ausgrenzung des Tierischen und *seiner* Würde. Aber sie hat noch immer etwas von der Kraft, von der sie einmal – wie auch als schlechte Übersetzung nur – inspiriert war –: lassen wir sie denn mithelfen bei der Wieder-Eingrenzung der Tiere; fordern wir den Kredit zurück, den wir ihr durch so lange un-würdige Zeiten zu so niedrigem Ertragszins gewährt haben. Sie wird vielleicht in Stücke gehen, wenn sie ihren Definitionskontrast verliert, sicher sogar: ein Opfer immer, aber nun eines immerhin, das nicht mehr den Täter preist. Verlangen wir von ihr als letztes die Tat, die uns von ihr befreit und die sie vielleicht sogar von Anfang gemeint hat, als sie aufrecht zu gehen lernte, um sich zu behaupten; sie wird nur um so großartiger daraus dastehen, in neuer Gestalt und trotzdem ältestem Sinn. Der Name für sie und ihn dann liegt längst bereit: er heißt, von Goethe geprägt, »Lebenswürde«, und wenn an seiner Bedeutung am Ende, in der adjektivischen Form bereits wie vorgeprägt, durch nur noch ein scholastisches Jota davon getrennt, »die Liebe« teilnähme, die Energieversorgung der Ontologie, die Zentralheizung des Universums, so hätte der Logos des Anfangs tatsächlich eine neue Übersetzung, und der Garten würde sich wieder öffnen. Einen Augenblick lang immerhin lassen Sie uns, in aller Kindlichkeit, von dieser Vision berührt sein, die in den Anfang zurückkehrt; sie ist, dafür sorgt unser irdisches Realitätenkabinett, gleich wieder verflogen. Aber sie hinterläßt uns vielleicht Kräfte und Energie für neue Gedankengänge durch das alte Bild – und einen neuen Ratschlag gegen den Tod.

Anhang:

Das deutsche Tierschutzgesetz

Tierschutzgesetz der Bundesrepublik Deutschland

Fassung vom 12. August 1986

Erster Abschnitt
Grundsatz

§ 1

Zweck dieses Gesetzes ist es, aus der Verantwortung des Menschen für das Tier als Mitgeschöpf dessen Leben und Wohlbefinden zu schützen. Niemand darf einem Tier ohne vernünftigen Grund Schmerzen, Leiden oder Schäden zufügen.

Zweiter Abschnitt
Tierhaltung

§ 2

Wer ein Tier hält, betreut oder zu betreuen hat,

1. muß das Tier seiner Art und seinen Bedürfnissen entsprechend angemessen ernähren, pflegen und verhaltensgerecht unterbringen,

2. darf die Möglichkeit des Tieres zu artgemäßer Bewegung nicht so einschränken, daß ihm Schmerzen oder vermeidbare Leiden oder Schäden zugefügt werden.

§ 2 a

(1) Der Bundesminister für Ernährung, Landwirtschaft und Forsten (Bundesminister) wird ermächtigt, durch Rechtsverordnung mit Zustimmung des Bundesrates, soweit es zum Schutz der Tiere erforderlich ist, die Anforderungen an die Haltung von Tieren nach § 2 näher zu bestimmen und dabei insbesondere Vorschriften zu erlassen über Anforderungen

1. hinsichtlich der Bewegungsmöglichkeit oder der Gemeinschaftsbedürfnisse der Tiere,

2. an Räume, Käfige, andere Behältnisse und sonstige Einrichtungen zur Unterbringung von Tieren sowie an die Beschaffenheit von Anbinde-, Fütterungs- und Tränkvorrichtungen,

3. hinsichtlich der Lichtverhältnisse und des Raumklimas bei der Unterbringung der Tiere,

4. an die Pflege einschließlich der Überwachung der Tiere; hierbei kann der Bundesminister auch vorschreiben, daß Aufzeichnungen über die Ergebnisse der Überwachung zu machen, aufzubewahren und der zuständigen Behörde auf Verlangen vorzulegen sind.

(2) Der Bundesminister wird ermächtigt, im Einvernehmen mit dem Bundesminister für Verkehr und, soweit die Beförderung mit der Deutschen Bundespost berührt wird, mit dem Bundesminister für das Post- und Fernmeldewesen durch Rechtsverordnung mit Zustimmung des Bundesrates, soweit es zum Schutz der Tiere erforderlich ist, ihre Beförderung zu regeln. Er kann hierbei insbesondere

1. bestimmte Transportmittel und Versendungsarten für die Beförderung bestimmter Tiere, insbesondere die Versendung als Nachnahme, verbieten oder beschränken,

2. bestimmte Transportmittel und Versendungsarten für die Beförderung bestimmter Tiere vorschreiben,

3. vorschreiben, daß bestimmte Tiere bei der Beförderung von einem Betreuer begleitet werden müssen,

4. Vorschriften über das Verladen, Entladen, Unterbringen, Ernähren und Pflegen der Tiere erlassen.

§ 3

Es ist verboten,

1. einem Tier außer in Notfällen Leistungen abzuverlangen, denen es wegen seines Zustandes offensichtlich nicht gewachsen ist oder die offensichtlich seine Kräfte übersteigen,

2. ein gebrechliches, krankes, abgetriebenes oder altes, im Haus, Betrieb oder sonst in Obhut des Menschen gehaltenes Tier, für das ein Weiterleben mit nicht behebbaren Schmerzen oder Leiden verbunden ist, zu einem anderen Zweck als zur unverzüglichen schmerzlosen Tötung zu veräußern oder zu erwerben; dies gilt nicht für die unmittelbare Abgabe eines kranken Tieres an eine Person oder Einrichtung, der eine Genehmigung nach § 8 und, wenn es sich um ein Wirbeltier handelt, eine Ausnahmegenehmigung nach § 9 Abs. 2 Nr. 7 Satz 2 für Versuche an solchen Tieren erteilt worden ist,

3. ein im Haus, Betrieb oder sonst in Obhut des Menschen gehaltenes Tier auszusetzen oder es zurückzulassen, um sich seiner zu entledigen,

4. ein gezüchtetes oder aufgezogenes Tier einer wildlebenden Art in der freien Natur auszusetzen oder anzusiedeln, das nicht auf die zum Überleben in dem vorgesehenen Lebensraum erforderliche artgemäße Nahrungsaufnahme vorbereitet und an das Klima angepaßt ist; die Vorschriften des Jagdrechts und des Naturschutzrechts bleiben unberührt,

5. ein Tier auszubilden, sofern damit erhebliche Schmerzen, Leiden oder Schäden für das Tier verbunden sind,

6. ein Tier zu einer Filmaufnahme, Schaustellung, Werbung oder ähnlichen Veranstaltung heranzuziehen, sofern damit Schmerzen, Leiden oder Schäden für das Tier verbunden sind,

7. ein Tier an einem anderen lebenden Tier auf Schärfe abzurichten oder zu prüfen,

8. ein Tier auf ein anderes Tier zu hetzen, soweit dies nicht die Grundsätze weidgerechter Jagdausübung erfordern,

9. einem Tier durch Anwendung von Zwang Futter einzuverleiben, sofern dies nicht aus gesundheitlichen Gründen erforderlich ist,

10. einem Tier Futter darzureichen, das dem Tier erhebliche Schmerzen, Leiden oder Schäden bereitet,

11. an einem Tier bei sportlichen Wettkämpfen oder ähnlichen Veranstaltungen Dopingmittel anzuwenden.

Dritter Abschnitt
Töten von Tieren

§ 4

(1) Ein Wirbeltier darf nur unter Betäubung oder sonst, soweit nach den gegebenen Umständen zumutbar, nur unter Vermeidung von Schmerzen getötet werden. Ist die Tötung eines Wirbeltieres ohne Betäubung im Rahmen weidgerechter Ausübung der Jagd oder auf Grund anderer Rechtsvorschriften zulässig oder erfolgt sie im Rahmen zulässiger Schädlingsbekämpfungsmaßnahmen, so darf die Tötung nur vorgenommen werden, wenn hierbei nicht mehr als unvermeidbare Schmerzen entstehen. Ein Wirbeltier töten darf nur, wer die dazu notwendigen Kenntnisse und Fähigkeiten hat.

(2) Für das Schlachten eines warmblütigen Tieres gilt § 4 a.

§ 4 a

(1) Ein warmblütiges Tier darf nur geschlachtet werden, wenn es vor Beginn des Blutentzugs betäubt worden ist.

(2) Abweichend von Absatz 1 bedarf es keiner Betäubung, wenn

1. sie bei Notschlachtungen nach den gegebenen Umständen nicht möglich ist,

2. die zuständige Behörde eine Ausnahmegenehmigung für ein Schlachten ohne Betäubung (Schächten) erteilt hat; sie darf die Ausnahmegenehmigung nur insoweit erteilen, als es erforderlich ist, den Bedürfnissen von Angehörigen bestimmter Religionsgemeinschaften im Geltungsbereich dieses Gesetzes zu entsprechen, denen zwingende Vorschriften ihrer Religionsgemeinschaft das Schächten vorschreiben oder den Genuß von Fleisch nicht geschächteter Tiere untersagen.

§ 4 b

Der Bundesminister wird ermächtigt, durch Rechtsverordnung mit Zustimmung des Bundesrates

1. a) das Schlachten von Fischen und anderen kaltblütigen Tieren zu regeln,
b) bestimmte Tötungsarten und Betäubungsverfahren näher zu regeln, vorzuschreiben, zuzulassen oder zu verbieten,
c) die Voraussetzungen näher zu regeln, unter denen Schlachtungen im Sinne des § 4 a Abs. 2 Nr. 2 vorgenommen werden dürfen,
um sicherzustellen, daß den Tieren nicht mehr als unvermeidbare Schmerzen zugefügt werden,

2. das Schlachten von Tieren im Rahmen der Bestimmungen des Europäischen Übereinkommens vom 10. Mai 1979 über den Schutz von Schlachttieren (BGBl. 1983 II S. 770) näher zu regeln.

Vierter Abschnitt
Eingriffe an Tieren

§ 5

(1) An einem Wirbeltier darf ohne Betäubung ein mit Schmerzen verbundener Eingriff nicht vorgenommen werden. Die Betäubung eines warmblütigen Wirbeltieres ist von einem Tierarzt vorzunehmen. Für die Betäubung mit Betäubungspatronen kann die zuständige Behörde Ausnahmen von Satz 2 zulassen, sofern ein berechtigter Grund nachgewiesen wird.

(2) Eine Betäubung ist nicht erforderlich,
1. wenn bei vergleichbaren Eingriffen am Menschen eine Betäubung in der Regel unterbleibt,
2. wenn die Betäubung im Einzelfall nach tierärztlichem Urteil nicht durchführbar erscheint.

(3) Eine Betäubung ist ferner nicht erforderlich

1. für das Kastrieren von unter zwei Monate alten männlichen Rindern, Schweinen, Ziegen, Schafen und Kaninchen, sofern kein von der normalen anatomischen Beschaffenheit abweichender Befund vorliegt,

2. für das Enthornen oder das Verhindern des Hornwachstums bei unter sechs Wochen alten Rindern,

3. für das Kürzen des Schwanzes von unter vier Tage alten Ferkeln sowie von unter acht Tage alten Lämmern,

4. für das Kürzen des Schwanzes von unter acht Tage alten Lämmern mittels elastischer Ringe,

5. für das Kürzen der Rute von unter acht Tage alten Welpen,

6. für das Kürzen von Hornteilen des Schnabels beim Geflügel,

7. für das Absetzen des krallentragenden letzten Zehengliedes bei Masthahnenküken, die als Zuchthähne Verwendung finden sollen, während des ersten Lebenstages.

(4) Der Bundesminister wird ermächtigt, durch Rechtsverordnung mit Zustimmung des Bundesrates Verfahren und Methoden zur Durchführung von Maßnahmen nach Absatz 3 vorzuschreiben, zuzulassen oder zu verbieten, soweit dies zum Schutz der Tiere erforderlich ist.

§ 6

(1) Verboten ist das vollständige oder teilweise Amputieren von Körperteilen oder das vollständige oder teilweise Entnehmen oder Zerstören von Organen oder Geweben eines Wirbeltieres. Das Verbot gilt nicht, wenn

1. der Eingriff im Einzelfall nach tierärztlicher Indikation geboten ist,

2. der Eingriff im Einzelfall für die vorgesehene Nutzung des Tieres, ausgenommen eine Nutzung für Tierversuche, unerläßlich ist und tierärztliche Bedenken nicht entgegenstehen,

3. ein Fall des § 5 Abs. 3 vorliegt,

4. das vollständige oder teilweise Entnehmen von Organen oder Geweben zum Zwecke der Transplantation oder des Anlegens von Kulturen oder der Untersuchung isolierter Organe, Gewebe oder Zellen erforderlich ist.

Eingriffe nach Satz 2 Nr. 1 und 2 sind durch einen Tierarzt vorzunehmen; Eingriffe nach Satz 2 Nr. 3 können auch durch eine andere Person vorgenommen werden, die die dazu notwendigen Kenntnisse und Fähigkeiten hat. Für Eingriffe nach Satz 2 Nr. 4 gelten § 8 a Abs. 1 und § 9 Abs. 1 Satz 1, 3 und 4, Abs. 2 Nr. 4 und 8 und Abs. 3 Satz 1 entsprechend.

(2) Verboten ist, beim Amputieren oder Kastrieren elastische Ringe zu verwenden; dies gilt nicht im Falle des § 5 Abs. 3 Nr. 4.

§ 6 a

Die Vorschriften dieses Abschnitts gelten nicht für Tierversuche und für Eingriffe zur Aus-, Fort- oder Weiterbildung.

Fünfter Abschnitt
Tierversuche

§ 7

(1) Tierversuche im Sinne dieses Gesetzes sind Eingriffe oder Behandlungen an Tieren zu Versuchszwecken, die mit Schmerzen, Leiden oder Schäden für die Tiere verbunden sein können.

(2) Tierversuche dürfen nur durchgeführt werden, soweit sie zu einem der folgenden Zwecke unerläßlich sind:

1. Vorbeugen, Erkennen oder Behandeln von Krankheiten, Leiden, Körperschäden oder körperlichen Beschwerden oder Erkennen oder Beeinflussen physiologischer Zustände oder Funktionen bei Mensch oder Tier,
2. Erkennen von Umweltgefährdungen,
3. Prüfung von Stoffen oder Produkten auf ihre Unbedenklichkeit für die Gesundheit von Mensch oder Tier oder auf ihre Wirksamkeit gegen tierische Schädlinge,
4. Grundlagenforschung.

Bei der Entscheidung, ob Tierversuche unerläßlich sind, ist insbesondere der jeweilige Stand der wissenschaftlichen Erkenntnisse zugrunde zu legen und zu prüfen, ob der verfolgte Zweck nicht durch andere Methoden oder Verfahren erreicht werden kann.

(3) Versuche an Wirbeltieren dürfen nur durchgeführt werden, wenn die zu erwartenden Schmerzen, Leiden oder Schäden der Versuchstiere im Hinblick auf den Versuchszweck ethisch vertretbar sind. Versuche an Wirbeltieren, die zu länger anhaltenden oder sich wiederholenden erheblichen Schmerzen oder Leiden führen, dürfen nur durchgeführt werden, wenn die angestrebten Ergebnisse vermuten lassen, daß sie für wesentliche Bedürfnisse von Mensch oder Tier einschließlich der Lösung wissenschaftlicher Probleme von hervorragender Bedeutung sein werden.

(4) Tierversuche zur Entwicklung oder Erprobung von Waffen, Munition und dazugehörigem Gerät sind verboten.

(5) Tierversuche zur Entwicklung von Tabakerzeugnissen, Waschmitteln und dekorativen Kosmetika sind grundsätzlich verboten. Der Bundesminister wird ermächtigt, durch Rechtsverordnung mit Zustimmung des Bundesrates Ausnahmen zu bestimmen, soweit es erforderlich ist, um konkrete Gesundheitsgefährdungen abzuwehren, und soweit die notwendigen neuen Erkenntnisse nicht auf andere Weise erlangt werden können.

§ 8

(1) Wer Versuche an Wirbeltieren durchführen will, bedarf der Genehmigung des Versuchsvorhabens durch die zuständige Behörde.

(2) Der Antrag auf Genehmigung eines Versuchsvorhabens ist schriftlich bei der zuständigen Behörde einzureichen. In dem Antrag ist

1. wissenschaftlich begründet darzulegen, daß die Voraussetzungen des Absatzes 3 Nr. 1 vorliegen,

2. nachzuweisen, daß die Voraussetzungen des Absatzes 3 Nr. 2 bis 4 vorliegen,

3. darzulegen, daß die Voraussetzungen des Absatzes 3 Nr. 5 vorliegen.

Der Antrag muß ferner die Angaben nach § 8 a Abs. 2 Nr. 1 bis 5 enthalten.

(3) Die Genehmigung darf nur erteilt werden, wenn

1. wissenschaftlich begründet dargelegt ist, daß
a) die Voraussetzungen des § 7 Abs. 2 und 3 vorliegen,
b) das angestrebte Versuchsergebnis trotz Ausschöpfung der zugänglichen Informationsmöglichkeiten nicht hinreichend bekannt ist oder die Überprüfung eines hinreichend bekannten Ergebnisses durch einen Doppel- oder Wiederholungsversuch unerläßlich ist;

2. der verantwortliche Leiter des Versuchsvorhabens und sein Stellvertreter die erforderliche fachliche Eignung insbesondere hinsichtlich der Überwachung der Tierversuche haben und keine Tatsachen vorliegen, aus denen sich Bedenken gegen ihre Zuverlässigkeit ergeben;

3. die erforderlichen Anlagen, Geräte und anderen sachlichen Mittel vorhanden sowie die personellen und organisatorischen Voraussetzungen für die Durchführung der Tierversuche einschließlich der Tätigkeit des Tierschutzbeauftragten gegeben sind;

4. eine den Anforderungen des § 2 entsprechende Unterbringung und Pflege einschließlich der Betreuung der Tiere sowie ihre medizinische Versorgung sichergestellt ist und

5. die Einhaltung der Vorschriften des § 9 Abs. 1 und 2 und des § 9 a Abs. 1 erwartet werden kann.

(4) In dem Genehmigungsbescheid sind der Leiter des Versuchsvorhabens und sein Stellvertreter anzugeben. Wechselt der Leiter eines Versuchsvorhabens oder sein Stellvertreter, so hat der Genehmigungsinhaber diese Änderung der zuständigen Behörde unverzüglich anzuzeigen; die Genehmigung gilt weiter, wenn sie nicht innerhalb eines Monats widerrufen wird.

(5) Die Genehmigung ist zu befristen.

(6) Wird die Genehmigung einer Hochschule oder anderen Einrichtung erteilt, so müssen die Personen, welche die Tierversuche durchführen, bei der Einrichtung beschäftigt oder mit Zustimmung des verantwortlichen Leiters zur Benutzung der Einrichtung befugt sein.

(7) Der Genehmigung bedürfen nicht Versuchsvorhaben,

1. deren Durchführung ausdrücklich
a) durch Gesetz oder Rechtsverordnung oder durch unmittelbar anwendbaren Rechtsakt eines Organs der Europäischen Gemeinschaften vorgeschrieben,
b) in einer von der Bundesregierung oder einem Bundesminister mit Zustimmung des Bundesrates im Einklang mit § 7 Abs. 2 und 3 erlassenen allgemeinen Verwaltungsvorschrift vorgesehen oder
c) auf Grund eines Gesetzes oder einer Rechtsverordnung oder eines unmittelbar anwendbaren Rechtsaktes eines Organs der Europäischen Gemeinschaften von einem Richter oder einer Behörde angeordnet oder im Einzelfall als Voraussetzung für den Erlaß eines Verwaltungsaktes gefordert ist;

2. die als Impfungen, Blutentnahmen oder sonstige Maßnahmen diagnostischer Art nach bereits erprobten Verfahren vorgenommen werden und der Erkennung insbesondere von Krankheiten, Leiden, Körperschäden oder körperlichen Beschwerden bei Mensch oder Tier oder der Prüfung von Seren oder Impfstoffen dienen.

§ 8 a

(1) Wer Tierversuche durchführen will, die nicht der Genehmigung bedürfen, hat das Versuchsvorhaben spätestens zwei Wochen vor Beginn der zuständigen Behörde anzuzeigen. Die Frist braucht nicht eingehalten zu werden, wenn in Notfällen eine sofortige Durchführung des Tierversuchs erforderlich ist; die Anzeige ist unverzüglich nachzuholen.

(2) In der Anzeige sind anzugeben

1. der Zweck des Versuchsvorhabens,

2. die Art und bei Wirbeltieren die Zahl der für das Versuchsvorhaben vorgesehenen Tiere,

3. die Art und Durchführung der beabsichtigten Tierversuche einschließlich der Betäubung,

4. Ort, Beginn und voraussichtliche Dauer des Versuchsvorhabens,

5. Name und Anschrift des verantwortlichen Leiters des Versuchsvorhabens und seines Stellvertreters,

6. bei Versuchsvorhaben nach § 8 Abs. 7 Nr. 1 der Rechtsgrund der Genehmigungsfreiheit.

(3) Ist die Durchführung mehrerer gleichartiger Versuchsvorhaben beabsichtigt, so genügt die Anzeige des ersten Versuchsvorhabens, wenn in der Anzeige zusätzlich die voraussichtliche Zahl der Versuchsvorhaben angegeben wird. Am Ende eines jeden Jahres ist der zuständigen Behörde die Zahl der durchgeführten Versuchsvorhaben sowie bei Wirbeltieren Art und Zahl der insgesamt verwendeten Tiere anzugeben.

(4) Ändern sich nach Absatz 2 angegebene Sachverhalte während des Versuchsvorhabens, so sind diese Änderungen unverzüglich der zuständigen Behörde anzuzeigen, es sei denn, daß die Änderung für die Überwachung des Versuchsvorhabens ohne Bedeutung ist.

(5) Die zuständige Behörde hat Tierversuche zu untersagen, wenn Tatsachen die Annahme rechtfertigen, daß die Einhaltung der Vorschriften des § 7 Abs. 2 oder 3, des § 8 b Abs. 1, 2, 4, 5 oder 6 oder des § 9 Abs. 1 oder 2 nicht sichergestellt ist, und diesem Mangel nicht innerhalb einer von der zuständigen Behörde gesetzten Frist abgeholfen worden ist.

§ 8 b

(1) Träger von Einrichtungen, in denen Tierversuche an Wirbeltieren durchgeführt werden, haben einen oder mehrere Tierschutzbeauftragte zu bestellen und die Bestellung der zuständigen Behörde anzuzeigen. In der Anzeige sind auch die Stellung und die Befugnisse des Tierschutzbeauftragten nach Absatz 6 Satz 3 anzugeben.

(2) Zum Tierschutzbeauftragten können nur Personen mit abgeschlossenem Hochschulstudium der Veterinärmedizin, Medizin oder Biologie – Fachrichtung Zoologie – bestellt werden. Sie müssen die für die Durchführung ihrer Aufgaben erforderlichen Fachkenntnisse und die hierfür erforderliche Zuverlässigkeit haben. Die zuständige Behörde kann im Einzelfall Ausnahmen von Satz 1 zulassen.

(3) Der Tierschutzbeauftragte ist verpflichtet,

1. auf die Einhaltung von Vorschriften, Bedingungen und Auflagen im Interesse des Tierschutzes zu achten,

2. die Einrichtung und die mit den Tierversuchen und mit der Haltung der Versuchstiere befaßten Personen zu beraten,

3. zu jedem Antrag auf Genehmigung eines Tierversuchs Stellung zu nehmen,

4. innerbetrieblich auf die Entwicklung und Einführung von Verfahren und Mitteln zur Vermeidung oder Beschränkung von Tierversuchen hinzuwirken.

(4) Führt der Tierschutzbeauftragte selbst ein Versuchsvorhaben durch, so muß für dieses Versuchsvorhaben ein anderer Tierschutzbeauftragter tätig sein.

(5) Die Einrichtung hat den Tierschutzbeauftragten bei der Erfüllung seiner Aufgaben so zu unterstützen und von allen Versuchsvorhaben zu unterrichten, daß er seine Aufgaben uneingeschränkt wahrnehmen kann.

(6) Der Tierschutzbeauftragte ist bei der Erfüllung seiner Aufgaben weisungsfrei. Er darf wegen der Erfüllung seiner Aufgaben nicht benachteiligt werden. Seine Stellung und seine Befugnisse sind durch Satzung, innerbetriebliche Anweisung oder in ähnlicher Form zu regeln. Dabei ist sicherzustellen, daß der Tierschutzbeauftragte seine Vorschläge oder Bedenken unmittelbar der in der Einrichtung entscheidenden Stelle vortragen kann. Werden mehrere Tierschutzbeauftragte bestellt, so sind ihre Aufgabenbereiche festzulegen.

§ 9

(1) Tierversuche dürfen nur von Personen durchgeführt werden, die die dafür erforderlichen Fachkenntnisse haben. Tierversuche an Wirbeltieren, ausgenommen Versuche nach § 8 Abs. 7 Nr. 2, dürfen darüber hinaus nur von Personen mit abgeschlossenem Hochschulstudium der Veterinärmedizin oder der Medizin oder von Personen mit abgeschlossenem naturwissenschaftlichen Hochschulstudium durchgeführt werden. Tierversuche mit operativen Eingriffen an Wirbeltieren dürfen nur von Personen mit abgeschlossenem Hochschulstudium

1. der Veterinärmedizin oder Medizin oder

2. der Biologie – Fachrichtung Zoologie –, wenn diese Personen an Hochschulen oder anderen wissenschaftlichen Einrichtungen tätig sind,

durchgeführt werden. Die zuständige Behörde kann im Einzelfall Ausnahmen von den Sätzen 2 und 3 zulassen, soweit dies mit dem Schutz der Versuchstiere vereinbar ist.

(2) Tierversuche sind auf das unerläßliche Maß zu beschränken. Bei der Durchführung ist der Stand der wissenschaftlichen Erkenntnisse zu berücksichtigen. Im einzelnen gilt für die Durchführung folgendes:

1. Versuche an sinnesphysiologisch höher entwickelten Tieren, insbesondere warmblütigen Tieren, dürfen nur durchgeführt werden, soweit Versuche an sinnesphysiologisch niedriger entwickelten Tieren für den verfolgten Zweck nicht ausreichen. Versuche an Tieren, die aus der Natur entnommen worden sind, dürfen nur durchgeführt werden, soweit Versuche an anderen Tieren für den verfolgten Zweck nicht ausreichen.

2. Für den Tierversuch dürfen nicht mehr Tiere verwendet werden, als für den verfolgten Zweck erforderlich ist.

3. Schmerzen, Leiden oder Schäden dürfen den Tieren nur in dem Maße zugefügt werden, als es für den verfolgten Zweck unerläßlich ist; insbesondere dürfen sie nicht aus Gründen der Arbeits-, Zeit- oder Kostenersparnis zugefügt werden.

4. Versuche an Wirbeltieren dürfen vorbehaltlich des Satzes 4 nur unter Betäubung vorgenommen werden. Die Betäubung darf nur von einer Person, die die Voraussetzungen des Absatzes 1 Satz 1 und 2 erfüllt, oder unter ihrer Aufsicht vorgenommen werden. Ist bei einem betäubten Wirbeltier damit zu rechnen, daß mit Abklingen der Betäubung erhebliche Schmerzen auftreten, so muß das Tier rechtzeitig mit schmerzlindernden Mitteln behandelt werden, es sei denn, daß dies mit dem Zweck des Tierversuchs nicht vereinbar ist. An einem nicht betäubten Wirbeltier darf

a) kein Eingriff vorgenommen werden, der zu schweren Verletzungen führt,

b) ein Eingriff nur vorgenommen werden, wenn der mit dem Eingriff verbundene Schmerz geringfügiger ist, als die mit einer Betäubung verbundene Beeinträchtigung des Befindens des Versuchstieres oder der Zweck des Tierversuchs eine Betäubung ausschließt.

An einem nicht betäubten Wirbeltier darf nur einmal ein erheblich schmerzhafter Eingriff oder eine erheblich schmerzhafte Behandlung durchgeführt werden, es sei denn, daß der Zweck des Tierversuchs anders nicht erreicht werden kann. Bei einem nicht betäubten Wirbeltier dürfen keine Mittel angewandt werden, durch die die Äußerung von Schmerzen verhindert oder eingeschränkt wird.

5. Wird bei einem Wirbeltier ein schwerer operativer Eingriff vorgenommen oder ist das Tier in einem mit erheblichen oder länger anhaltenden Schmerzen oder Leiden oder mit erheblichen Schäden verbundenen Tierversuch verwendet worden, so darf es nicht für ein weiteres Versuchsvorhaben verwendet werden, es sei denn, sein allgemeiner Gesundheitszustand und sein Wohlbefinden sind vollständig wiederhergestellt und der weitere Tierversuch ist nicht mit Leiden oder Schäden und mit nur unerheblichen Schmerzen verbunden.

6. Bei Tierversuchen zur Ermittlung der tödlichen Dosis oder tödlichen Konzentration eines Stoffes ist das Tier schmerzlos zu töten, sobald erkennbar ist, daß es infolge der Wirkung des Stoffes stirbt.

7. Wirbeltiere dürfen für Tierversuche nur verwendet werden, wenn sie für diesen Zweck gezüchtet worden sind. Die zuständige Behörde kann, soweit es mit dem Schutz der Tiere vereinbar ist, Ausnahmen hiervon zulassen, wenn für Versuchszwecke gezüchtete Tiere der betreffenden Art nicht zur Verfügung stehen oder der Zweck des Tierversuchs die Verwendung von Tieren anderer Herkunft erforderlich macht.

8. Nach Abschluß eines Tierversuchs ist jeder verwendete und überlebende Affe, Halbaffe, Einhufer, Paarhufer, Hund, Hamster sowie jede verwendete und überlebende Katze und jedes verwendete und überlebende Kaninchen und Meerschweinchen unverzüglich einem Tierarzt zur Untersuchung vorzustellen. Kann das Tier nach dem Urteil des Tierarztes nur unter Schmerzen oder Leiden weiterleben, so muß es unverzüglich schmerzlos getötet werden. Andere als in Satz 1 bezeichnete Tiere sind gleichfalls unverzüglich schmerzlos zu töten, wenn dies nach dem Urteil der Person, die den Tierversuch durchgeführt hat, erforderlich

ist. Soll ein Tier am Ende eines Tierversuchs am Leben erhalten werden, so muß es seinem Gesundheitszustand entsprechend gepflegt und dabei von einem Tierarzt oder einer anderen befähigten Person beobachtet und erforderlichenfalls medizinisch versorgt werden.

(3) Für die Einhaltung der Vorschriften der Absätze 1 und 2 ist der Leiter des Versuchsvorhabens oder sein Stellvertreter verantwortlich. Das gleiche gilt für die Erfüllung von Auflagen, die mit einer Genehmigung nach § 8 verbunden sind.

§ 9 a

(1) Über die Tierversuche sind Aufzeichnungen zu machen. Die Aufzeichnungen müssen für jedes Versuchsvorhaben den mit ihm verfolgten Zweck, insbesondere die Gründe für nach § 9 Abs. 2 Nr. 1 erlaubte Versuche an sinnesphysiologisch höher entwickelten Tieren, sowie die Zahl und Bezeichnung der verwendeten Tiere und die Art und Ausführung der Versuche angeben. Werden Wirbeltiere verwendet, so ist auch ihre Herkunft einschließlich des Namens und der Anschrift des Vorbesitzers anzugeben; bei Hunden und Katzen sind zusätzlich Geschlecht und Rasse sowie Art und Zeichnung des Fells und eine an dem Tier vorgenommene Kennzeichnung anzugeben. Die Aufzeichnungen sind von den Personen, die die Versuche durchgeführt haben, und von dem Leiter des Versuchsvorhabens zu unterzeichnen; der Unterschrift bedarf es nicht, wenn die Aufzeichnungen mit Hilfe automatischer Einrichtungen erstellt werden. Die Aufzeichnungen sind drei Jahre lang nach Abschluß des Versuchsvorhabens aufzubewahren und der zuständigen Behörde auf Verlangen zur Einsichtnahme vorzulegen.

(2) Der Bundesminister wird ermächtigt, durch Rechtsverordnung mit Zustimmung des Bundesrates Personen und Einrichtungen, die Tierversuche an Wirbeltieren durchführen, zu verpflichten, in bestimmten, regelmäßigen Zeitabständen der zuständigen Behörde Angaben über Art und Zahl der für die Versuche verwendeten Tiere und über die Art der Versuche zu melden, und das Melde- und Übermittlungsverfahren zu regeln.

Sechster Abschnitt
Eingriffe und Behandlungen zur Aus-, Fort- oder Weiterbildung

§ 10

(1) Zur Aus-, Fort- oder Weiterbildung dürfen Eingriffe oder Behandlungen an Tieren, die mit Schmerzen, Leiden oder Schäden verbunden sind, nur durchgeführt werden

1. an einer Hochschule, einer anderen wissenschaftlichen Einrichtung oder einem Krankenhaus oder

2. im Rahmen einer Aus-, Fort- oder Weiterbildung für Heilhilfsberufe oder naturwissenschaftliche Hilfsberufe.

Sie dürfen nur vorgenommen werden, soweit ihr Zweck nicht auf andere Weise, insbesondere durch filmische Darstellungen, erreicht werden kann.

(2) Auf Eingriffe oder Behandlungen zur Aus-, Fort- oder Weiterbildung sind die §§ 8 a, 9 Abs. 1 und 2 und § 9 a Abs. 1 entsprechend anzuwenden. § 8 a Abs. 1 Satz 1 ist mit der Maßgabe entsprechend anzuwenden, daß die Eingriffe oder Behandlungen vor Aufnahme in das Lehrprogramm oder vor Änderung des Lehrprogramms anzuzeigen sind, § 9 Abs. 1 mit der Maßgabe, daß die Eingriffe und Behandlungen nur durch die dort genannten Personen oder unter deren Aufsicht durchgeführt werden dürfen.

(3) Für die Einhaltung der Vorschriften der Absätze 1 und 2 ist der Leiter der Aus-, Fort- oder Weiterbildung oder sein Stellvertreter verantwortlich.

Siebenter Abschnitt
Zucht von Tieren, Handel mit Tieren

§ 11

(1) Wer

1. Wirbeltiere zu Versuchszwecken züchten oder halten,

2. Tiere für andere in einem Tierheim oder in einer ähnlichen Einrichtung halten oder

3. gewerbsmäßig
a) Hunde, Katzen oder sonstige Heimtiere züchten oder halten,
b) mit Wirbeltieren außer landwirtschaftlichen Nutztieren handeln,
c) einen Reit- oder Fahrbetrieb unterhalten oder
d) Tiere zur Schau stellen

will, bedarf der Erlaubnis der zuständigen Behörde. In dem Antrag auf Erteilung der Erlaubnis sind anzugeben:

1. die Arten der Tiere, mit denen die Tätigkeit ausgeübt werden soll,

2. die für die Tätigkeit verantwortliche Person,

3. die Räume und Einrichtungen, die der Tätigkeit dienen.

Dem Antrag sind Nachweise über die Sachkunde im Sinne des Absatzes 2 Nr. 1 beizufügen.

(2) Die Erlaubnis darf nur erteilt werden, wenn

1. die für die Tätigkeit verantwortliche Person auf Grund ihrer Ausbildung oder ihres bisherigen beruflichen Umgangs mit Tieren die für diese Tätigkeit erforderlichen fachlichen Kenntnisse und Fähigkeiten hat,

2. die für die Tätigkeit verantwortliche Person die erforderliche Zuverlässigkeit hat und

3. die der Tätigkeit dienenden Räume und Einrichtungen eine den Anforderungen des § 2 entsprechende Ernährung, Pflege und Unterbringung der Tiere ermöglichen.

(3) Mit der Ausübung der Tätigkeit nach Absatz 1 Satz 1 darf erst nach Erteilung der Erlaubnis begonnen werden. Die zuständige Behörde kann demjenigen die Ausübung der Tätigkeit untersagen, der die Erlaubnis nicht hat.

(4) Die Ausübung der nach Absatz 3 Satz 2 untersagten Tätigkeit kann von der zuständigen Behörde auch durch Schließung der Betriebs- oder Geschäftsräume verhindert werden.

§ 11 a

(1) Wer Wirbeltiere zur Verwendung als Versuchstiere züchtet oder hält oder mit solchen Wirbeltieren handelt, hat über die Herkunft und den Verbleib der Tiere Aufzeichnungen zu machen und die Aufzeichnungen drei Jahre lang aufzubewahren. Dies gilt nicht, soweit für Wirbeltiere wildlebender Arten eine entsprechende Aufzeichnungspflicht auf Grund jagdrechtlicher oder naturschutzrechtlicher Vorschriften besteht.

(2) Wer Hunde oder Katzen zur Abgabe oder Verwendung als Versuchstiere züchtet, hat sie, bevor sie vom Muttertier abgesetzt werden, dauerhaft so zu kennzeichnen, daß ihre Identität festgestellt werden kann. Wer nicht gekennzeichnete Hunde oder Katzen zur Abgabe oder Verwendung als Versuchstiere erwirbt, hat sie unverzüglich nach Satz 1 zu kennzeichnen.

(3) Der Bundesminister wird ermächtigt, durch Rechtsverordnung mit Zustimmung des Bundesrates Vorschriften über Art und Umfang der Aufzeichnungen und der Kennzeichnung zu erlassen. Er kann dabei vorsehen, daß Aufzeichnungen auf Grund anderer Rechtsvorschriften als Aufzeichnungen nach Satz 1 gelten.

§ 11 b

Es ist verboten, Wirbeltiere zu züchten, wenn der Züchter damit rechnen muß, daß bei der Nachzucht auf Grund vererbter Merkmale Körperteile oder Organe für den artgemäßen Gebrauch fehlen oder untauglich oder umgestaltet sind und hierdurch Schmerzen, Leiden oder Schäden auftreten. Das Verbot gilt nicht für die Zucht von Versuchstiermutanten, die für die Durchführung bestimmter Tierversuche notwendig sind.

§ 11 c

Ohne Einwilligung der Erziehungsberechtigten dürfen

1. warmblütige Tiere an Kinder oder Jugendliche bis zum vollendeten 16. Lebensjahr,
2. andere Wirbeltiere an Kinder bis zum vollendeten 14. Lebensjahr

nicht abgegeben werden.

Achter Abschnitt
Verbringungs-, Verkehrs- und Haltungsverbot

§ 12

Wirbeltiere, an denen Schäden feststellbar sind, von denen anzunehmen ist, daß sie den Tieren durch tierschutzwidrige Handlungen zugefügt worden sind, dürfen nicht in den Geltungsbereich dieses Gesetzes verbracht oder im Geltungsbereich dieses Gesetzes gewerbsmäßig in den Verkehr gebracht oder gewerbsmäßig gehalten werden, wenn das Weiterleben der Tiere infolge der Schäden nur unter Leiden möglich ist. Dieses Verbot steht der zollamtlichen Abfertigung nicht entgegen.

Neunter Abschnitt
Sonstige Bestimmungen zum Schutz der Tiere

§ 13

(1) Es ist verboten, zum Fangen, Fernhalten oder Verscheuchen von Wirbeltieren Vorrichtungen oder Stoffe anzuwenden, wenn damit die Gefahr vermeidbarer Schmerzen, Leiden oder Schäden für Wirbeltiere verbunden ist; dies gilt nicht für

die Anwendung von Vorrichtungen oder Stoffen, die auf Grund anderer Rechtsvorschriften zugelassen sind. Vorschriften des Jagdrechts, des Naturschutzrechts, des Pflanzenschutzrechts und des Seuchenrechts bleiben unberührt.

(2) Der Bundesminister wird ermächtigt, durch Rechtsverordnung mit Zustimmung des Bundesrates zum Schutz des Wildes Maßnahmen anzuordnen, die das Wild vor vermeidbaren Schmerzen oder Schäden durch land- oder forstwirtschaftliche Arbeiten schützen.

(3) Der Bundesminister wird ermächtigt, im Einvernehmen mit dem Bundesminister für Wirtschaft durch Rechtsverordnung mit Zustimmung des Bundesrates, soweit es zum Schutz der Tiere erforderlich ist, das Halten von Tieren wildlebender Arten, den Handel mit solchen Tieren sowie ihr Verbringen in den, durch den oder aus dem Geltungsbereich dieses Gesetzes zu verbieten oder von einer Genehmigung abhängig zu machen.

Zehnter Abschnitt
Durchführung des Gesetzes

§ 14

(1) Der Bundesminister der Finanzen und die von ihm bestimmten Zollstellen wirken bei der Überwachung des Verbringens von Tieren in den Geltungsbereich dieses Gesetzes mit. Für das Gebiet des Freihafens Hamburg kann der Bundesminister der Finanzen diese Aufgabe durch Vereinbarung mit dem Senat der Freien und Hansestadt Hamburg dem Freihafenamt übertragen. § 14 Abs. 2 des Finanzverwaltungsgesetzes gilt entsprechend. Die genannten Behörden können

1. Tiere sowie deren Beförderungsmittel, Behälter, Lade- und Verpackungsmittel bei dem Verbringen in den Geltungsbereich dieses Gesetzes zur Überwachung anhalten,

2. den Verdacht von Verstößen gegen Verbote und Beschränkungen dieses Gesetzes oder der nach diesem Gesetz erlassenen Rechtsverordnungen, der sich bei der Abfertigung ergibt, den zuständigen Behörden mitteilen,

3. in den Fällen der Nummer 2 anordnen, daß die Tiere auf Kosten und Gefahr des Verfügungsberechtigten der zuständigen Behörde vorgeführt werden.

(2) Der Bundesminister der Finanzen regelt im Einvernehmen mit dem Bundesminister durch Rechtsverordnung ohne Zustimmung des Bundesrates die Einzelheiten des Verfahrens nach Absatz 1. Er kann dabei insbesondere Pflichten zu Anzeigen, Anmeldungen, Auskünften und zur Leistung von Hilfsdiensten sowie zur Duldung der Einsichtnahme in Geschäftspapiere und sonstige Unterlagen und zur Duldung von Besichtigungen vorsehen.

§ 15

(1) Die Durchführung dieses Gesetzes und der auf Grund dieses Gesetzes erlassenen Rechtsverordnungen obliegt den nach Landesrecht zuständigen Behörden. Die nach Landesrecht zuständigen Behörden berufen jeweils eine oder mehrere Kommissionen zur Unterstützung der zuständigen Behörden bei der Entscheidung über die Genehmigung von Tierversuchen. Die Mehrheit der Kommissionsmitglieder muß die für die Beurteilung von Tierversuchen erforderlichen Fachkenntnisse der Veterinärmedizin, der Medizin oder einer naturwissenschaftlichen Fachrichtung haben. In die Kommissionen sind auch Mitglieder zu berufen, die aus Vorschlagslisten der Tierschutzorganisationen ausgewählt worden sind und auf Grund ihrer Erfahrungen zur Beurteilung von Tierschutzfragen geeignet sind; die Zahl dieser Mitglieder muß ein Drittel der Kommissionsmitglieder betragen. Die zuständige Behörde unterrichtet unverzüglich die Kommission über Anträge auf Genehmigung von Versuchsvorhaben und gibt ihr Gelegenheit, in angemessener Frist Stellung zu nehmen.

(2) Die zuständigen Behörden sollen im Rahmen der Durchführung dieses Gesetzes oder der auf Grund dieses Gesetzes erlassenen Rechtsverordnungen den beamteten Tierarzt als Sachverständigen beteiligen.

(3) Die Durchführung dieses Gesetzes obliegt für Tiere, die sich im Besitz der Bundeswehr befinden, den zuständigen Dienststellen der Bundeswehr. Der Bundesminister der Verteidigung beruft eine Kommission zur Unterstützung der zuständigen Dienststellen bei der Entscheidung über die Genehmigung von Versuchsvorhaben. Die Mehrheit der Kommissionsmitglieder muß die für die Beurteilung von Tierversuchen erforderlichen Fachkenntnisse der Veterinärmedizin, der Medizin oder einer naturwissenschaftlichen Fachrichtung haben. In die Kommission sollen auch Mitglieder berufen werden, die aus Vorschlagslisten der Tierschutzorganisationen ausgewählt worden sind und auf Grund ihrer Erfahrungen zur Beurteilung von Tierschutzfragen geeignet sind. Die zuständige Dienststelle unterrichtet unverzüglich die Kommission über Anträge auf Genehmigung von Versuchsvorhaben und gibt ihr Gelegenheit, in angemessener Frist Stellung zu nehmen. Die Sicherheitsbelange der Bundeswehr sind zu berücksichtigen.

§ 15 a

Die nach Landesrecht zuständigen Behörden unterrichten den Bundesminister über Fälle grundsätzlicher Bedeutung bei der Genehmigung von Versuchsvorhaben, insbesondere über die Fälle, in denen die Genehmigung von Versuchsvorhaben mit der Begründung versagt worden ist, daß die Voraussetzungen des

§ 7 Abs. 3 nicht erfüllt waren, oder in denen die Kommission nach § 15 Abs. 1 oder der Tierschutzbeauftragte Bedenken hinsichtlich des Vorliegens dieser Voraussetzungen erhoben hat.

§ 16

(1) Der Aufsicht durch die zuständige Behörde unterliegen

1. Nutztierhaltungen,

2. Einrichtungen, in denen Tiere geschlachtet werden,

3. Einrichtungen, die Tierversuche oder Eingriffe oder Behandlungen zur Aus-, Fort- oder Weiterbildung durchführen,

4. Betriebe nach § 11 Abs. 1 Satz 1,

5. Einrichtungen oder Betriebe, die mit landwirtschaftlichen Nutztieren handeln,

6. Zoo- und Zirkusbetriebe, die nicht gewerbsmäßig betrieben werden.

(2) Natürliche und juristische Personen und nicht rechtsfähige Personenvereinigungen haben der zuständigen Behörde auf Verlangen die Auskünfte zu erteilen, die zur Durchführung der der Behörde durch dieses Gesetz übertragenen Aufgaben erforderlich sind.

(3) Personen, die von der zuständigen Behörde beauftragt sind, dürfen im Rahmen des Absatzes 2

1. Grundstücke, Geschäftsräume, Wirtschaftsgebäude und Transportmittel des Auskunftspflichtigen während der Geschäfts- oder Betriebszeit betreten,

2. zur Verhütung dringender Gefahren für die öffentliche Sicherheit und Ordnung
a) die in Nummer 1 bezeichneten Grundstücke, Räume, Gebäude und Transportmittel außerhalb der dort genannten Zeiten,
b) Wohnräume des Auskunftspflichtigen
betreten; das Grundrecht der Unverletzlichkeit der Wohnung (Artikel 13 des Grundgesetzes) wird insoweit eingeschränkt,

3. geschäftliche Unterlagen einsehen.

Der Auskunftspflichtige hat die Maßnahmen zu dulden, die mit der Überwachung beauftragten Personen zu unterstützen und die geschäftlichen Unterlagen vorzulegen.

(4) Der zur Auskunft Verpflichtete kann die Auskunft auf solche Fragen verweigern, deren Beantwortung ihn selbst oder einen der in § 383 Abs. 1 Nr. 1 bis 3 der Zivilprozeßordnung bezeichneten Angehörigen der Gefahr strafgerichtlicher Verfolgung oder eines Verfahrens nach dem Gesetz über Ordnungswidrigkeiten aussetzen würde.

§ 16 a

Die zuständige Behörde trifft die zur Beseitigung festgestellter Verstöße und die zur Verhütung künftiger Verstöße notwendigen Anordnungen. Sie kann insbesondere

1. im Einzelfall die zur Erfüllung der Anforderungen des § 2 erforderlichen Maßnahmen anordnen,

2. ein Tier, das nach dem Gutachten des beamteten Tierarztes mangels Erfüllung der Anforderungen des § 2 erheblich vernachlässigt ist, dem Halter fortnehmen und so lange auf dessen Kosten anderweitig pfleglich unterbringen, bis eine den Anforderungen des § 2 entsprechende Haltung des Tieres durch den Halter sichergestellt ist. Kann das Tier nach dem Urteil des beamteten Tierarztes nur unter nicht behebbaren erheblichen Schmerzen, Leiden oder Schäden weiterleben, so kann die Behörde es auf Kosten des Halters schmerzlos töten lassen,

3. demjenigen, der den Vorschriften des § 2, einer Anordnung nach Nummer 2 oder einer Rechtsverordnung nach § 2 a wiederholt oder grob zuwidergehandelt und dadurch den von ihm gehaltenen Tieren erhebliche Schmerzen, Leiden oder Schäden zugefügt hat, das Halten von Tieren einer bestimmten oder jeder Art untersagen, wenn Tatsachen die Annahme rechtfertigen, daß er weiterhin derartige Zuwiderhandlungen begehen wird. Auf Antrag ist ihm das Halten von Tieren wieder zu gestatten, wenn der Grund für die Annahme weiterer Zuwiderhandlungen entfallen ist,

4. die Einstellung von Tierversuchen anordnen, die ohne die erforderliche Genehmigung oder entgegen einem tierschutzrechtlichen Verbot durchgeführt werden.

§ 16 b

(1) Der Bundesminister beruft eine Tierschutzkommission zu seiner Unterstützung in Fragen des Tierschutzes. Vor dem Erlaß von Rechtsverordnungen und allgemeinen Verwaltungsvorschriften nach diesem Gesetz hat der Bundesminister die Tierschutzkommission anzuhören.

(2) Der Bundesminister wird ermächtigt, durch Rechtsverordnung ohne Zustimmung des Bundesrates das Nähere über Zusammensetzung, Berufung der Mitglieder, Aufgaben und Geschäftsführung der Tierschutzkommission zu regeln.

§ 16 c

Der Bundesminister erläßt mit Zustimmung des Bundesrates die allgemeinen Verwaltungsvorschriften, die zur Durchführung dieses Gesetzes und der auf Grund dieses Gesetzes erlassenen Rechtsverordnungen erforderlich sind.

§ 16 d

Die Bundesregierung erstattet dem Deutschen Bundestag alle zwei Jahre einen Bericht über den Stand der Entwicklung des Tierschutzes.

Elfter Abschnitt
Straf- und Bußgeldvorschriften

§ 17

Mit Freiheitsstrafe bis zu zwei Jahren oder mit Geldstrafe wird bestraft, wer

1. ein Wirbeltier ohne vernünftigen Grund tötet oder

2. einem Wirbeltier
a) aus Roheit erhebliche Schmerzen oder Leiden oder
b) länger anhaltende oder sich wiederholende erhebliche Schmerzen oder Leiden zufügt.

§ 18

(1) Ordnungswidrig handelt, wer vorsätzlich oder fahrlässig

1. einem Wirbeltier, das er hält, betreut oder zu betreuen hat, ohne vernünftigen Grund erhebliche Schmerzen, Leiden oder Schäden zufügt,

2. einer vollziehbaren Anordnung nach § 8 a Abs. 5, § 11 Abs. 3 Satz 2 oder § 16 a Satz 2 Nr. 1, 3 oder 4 zuwiderhandelt,

3. einer
a) nach § 2 a oder
b) nach den §§ 4 b, 5 Abs. 4, § 9 a Abs. 2, § 11 a Abs. 3 Satz 1, § 13 Abs. 2 oder 3 oder § 14 Abs. 2

erlassenen Rechtsverordnung zuwiderhandelt, soweit sie für einen bestimmten Tatbestand auf diese Bußgeldvorschrift verweist,

4. einem Verbot nach § 3 zuwiderhandelt,

5. entgegen § 4 Abs. 1 ein Wirbeltier tötet,

6. entgegen § 4 a Abs. 1 ein warmblütiges Tier schlachtet,

7. entgegen § 5 Abs. 1 Satz 1 einen Eingriff ohne Betäubung vornimmt oder, ohne Tierarzt zu sein, entgegen § 5 Abs. 1 Satz 2 eine Betäubung vornimmt,

8. einem Verbot nach § 6 Abs. 1 Satz 1 zuwiderhandelt oder entgegen § 6 Abs. 1 Satz 3 einen Eingriff vornimmt,

9. entgegen § 6 Abs. 1 Satz 4 in Verbindung mit § 9 Abs. 3 Satz 1 nicht für die Einhaltung der Vorschriften des § 9 Abs. 1 Satz 1 oder 3 oder Abs. 2 Nr. 4 oder 8 sorgt,

10. entgegen § 6 Abs. 2 elastische Ringe verwendet,

11. entgegen § 7 Abs. 4 oder 5 Satz 1 Tierversuche durchführt,

12. Versuche an Wirbeltieren ohne die nach § 8 Abs. 1 erforderliche Genehmigung durchführt,

13. entgegen § 8 Abs. 4 Satz 2 eine Änderung nicht oder nicht rechtzeitig anzeigt,

14. entgegen § 8 a Abs. 1, 2 oder 4 ein Vorhaben oder eine Änderung nicht, nicht richtig, nicht vollständig oder nicht rechtzeitig anzeigt,

15. entgegen § 8 a Abs. 3 Satz 2 die Zahl der Versuchsvorhaben oder die Art oder die Zahl der verwendeten Tiere nicht, nicht richtig oder nicht rechtzeitig angibt,

16. entgegen § 8 b Abs. 1 Satz 1 keinen Tierschutzbeauftragten bestellt,

17. entgegen § 9 Abs. 3 Satz 1 nicht für die Einhaltung der Vorschriften des § 9 Abs. 1 oder 2 oder entgegen § 9 Abs. 3 Satz 2 nicht für die Erfüllung einer vollziehbaren Auflage sorgt,

18. entgegen § 9 a Abs. 1 Aufzeichnungen nicht, nicht richtig oder nicht vollständig macht, nicht unterzeichnet, nicht aufbewahrt oder nicht vorlegt,

19. entgegen § 10 Abs. 3 nicht für die Einhaltung der Vorschriften des § 10 Abs. 1 oder 2 sorgt,

20. eine Tätigkeit ohne die nach § 11 Abs. 1 Satz 1 erforderliche Erlaubnis ausübt oder einer mit einer solchen Erlaubnis verbundenen vollziehbaren Auflage zuwiderhandelt,

21. entgegen § 11 a Abs. 1 Satz 1 Aufzeichnungen nicht, nicht richtig oder nicht vollständig macht oder nicht aufbewahrt oder entgegen § 11 a Abs. 2 Tiere nicht, nicht in der vorgeschriebenen Weise oder nicht rechtzeitig kennzeichnet,

22. Wirbeltiere entgegen § 11 b Satz 1 züchtet,

23. entgegen § 11 c ein warmblütiges Tier an ein Kind oder einen Jugendlichen bis zum vollendeten 16. Lebensjahr oder ein anderes Wirbeltier an ein Kind bis zum vollendeten 14. Lebensjahr abgibt,

24. entgegen § 12 Satz 1 ein Wirbeltier in den Geltungsbereich dieses Gesetzes verbringt oder dort gewerbsmäßig in den Verkehr bringt oder gewerbsmäßig hält,

25. entgegen § 13 Abs. 1 Satz 1 eine Vorrichtung oder einen Stoff anwendet,

26. entgegen § 16 Abs. 2 eine Auskunft nicht, nicht richtig oder nicht vollständig erteilt oder einer Duldungs- oder Mitwirkungspflicht nach § 16 Abs. 3 Satz 2 zuwiderhandelt oder

27. einer Vorschrift der §§ 1 bis 5 der Verordnung über das Schlachten und Aufbewahren von lebenden Fischen und anderen kaltblütigen Tieren in der im Bundesgesetzblatt Teil III, Gliederungsnummer 7833-1-3, veröffentlichten bereinigten Fassung zuwiderhandelt.

(2) Ordnungswidrig handelt auch, wer, abgesehen von den Fällen des Absatzes 1 Nr. 1, einem Tier ohne vernünftigen Grund erhebliche Schmerzen, Leiden oder Schäden zufügt.

(3) Die Ordnungswidrigkeit kann in den Fällen des Absatzes 1 Nr. 1, 2, 3 Buchstabe a, Nr. 4 bis 9, 11, 12, 17, 20, 22, 25 und 27 und des Absatzes 2 mit einer Geldbuße bis zu fünfzigtausend Deutsche Mark, in den übrigen Fällen des Absatzes 1 mit einer Geldbuße bis zu zehntausend Deutsche Mark geahndet werden.

§ 19

Tiere, auf die sich eine Straftat nach § 17 oder eine Ordnungswidrigkeit nach § 18 Abs. 1 Nr. 1, 2, Nr. 3, soweit die Ordnungswidrigkeit eine Rechtsverordnung nach § 2 a oder § 5 Abs. 4 betrifft, Nr. 4, 8, 9, 12, 17, 19, 22, 23, 24 oder 27 bezieht, können eingezogen werden.

§ 20

(1) Wird jemand wegen einer nach § 17 rechtswidrigen Tat verurteilt oder nur deshalb nicht verurteilt, weil seine Schuldunfähigkeit erwiesen oder nicht auszuschließen ist, so kann ihm das Gericht das Halten von sowie den Handel oder den sonstigen berufsmäßigen Umgang mit Tieren jeder oder einer bestimmten Art für die Dauer von einem Jahr bis zu fünf Jahren oder für immer verbieten, wenn die Gefahr besteht, daß er weiterhin eine nach § 17 rechtswidrige Tat begehen wird.

(2) Das Verbot wird mit Rechtskraft des Urteils wirksam. In die Verbotsfrist wird die Zeit, in welcher der Täter in einer Anstalt verwahrt wird, nicht eingerechnet. Ergibt sich nach der Anordnung des Verbots Grund zu der Annahme, daß die Gefahr, der Täter werde nach § 17 rechtswidrige Taten begehen, nicht mehr besteht, so kann das Gericht das Verbot aufheben, wenn es mindestens sechs Monate gedauert hat.

(3) Wer einem Verbot nach Absatz 1 zuwiderhandelt, wird mit Freiheitsstrafe bis zu einem Jahr oder mit Geldstrafe bestraft.

Zwölfter Abschnitt
Übergangs- und Schlußvorschriften

§ 21

(1) Genehmigungen zur Durchführung von Tierversuchen, die vor dem 1. Januar 1987 erteilt worden sind, erlöschen spätestens am 31. Dezember 1987. Vor dem 1. Januar 1987 begonnene Tierversuche, die nach dem bis dahin geltenden Recht nur anzeigepflichtig waren, jedoch nunmehr einer Genehmigung bedürfen, dürfen bis zur Entscheidung über einen Genehmigungsantrag ohne Genehmigung fortgeführt werden, sofern der Genehmigungsantrag bis zum 31. März 1987 gestellt wird. Vor dem 1. Januar 1987 begonnene Tierversuche, die weiterhin nur anzeigepflichtig sind, sind der zuständigen Behörde bis zum 31. März 1987 nach

Maßgabe des § 8 a erneut anzuzeigen; dies gilt für anzeigepflichtige Eingriffe oder Behandlungen zur Aus-, Fort- oder Weiterbildung entsprechend.

(2) Die Erlaubnis nach § 11 gilt demjenigen, der am 1. Januar 1987 eine nach § 11 Abs. 1 Satz 1 erlaubnispflichtige Tätigkeit ausübt, für diese Tätigkeit vorläufig als erteilt. Die vorläufige Erlaubnis erlischt,
1. wenn nicht bis zum 30. Juni 1987 die Erteilung einer endgültigen Erlaubnis beantragt wird,
2. im Falle rechtzeitiger Antragstellung mit Eintritt der Unanfechtbarkeit der Entscheidung über den Antrag.

§ 21 a

Rechtsverordnungen nach diesem Gesetz können auch zur Durchführung von Verordnungen, Richtlinien und Entscheidungen des Rates oder der Kommission der Europäischen Gemeinschaften auf dem Gebiet des Tierschutzes erlassen werden.

§ 21 b

Der Bundesminister wird ermächtigt, durch Rechtsverordnung mit Zustimmung des Bundesrates folgende Vorschriften aufzuheben, auch soweit sie durch Landesrecht geändert worden sind:
1. das Gesetz über das Schlachten von Tieren in der im Bundesgesetzblatt Teil III, Gliederungsnummer 7833-2, veröffentlichten bereinigten Fassung, geändert durch Artikel 216 Abschnitt I des Gesetzes vom 2. März 1974 (BGBl. I S. 469);
2. die Verordnung über das Schlachten von Tieren in der im Bundesgesetzblatt Teil III, Gliederungsnummer 7833-2-1, veröffentlichten bereinigten Fassung;
3. a) die Verordnung über das Schlachten und Aufbewahren von lebenden Fischen und anderen kaltblütigen Tieren in der im Bundesgesetzblatt Teil III, Gliederungsnummer 7833-1-3, veröffentlichten bereinigten Fassung, geändert durch § 23 Satz 2 Nr. 5 dieses Gesetzes,
b) § 18 Abs. 1 Nr. 27 dieses Gesetzes;

Bayern

4. die Verordnung Nr. 49 über das Schlachten von Tieren in der im Bundesgesetzblatt Teil III, Gliederungsnummer 7833-2-2-a, veröffentlichten bereinigten Fassung;

Hamburg

5. die Änderung der Verordnung über das Schlachten von Tieren in der im Bundesgesetzblatt Teil III, Gliederungsnummer 7833-2-1-a, veröffentlichten bereinigten Fassung;

Hessen

6. das Gesetz über das Schlachten von Tieren in der im Bundesgesetzblatt Teil III, Gliederungsnummer 7833-2-a, veröffentlichten bereinigten Fassung;

Nordrhein-Westfalen

7. die Verordnung über das Schlachten von Tieren nach jüdischem Ritus in der im Bundesgesetzblatt Teil III, Gliederungsnummer 7833-2-1-b, veröffentlichten bereinigten Fassung (Sammlung des bereinigten Landesrechts Nordrhein-Westfalen S. 762) für die ehemalige Nord-Rheinprovinz;
8. die Anordnung über das Tierschlachten auf jüdische Weise in der im Bundesgesetzblatt Teil III, Gliederungsnummer 7833-2-1-c, veröffentlichten bereinigten Fassung (Sammlung des bereinigten Landesrechts Nordrhein-Westfalen S. 762) für die ehemalige Provinz Westfalen.

§ 22

Dieses Gesetz gilt nach Maßgabe des § 13 Abs. 1 des Dritten Überleitungsgesetzes auch im Land Berlin. Rechtsverordnungen, die auf Grund dieses Gesetzes erlassen werden, gelten im Land Berlin nach § 14 des Dritten Überleitungsgesetzes.

§ 23

Vorschriften, die Ermächtigungen zum Erlaß von Rechtsverordnungen betreffen, treten am Tage nach der Verkündung in Kraft. Im übrigen tritt dieses Gesetz am 1. Januar 1987 in Kraft.

Bonn, den 12. August 1986

Für den Bundespräsidenten
Der Präsident des Bundesrates
Barschel

Für den Bundeskanzler
Der Bundesminister der Finanzen
Stoltenberg

Der Bundesminister für
Ernährung, Landwirtschaft und Forsten
I. Kiechle

Die vorstehende Fassung des Tierschutzgesetzes der Bundesrepublik Deutschland gibt den Wortlaut wieder, der bei Niederschrift und Erscheinen des Essays »Tiere sehen dich an« gültig war; auf ihn beziehen sich alle Verweisungen im Text. Seither hat das Gesetz verschiedene Modifikationen und Ergänzungen erfahren, die nicht verschwiegen werden dürfen, auch wenn sie leider keinerlei Anlaß geben, die Kritik an seiner moralischen und legislativen Qualität einzuschränken. Da die Mitteilung lediglich dieser Abweichungen nur in einer Form möglich wäre, die ihren Gewinn an Kürze mit Mängeln an Übersicht- und Anschaulichkeit bezahlen müßte, wird im folgenden noch einmal der vollständige Wortlaut des Tierschutzgesetzes, wie es bei Erscheinen dieses Buches Gültigkeit hat, abgedruckt; es geschieht im Vertrauen auf seine Selbsterläuterungskraft ohne jeden weiteren Kommentar.

Tierschutzgesetz (TierschG)

in der Fassung der Bekanntmachung vom 25. Mai 1998 (BGBl. I S. 1105, 1818), geändert durch Artikel 2 des Gesetzes zur Bekämpfung gefährlicher Hunde vom 12. April 2001 (BGBl. I S. 530)

Erster Abschnitt Grundsatz

§ 1

Zweck dieses Gesetzes ist es, aus der Verantwortung des Menschen für das Tier als Mitgeschöpf dessen Leben und Wohlbefinden zu schützen. Niemand darf einem Tier ohne vernünftigen Grund Schmerzen, Leiden oder Schäden zufügen.

Zweiter Abschnitt Tierhaltung

§ 2

Wer ein Tier hält, betreut oder zu betreuen hat,

1. muss das Tier seiner Art und seinen Bedürfnissen entsprechend angemessen ernähren, pflegen und verhaltensgerecht unterbringen,

2. darf die Möglichkeit des Tieres zu artgemäßer Bewegung nicht so einschränken, dass ihm Schmerzen oder vermeidbare Leiden oder Schäden zugefügt werden,

3. muss über die für eine angemessene Ernährung, Pflege und verhaltensgerechte Unterbringung des Tieres erforderlichen Kenntnisse und Fähigkeiten verfügen.

§ 2 a

(1) Das Bundesministerium für Verbraucherschutz, Ernährung und Landwirtschaft (Bundesministerium) wird ermächtigt, durch Rechtsverordnung mit Zustimmung des Bundesrates, soweit es zum Schutz der Tiere erforderlich ist, die Anforderungen an die Haltung von Tieren nach § 2 näher zu bestimmen und dabei insbesondere Vorschriften zu erlassen über Anforderungen

1. hinsichtlich der Bewegungsmöglichkeit oder der Gemeinschaftsbedürfnisse der Tiere,

2. an Räume, Käfige, andere Behältnisse und sonstige Einrichtungen zur Unterbringung von Tieren sowie an die Beschaffenheit von Anbinde-, Fütterungs- und Tränkvorrichtungen,

3. hinsichtlich der Lichtverhältnisse und des Raumklimas bei der Unterbringung der Tiere,

4. an die Pflege einschließlich der Überwachung der Tiere; hierbei kann das Bundesministerium auch vorschreiben, dass Aufzeichnungen über die Ergebnisse der Überwachung zu machen, aufzubewahren und der zuständigen Behörde auf Verlangen vorzulegen sind,

5. an Kenntnisse und Fähigkeiten von Personen, die Tiere halten, betreuen oder zu betreuen haben, und an den Nachweis dieser Kenntnisse und Fähigkeiten.

(1 a) Das Bundesministerium wird ermächtigt, durch Rechtsverordnung mit Zustimmung des Bundesrates, so weit es zum Schutz der Tiere erforderlich ist, Anforderungen an Ziele, Mittel und Methoden bei der Ausbildung, bei der Erziehung oder beim Training von Tieren festzulegen.

(1 b) Das Bundesministerium wird ermächtigt, durch Rechtsverordnung mit Zustimmung des Bundesrates, soweit es zum Schutz der Tiere erforderlich ist und sich eine Pflicht zur Kennzeichnung nicht aus § 11 a Abs. 2 ergibt, Vorschriften zur Kennzeichnung von Tieren, insbesondere von Hunden und Katzen, sowie zur Art der Durchführung der Kennzeichnung zu erlassen.

(2) Das Bundesministerium wird ermächtigt, im Einvernehmen mit dem Bundesministerium für Verkehr durch Rechtsverordnung mit Zustimmung des Bundesrates, soweit es zum Schutz der Tiere erforderlich ist, ihre Beförderung zu regeln. Es kann hierbei insbesondere

1. Anforderungen
a) hinsichtlich der Transportfähigkeit von Tieren,
b) an Transportmittel für Tiere festlegen,

1 a. bestimmte Transportmittel und Versendungsarten für die Beförderung bestimmter Tiere, insbesondere die Versendung als Nachnahme, verbieten oder beschränken,

2. bestimmte Transportmittel und Versendungsarten für die Beförderung bestimmter Tiere vorschreiben,

3. vorschreiben, dass bestimmte Tiere bei der Beförderung von einem Betreuer begleitet werden müssen,

3 a. vorschreiben, dass Personen, die Tiertransporte durchführen oder hierbei mitwirken, bestimmte Kenntnisse und Fähigkeiten haben und diese nachweisen müssen,

4. Vorschriften über das Verladen, Entladen, Unterbringen, Ernähren und Pflegen der Tiere erlassen,

5. als Voraussetzung für die Durchführung von Tiertransporten bestimmte Bescheinigungen, Erklärungen oder Meldungen vorschreiben sowie deren Ausstellung und Aufbewahrung regeln,

6. vorschreiben, dass wer gewerbsmäßig Tiertransporte durchführt, einer Erlaubnis der zuständigen Behörde bedarf oder bei der zuständigen Behörde registriert sein muss, sowie die Voraussetzungen und das Verfahren bei der Erteilung der Erlaubnis und bei der Registrierung regeln,

7. vorschreiben, dass wer Tiere während des Transports in einer Einrichtung oder einem Betrieb ernähren, pflegen oder unterbringen will, einer Erlaubnis der zuständigen Behörde bedarf, und die Voraussetzungen und das Verfahren der Erteilung der Erlaubnis regeln, soweit dies zur Durchführung von Rechtsakten der Europäischen Gemeinschaft erforderlich ist.

§ 3

Es ist verboten,

1. einem Tier außer in Notfällen Leistungen abzuverlangen, denen es wegen seines Zustandes offensichtlich nicht gewachsen ist oder die offensichtlich seine Kräfte übersteigen,

1 a. einem Tier, an dem Eingriffe und Behandlungen vorgenommen worden sind, die einen leistungsmindernden körperlichen Zustand verdecken, Leistungen abzuverlangen, denen es wegen seines körperlichen Zustandes nicht gewachsen ist,

1 b. an einem Tier im Training oder bei sportlichen Wettkämpfen oder ähnlichen Veranstaltungen Maßnahmen, die mit erheblichen Schmerzen, Leiden oder

Schäden verbunden sind und die die Leistungsfähigkeit von Tieren beeinflussen können, sowie an einem Tier bei sportlichen Wettkämpfen oder ähnlichen Veranstaltungen Dopingmittel anzuwenden,

2. ein gebrechliches, krankes, abgetriebenes oder altes, im Haus, Betrieb oder sonst in Obhut des Menschen gehaltenes Tier, für das ein Weiterleben mit nicht behebbaren Schmerzen oder Leiden verbunden ist, zu einem anderen Zweck als zur unverzüglichen schmerzlosen Tötung zu veräußern oder zu erwerben; dies gilt nicht für die unmittelbare Abgabe eines kranken Tieres an eine Person oder Einrichtung, der eine Genehmigung nach § 8 und, wenn es sich um ein Wirbeltier handelt erforderlichenfalls, eine Ausnahmegenehmigung nach § 9 Abs. 2 Nr. 7 Satz 2 für Versuche an solchen Tieren erteilt worden ist,

3. ein im Haus, Betrieb oder sonst in Obhut des Menschen gehaltenes Tier auszusetzen oder es zurückzulassen, um sich seiner zu entledigen oder sich der Halter- oder Betreuerpflicht zu entziehen,

4. ein gezüchtetes oder aufgezogenes Tier einer wildlebenden Art in der freien Natur auszusetzen oder anzusiedeln, das nicht auf die zum Überleben in dem vorgesehenen Lebensraum erforderliche artgemäße Nahrungsaufnahme vorbereitet und an das Klima angepasst ist; die Vorschriften des Jagdrechts und des Naturschutzrechts bleiben unberührt,

5. ein Tier auszubilden oder zu trainieren, sofern damit erhebliche Schmerzen, Leiden oder Schäden für das Tier verbunden sind,

6. ein Tier zu einer Filmaufnahme, Schaustellung, Werbung oder ähnlichen Veranstaltung heranzuziehen, sofern damit Schmerzen, Leiden oder Schäden für das Tier verbunden sind,

7. ein Tier an einem anderen lebenden Tier auf Schärfe abzurichten oder zu prüfen,

8. ein Tier auf ein anderes Tier zu hetzen, soweit dies nicht die Grundsätze weidgerechter Jagdausübung erfordern,

8 a. ein Tier zu einem derartig aggressiven Verhalten auszubilden oder abzurichten, dass dieses Verhalten
a) bei ihm selbst zu Schmerzen, Leiden oder Schäden führt oder
b) im Rahmen jeglichen artgemäßen Kontaktes mit Artgenossen bei ihm selbst oder einem Artgenossen zu Schmerzen oder vermeidbaren Leiden oder Schäden führt oder
c) seine Haltung nur unter Bedingungen zulässt, die bei ihm zu Schmerzen oder vermeidbaren Leiden oder Schäden führen,

9. einem Tier durch Anwendung von Zwang Futter einzuverleiben, sofern dies nicht aus gesundheitlichen Gründen erforderlich ist,

10. einem Tier Futter darzureichen, das dem Tier erhebliche Schmerzen, Leiden oder Schäden bereitet,

11. ein Gerät zu verwenden, das durch direkte Stromeinwirkung das artgemäße Verhalten eines Tieres, insbesondere seine Bewegung, erheblich einschränkt oder es zur Bewegung zwingt und dem Tier dadurch nicht unerhebliche Schmerzen, Leiden oder Schäden zufügt, soweit dies nicht nach bundes- oder landesrechtlichen Vorschriften zulässig ist.

Dritter Abschnitt
Töten von Tieren

§ 4

(1) Ein Wirbeltier darf nur unter Betäubung oder sonst, soweit nach den gegebenen Umständen zumutbar, nur unter Vermeidung von Schmerzen getötet werden. Ist die Tötung eines Wirbeltieres ohne Betäubung im Rahmen weidgerechter Ausübung der Jagd oder auf Grund anderer Rechtsvorschriften zulässig oder erfolgt sie im Rahmen zulässiger Schädlingsbekämpfungsmaßnahmen, so darf die Tötung nur vorgenommen werden, wenn hierbei nicht mehr als unvermeidbare Schmerzen entstehen. Ein Wirbeltier töten darf nur, wer die dazu notwendigen Kenntnisse und Fähigkeiten hat.

(1 a) Personen, die berufs- oder gewerbsmäßig regelmäßig Wirbeltiere betäuben oder töten, haben gegenüber der zuständigen Behörde einen Sachkundenachweis zu erbringen. Wird im Rahmen einer Tätigkeit nach Satz 1 Geflügel in Anwesenheit einer Aufsichtsperson betäubt oder getötet, so hat außer der Person, die die Tiere betäubt oder tötet, auch die Aufsichtsperson den Sachkundenachweis zu erbringen. Werden im Rahmen einer Tätigkeit nach Satz 1 Fische in Anwesenheit einer Aufsichtsperson betäubt oder getötet, so genügt es, wenn diese den Sachkundenachweis erbringt.

(2) Für das Schlachten eines warmblütigen Tieres gilt § 4 a.

(3) Für das Töten von Wirbeltieren zu wissenschaftlichen Zwecken gelten die §§ 8 b, 9 Abs. 2 Satz 2, im Falle von Hunden, Katzen, Affen und Halbaffen außerdem § 9 Abs. 2 Nr. 7 entsprechend.

§ 4 a

(1) Ein warmblütiges Tier darf nur geschlachtet werden, wenn es vor Beginn des Blutentzugs betäubt worden ist.

(2) Abweichend von Absatz 1 bedarf es keiner Betäubung, wenn

1. sie bei Notschlachtungen nach den gegebenen Umständen nicht möglich ist,

2. die zuständige Behörde eine Ausnahmegenehmigung für ein Schlachten ohne Betäubung (Schächten) erteilt hat; sie darf die Ausnahmegenehmigung nur insoweit erteilen, als es erforderlich ist, den Bedürfnissen von Angehörigen bestimmter Religionsgemeinschaften im Geltungsbereich dieses Gesetzes zu entsprechen, denen zwingende Vorschriften ihrer Religionsgemeinschaft das Schächten vorschreiben oder den Genuss von Fleisch nicht geschächteter Tiere untersagen oder

3. dies als Ausnahme durch Rechtsverordnung nach § 4 b Nr. 3 bestimmt ist.

§ 4 b

Das Bundesministerium wird ermächtigt, durch Rechtsverordnung mit Zustimmung des Bundesrates

1. a) das Schlachten von Fischen und anderen kaltblütigen Tieren zu regeln,
b) bestimmte Tötungsarten und Betäubungsverfahren näher zu regeln, vorzuschreiben, zuzulassen oder zu verbieten,
c) die Voraussetzungen näher zu regeln, unter denen Schlachtungen im Sinne des § 4 a Abs. 2 Nr. 2 vorgenommen werden dürfen,
d) nähere Vorschriften über Art und Umfang der zum Betäuben oder Töten von Wirbeltieren erforderlichen Kenntnisse und Fähigkeiten sowie über das Verfahren zu deren Nachweis zu erlassen,
e) nicht gewerbliche Tätigkeiten zu bestimmen, die den Erwerb des Sachkundenachweises zum Töten von Wirbeltieren erfordern, um sicherzustellen, dass den Tieren nicht mehr als unvermeidbare Schmerzen zugefügt werden,

2. das Schlachten von Tieren im Rahmen der Bestimmungen des Europäischen Übereinkommens vom 10. Mai 1979 über den Schutz von Schlachttieren (BGBl. 1983 II S. 770) näher zu regeln,

3. für das Schlachten von Geflügel Ausnahmen von der Betäubungspflicht zu bestimmen.

Rechtsverordnungen nach Satz 1 Nr. 1 Buchstabe b und d bedürfen, soweit sie das Betäuben oder Töten mittels gefährlicher Stoffe oder Zubereitungen im Sinne des Chemikaliengesetzes oder darauf bezogene Voraussetzungen für den Erwerb eines Sachkundenachweises betreffen, des Einvernehmens der Bundesministerien für Arbeit und Sozialordnung, für Gesundheit sowie für Umwelt, Naturschutz und Reaktorsicherheit.

Vierter Abschnitt
Eingriffe an Tieren

§ 5

(1) An einem Wirbeltier darf ohne Betäubung ein mit Schmerzen verbundener Eingriff nicht vorgenommen werden. Die Betäubung warmblütiger Wirbeltiere sowie von Amphibien und Reptilien ist von einem Tierarzt vorzunehmen. Für die Betäubung mit Betäubungspatronen kann die zuständige Behörde Ausnahmen von Satz 2 zulassen, sofern ein berechtigter Grund nachgewiesen wird. Ist nach den Absätzen 2, 3 und 4 Nr. 1 eine Betäubung nicht erforderlich, sind alle Möglichkeiten auszuschöpfen, um die Schmerzen oder Leiden der Tiere zu vermindern.

(2) Eine Betäubung ist nicht erforderlich,

1. wenn bei vergleichbaren Eingriffen am Menschen eine Betäubung in der Regel unterbleibt oder der mit dem Eingriff verbundene Schmerz geringfügiger ist als die mit einer Betäubung verbundene Beeinträchtigung des Befindens des Tieres,

2. wenn die Betäubung im Einzelfall nach tierärztlichem Urteil nicht durchführbar erscheint.

(3) Eine Betäubung ist ferner nicht erforderlich

1. für das Kastrieren von unter vier Wochen alten männlichen Rindern, Schweinen, Schafen und Ziegen, sofern kein von der normalen anatomischen Beschaffenheit abweichender Befund vorliegt,

2. für das Enthornen oder das Verhindern des Hornwachstums bei unter sechs Wochen alten Rindern,

3. für das Kürzen des Schwanzes von unter vier Tage alten Ferkeln sowie von unter acht Tage alten Lämmern,

4. für das Kürzen des Schwanzes von unter acht Tage alten Lämmern mittels elastischer Ringe,

5. für das Abschleifen der Eckzähne von Ferkeln, sofern dies zum Schutz des Muttertieres oder der Wurfgeschwister unerlässlich ist,

6. für das Absetzen des krallentragenden letzten Zehengliedes bei Masthahnenküken, die als Zuchthähne Verwendung finden sollen, während des ersten Lebenstages.

7. für die Kennzeichnung von Schweinen, Schafen, Ziegen und Kaninchen durch Ohrtätowierung, für die Kennzeichnung anderer Säugetiere innerhalb der ersten zwei Lebenswochen durch Ohr- und Schenkeltätowierung sowie die Kennzeichnung landwirtschaftlicher Nutztiere einschließlich der Pferde durch Ohrmarke, Flügelmarke, injektierten Mikrochip, ausgenommen bei Geflügel, durch Schlagstempel beim Schwein und durch Schenkelbrand beim Pferd.

(4) Das Bundesministerium wird ermächtigt, durch Rechtsverordnung mit Zustimmung des Bundesrates

1. über Absatz 3 hinaus weitere Maßnahmen von der Betäubungspflicht auszunehmen, soweit dies mit § 1 vereinbar ist,

2. Verfahren und Methoden zur Durchführung von Maßnahmen nach Absatz 3 sowie auf Grund einer Rechtsverordnung nach Nummer 1 bestimmter Maßnahmen vorzuschreiben, zuzulassen oder zu verbieten, soweit dies zum Schutz der Tiere erforderlich ist.

§ 6

(1) Verboten ist das vollständige oder teilweise Amputieren von Körperteilen oder das vollständige oder teilweise Entnehmen oder Zerstören von Organen oder Geweben eines Wirbeltieres. Das Verbot gilt nicht, wenn

1. der Eingriff im Einzelfall
a) nach tierärztlicher Indikation geboten ist oder
b) bei jagdlich zu führenden Hunden für die vorgesehene Nutzung des Tieres unerlässlich ist und tierärztliche Bedenken nicht entgegenstehen,

2. ein Fall des § 5 Abs. 3 Nr. 1 oder 7 vorliegt,

3. ein Fall des § 5 Abs. 3 Nr. 2 bis 6 vorliegt und der Eingriff im Einzelfall für die vorgesehene Nutzung des Tieres zu dessen Schutz oder zum Schutz anderer Tiere unerlässlich ist,

4. das vollständige oder teilweise Entnehmen von Organen oder Geweben zum Zwecke der Transplantation oder des Anlegens von Kulturen oder der Untersuchung isolierter Organe, Gewebe oder Zellen erforderlich ist,

5. zur Verhinderung der unkontrollierten Fortpflanzung oder – soweit tierärztliche Bedenken nicht entgegenstehen – zur weiteren Nutzung oder Haltung des Tieres eine Unfruchtbarmachung vorgenommen wird;

Eingriffe nach Satz 2 Nr. 1 und 5 sind durch einen Tierarzt vorzunehmen; Eingriffe nach Satz 2 Nr. 2 und 3 sowie Absatz 3 dürfen auch durch eine andere Person vorgenommen werden, die die dazu notwendigen Kenntnisse und Fähigkeiten hat. Für die Eingriffe nach Satz 2 Nr. 4 gelten die §§ 8 b, 9 Abs. 1 Satz 1, 3 und 4, Abs. 2 mit Ausnahme des Satzes 3 Nr. 6, Abs. 3 Satz 1 sowie § 9 a entsprechend. Die Eingriffe sind spätestens zwei Wochen vor Beginn der zuständigen Behörde anzuzeigen. Die Frist braucht nicht eingehalten zu werden, wenn in Notfällen eine sofortige Durchführung des Eingriffes erforderlich ist; die Anzeige ist unverzüglich nachzuholen. Die in Satz 5 genannte Frist kann von der zuständigen Behörde bei Bedarf auf bis zu vier Wochen verlängert werden. In der Anzeige sind anzugeben:

1. der Zweck des Eingriffs,

2. die Art und die Zahl der für den Eingriff vorgesehenen Tiere,

3. die Art und die Durchführung des Eingriffs einschließlich der Betäubung,

4. Ort, Beginn und voraussichtliche Dauer des Vorhabens,

5. Name, Anschrift und Fachkenntnisse des verantwortlichen Leiters des Vorhabens und seines Stellvertreters sowie der durchführenden Person und die für die Nachbehandlung in Frage kommenden Personen,

6. die Begründung für den Eingriff.

(2) Verboten ist, beim Amputieren oder Kastrieren elastische Ringe zu verwenden; dies gilt nicht im Falle des § 5 Abs. 3 Nr. 4 oder des § 6 Abs. 3 Nr. 2.

(3) Abweichend von Absatz 1 Satz 1 kann die zuständige Behörde

1. das Kürzen der Schnabelspitze bei Nutzgeflügel,

2. das Kürzen des bindegewebigen Endstückes des Schwanzes von unter drei Monate alten männlichen Kälbern mittels elastischer Ringe erlauben. Die Erlaubnis darf nur erteilt werden, wenn glaubhaft dargelegt wird, dass der Eingriff im Hinblick auf die vorgesehene Nutzung zum Schutz der Tiere unerlässlich ist. Die Erlaubnis ist zu befristen und hat im Falle der Nummer 1 Bestimmungen über Art, Umfang und Zeitpunkt des Eingriffs und die durchführende Person zu enthalten.

(4) Das Bundesministerium wird ermächtigt, durch Rechtsverordnung mit Zustimmung des Bundesrates die dauerhafte Kennzeichnung von Tieren, an denen nicht offensichtlich erkennbare Eingriffe vorgenommen worden sind, vorzuschreiben, wenn dies zum Schutz der Tiere erforderlich ist.

(5) Der zuständigen Behörde ist im Falle des Absatzes 1 Satz 2 Nr. 3 auf Verlangen glaubhaft darzulegen, dass der Eingriff für die vorgesehene Nutzung unerlässlich ist.

§ 6 a

Die Vorschriften dieses Abschnittes gelten nicht für Tierversuche, für Eingriffe zur Aus-, Fort- oder Weiterbildung und für Eingriffe zur Herstellung, Gewinnung, Aufbewahrung oder Vermehrung von Stoffen, Produkten oder Organismen.

Fünfter Abschnitt
Tierversuche

§ 7

(1) Tierversuche im Sinne dieses Gesetzes sind Eingriffe oder Behandlungen zu Versuchszwecken

1. an Tieren, wenn sie mit Schmerzen, Leiden oder Schäden für diese Tiere oder

2. am Erbgut von Tieren, wenn sie mit Schmerzen, Leiden oder Schäden für die erbgutveränderten Tiere oder deren Trägertiere verbunden sein können.

(2) Tierversuche dürfen nur durchgeführt werden, soweit sie zu einem der folgenden Zwecke unerlässlich sind:

1. Vorbeugen, Erkennen oder Behandeln von Krankheiten, Leiden, Körperschäden oder körperlichen Beschwerden oder Erkennen oder Beeinflussen physiologischer Zustände oder Funktionen bei Mensch oder Tier,

2. Erkennen von Umweltgefährdungen

3. Prüfung von Stoffen oder Produkten auf ihre Unbedenklichkeit für die Gesundheit von Mensch oder Tier oder auf ihre Wirksamkeit gegen tierische Schädlinge,

4. Grundlagenforschung.

Bei der Entscheidung, ob Tierversuche unerlässlich sind, ist insbesondere der jeweilige Stand der wissenschaftlichen Erkenntnisse zugrunde zu legen und zu prüfen, ob der verfolgte Zweck nicht durch andere Methoden oder Verfahren erreicht werden kann.

(3) Versuche an Wirbeltieren dürfen nur durchgeführt werden, wenn die zu erwartenden Schmerzen, Leiden oder Schäden der Versuchstiere im Hinblick auf den Versuchszweck ethisch vertretbar sind. Versuche an Wirbeltieren, die zu länger anhaltenden oder sich wiederholenden erheblichen Schmerzen oder Leiden führen, dürfen nur durchgeführt werden, wenn die angestrebten Ergebnisse vermuten lassen, dass sie für wesentliche Bedürfnisse von Mensch oder Tier einschließlich der Lösung wissenschaftlicher Probleme von hervorragender Bedeutung sein werden.

(4) Tierversuche zur Entwicklung oder Erprobung von Waffen, Munition und dazugehörigem Gerät sind verboten.

(5) Tierversuche zur Entwicklung von Tabakerzeugnissen, Waschmitteln und Kosmetika sind grundsätzlich verboten. Das Bundesministerium wird ermächtigt, durch Rechtsverordnung mit Zustimmung des Bundesrates, im Falle von

Kosmetika im Einvernehmen mit dem Bundesministerium für Gesundheit, Ausnahmen zu bestimmen, soweit es erforderlich ist, um

1. konkrete Gesundheitsgefährdungen abzuwehren, und die notwendigen neuen Erkenntnisse nicht auf andere Weise erlangt werden können, oder

2. Rechtsakte der Europäischen Gemeinschaft durchzuführen.

§ 8

(1) Wer Versuche an Wirbeltieren durchführen will, bedarf der Genehmigung des Versuchsvorhabens durch die zuständige Behörde.

(2) Der Antrag auf Genehmigung eines Versuchsvorhabens ist schriftlich bei der zuständigen Behörde einzureichen. In dem Antrag ist

1. wissenschaftlich begründet darzulegen, dass die Voraussetzungen des Absatzes 3 Nr. 1 vorliegen,

2. nachzuweisen, dass die Voraussetzungen des Absatzes 3 Nr. 2 bis 4 vorliegen,

3. darzulegen, dass die Voraussetzungen des Absatzes 3 Nr. 5 vorliegen.
Der Antrag muss ferner die Angaben nach § 8 a Abs. 2 Nr. 1 bis 5 enthalten.

(3) Die Genehmigung darf nur erteilt werden, wenn
1. wissenschaftlich begründet dargelegt ist, dass
a) die Voraussetzungen des § 7 Abs. 2 und 3 vorliegen,
b) das angestrebte Versuchsergebnis trotz Ausschöpfung der zugänglichen Informationsmöglichkeiten nicht hinreichend bekannt ist oder die Überprüfung eines hinreichend bekannten Ergebnisses durch einen Doppel- oder Wiederholungsversuch unerlässlich ist;

2. der verantwortliche Leiter des Versuchsvorhabens und sein Stellvertreter die erforderliche fachliche Eignung insbesondere hinsichtlich der Überwachung der Tierversuche haben und keine Tatsachen vorliegen, aus denen sich Bedenken gegen ihre Zuverlässigkeit ergeben;

3. die erforderlichen Anlagen, Geräte und anderen sachlichen Mittel vorhanden sowie die personellen und organisatorischen Voraussetzungen für die Durchführung der Tierversuche einschließlich der Tätigkeit des Tierschutzbeauftragten gegeben sind;

4. eine den Anforderungen des § 2 entsprechende Unterbringung und Pflege einschließlich der Betreuung der Tiere sowie ihre medizinische Versorgung sichergestellt ist und

5. die Einhaltung der Vorschriften des § 9 Abs. 1 und 2 und des § 9 a erwartet werden kann.

(4) In dem Genehmigungsbescheid sind der Leiter des Versuchsvorhabens und sein Stellvertreter anzugeben. Wechselt der Leiter eines Versuchsvorhabens oder sein Stellvertreter, so hat der Genehmigungsinhaber diese Änderung der zuständigen Behörde unverzüglich anzuzeigen; die Genehmigung gilt weiter, wenn sie nicht innerhalb eines Monats widerrufen wird.

(5) Die Genehmigung ist zu befristen. Im Falle des Absatzes 5 a Satz 1 gilt die im Antrag genannte voraussichtliche Dauer des Versuchsvorhabens.

(5 a) Hat die Behörde über den Antrag nicht innerhalb einer Frist von drei Monaten, im Falle von Versuchen an betäubten Tieren, die noch unter dieser Betäubung getötet werden, nicht innerhalb einer Frist von zwei Monaten, schriftlich entschieden, so gilt die Genehmigung als erteilt. Die Frist von zwei Monaten kann von der zuständigen Behörde bei Bedarf nach Anhörung des Antragstellers auf bis zu drei Monate verlängert werden. Bei der Berechnung der Frist bleiben die Zeiten unberücksichtigt, während deren der Antragsteller trotz schriftlicher Aufforderung der Behörde den Anforderungen nach Absatz 2 nicht nachgekommen ist. Die Genehmigung nach Satz 1 kann nachträglich mit Auflagen versehen werden, soweit dies zur Erfüllung der Voraussetzungen des Absatzes 3 erforderlich ist.

(6) Wird die Genehmigung einer Hochschule oder anderen Einrichtung erteilt, so müssen die Personen, welche die Tierversuche durchführen, bei der Einrichtung beschäftigt oder mit Zustimmung des verantwortlichen Leiters zur Benutzung der Einrichtung befugt sein.

(7) Der Genehmigung bedürfen nicht Versuchsvorhaben,

1. deren Durchführung ausdrücklich

a) durch Gesetz, Rechtsverordnung oder durch das Arzneibuch oder durch unmittelbar anwendbaren Rechtsakt eines Organs der Europäischen Gemeinschaften vorgeschrieben,

b) in einer von der Bundesregierung oder einem Bundesministerium mit Zustimmung des Bundesrates im Einklang mit § 7 Abs. 2 und 3 erlassenen allgemeinen Verwaltungsvorschrift vorgesehen oder

c) auf Grund eines Gesetzes oder einer Rechtsverordnung oder eines unmittelbar anwendbaren Rechtsaktes eines Organs der Europäischen Gemeinschaften von einem Richter oder einer Behörde angeordnet oder im Einzelfall als Voraussetzung für den Erlass eines Verwaltungsaktes gefordert ist;

2. die als Impfungen, Blutentnahmen oder sonstige diagnostische Maßnahmen nach bereits erprobten Verfahren an Tieren vorgenommen werden und

a) der Erkennung insbesondere von Krankheiten, Leiden, Körperschäden oder körperlichen Beschwerden bei Mensch oder Tier oder

b) der Prüfung von Seren, Blutzubereitungen, Impfstoffen, Antigenen oder Testallergenen im Rahmen von Zulassungsverfahren oder Chargenprüfungen dienen. Der Genehmigung bedürfen ferner nicht Änderungen genehmigter Versuchsvorhaben, sofern

1. der Zweck des Versuchsvorhabens beibehalten wird,

2. bei den Versuchstieren keine stärkeren Schmerzen, Leiden oder Schäden entstehen,

3. die Zahl der Versuchstiere nicht wesentlich erhöht wird und

4. diese Änderungen vorher der zuständigen Behörde angezeigt worden sind; § 8 a Abs. 2 und 5 gilt entsprechend.

§ 8 a

(1) Wer Tierversuche an Wirbeltieren, die nicht der Genehmigung bedürfen, oder an Cephalopoden oder Dekapoden durchführen will, hat das Versuchsvorhaben spätestens zwei Wochen vor Beginn der zuständigen Behörde anzuzeigen. Die Frist braucht nicht eingehalten zu werden, wenn in Notfällen eine sofortige Durchführung des Tierversuchs erforderlich ist; die Anzeige ist unverzüglich nachzuholen. Die in Satz 1 genannte Frist kann von der zuständigen Behörde bei Bedarf auf bis zu vier Wochen verlängert werden.

(2) In der Anzeige sind anzugeben:

1. der Zweck des Versuchsvorhabens,

2. die Art und bei Wirbeltieren zusätzlich die Zahl der für das Versuchsvorhaben vorgesehenen Tiere,

3. die Art und die Durchführung der beabsichtigten Tierversuche einschließlich der Betäubung,

4. Ort, Beginn und voraussichtliche Dauer des Versuchsvorhabens,

5. Name, Anschrift und Fachkenntnisse des verantwortlichen Leiters des Versuchsvorhabens und seines Stellvertreters sowie der durchführenden Person und die für die Nachbehandlung in Frage kommenden Personen,

6. bei Versuchsvorhaben nach § 8 Abs. 7 Nr. 1 der Rechtsgrund der Genehmigungsfreiheit.

(3) Ist die Durchführung mehrerer gleichartiger Versuchsvorhaben beabsichtigt, so genügt die Anzeige des ersten Versuchsvorhabens, wenn in der Anzeige zusätzlich die voraussichtliche Zahl der Versuchsvorhaben angegeben wird. Am Ende eines jeden Jahres ist der zuständigen Behörde die Zahl der durchgeführten Versuchsvorhaben sowie bei Wirbeltieren Art und Zahl der insgesamt verwendeten Tiere anzugeben.

(4) Ändern sich nach Absatz 2 angegebene Sachverhalte während des Versuchsvorhabens, so sind diese Änderungen unverzüglich der zuständigen Behörde anzuzeigen, es sei denn, dass die Änderung für die Überwachung des Versuchsvorhabens ohne Bedeutung ist.

(5) Die zuständige Behörde hat Tierversuche zu untersagen, wenn Tatsachen die Annahme rechtfertigen, dass die Einhaltung der Vorschriften des § 7 Abs. 2 oder 3, des § 8 b Abs. 1, 2, 4, 5 oder 6 oder des § 9 Abs. 1 oder 2 nicht sichergestellt ist, und diesem Mangel nicht innerhalb einer von der zuständigen Behörde gesetzten Frist abgeholfen worden ist.

(6) Das Bundesministerium wird ermächtigt, durch Rechtsverordnung mit Zustimmung des Bundesrates die Anzeigepflicht nach Absatz 1 auf Versuche an sonstigen wirbellosen Tieren auszudehnen, soweit dies zum Schutz von Tieren, die auf einer den Wirbeltieren entsprechenden sinnesphysiologischen Entwicklungsstufe stehen, erforderlich ist.

§ 8 b

(1) Träger von Einrichtungen, in denen Tierversuche an Wirbeltieren durchgeführt werden, haben einen oder mehrere Tierschutzbeauftragte zu bestellen und die Bestellung der zuständigen Behörde anzuzeigen. In der Anzeige sind auch die Stellung und die Befugnisse des Tierschutzbeauftragten nach Absatz 6 Satz 3 anzugeben.

(2) Zum Tierschutzbeauftragten können nur Personen mit abgeschlossenem Hochschulstudium der Veterinärmedizin, Medizin oder Biologie – Fachrichtung Zoologie – bestellt werden. Sie müssen die für die Durchführung ihrer Aufgaben erforderlichen Fachkenntnisse und die hierfür erforderliche Zuverlässigkeit haben. Die zuständige Behörde kann im Einzelfall Ausnahmen von Satz 1 zulassen.

(3) Der Tierschutzbeauftragte ist verpflichtet,

1. auf die Einhaltung von Vorschriften, Bedingungen und Auflagen im Interesse des Tierschutzes zu achten,

2. die Einrichtung und die mit den Tierversuchen und mit der Haltung der Versuchstiere befassten Personen zu beraten,

3. zu jedem Antrag auf Genehmigung eines Tierversuchs Stellung zu nehmen,

4. innerbetrieblich auf die Entwicklung und Einführung von Verfahren und Mitteln zur Vermeidung oder Beschränkung von Tierversuchen hinzuwirken.

(4) Führt der Tierschutzbeauftragte selbst ein Versuchsvorhaben durch, so muss für dieses Versuchsvorhaben ein anderer Tierschutzbeauftragter tätig sein.

(5) Die Einrichtung hat den Tierschutzbeauftragten bei der Erfüllung seiner Aufgaben so zu unterstützen und von allen Versuchsvorhaben zu unterrichten, dass er seine Aufgaben uneingeschränkt wahrnehmen kann.

(6) Der Tierschutzbeauftragte ist bei der Erfüllung seiner Aufgaben weisungsfrei. Er darf wegen der Erfüllung seiner Aufgaben nicht benachteiligt werden. Seine Stellung und seine Befugnisse sind durch Satzung, innerbetriebliche Anweisung oder in ähnlicher Form zu regeln. Dabei ist sicherzustellen, dass der Tierschutzbeauftragte seine Vorschläge oder Bedenken unmittelbar der in der Einrichtung entscheidenden Stelle vortragen kann. Werden mehrere Tierschutzbeauftragte bestellt, so sind ihre Aufgabenbereiche festzulegen.

§ 9

(1) Tierversuche dürfen nur von Personen durchgeführt werden, die die dafür erforderlichen Fachkenntnisse haben. Tierversuche an Wirbeltieren, ausgenommen Versuche nach § 8 Abs. 7 Nr. 2, dürfen darüber hinaus nur von Personen mit abgeschlossenem Hochschulstudium der Veterinärmedizin oder der Medizin oder von Personen mit abgeschlossenem naturwissenschaftlichen Hochschulstudium oder von Personen, die auf Grund einer abgeschlossenen Berufsausbildung nachweislich die erforderlichen Fachkenntnisse haben, durchgeführt werden. Tierversuche mit operativen Eingriffen an Wirbeltieren dürfen nur von Personen mit abgeschlossenem Hochschulstudium

1. der Veterinärmedizin oder Medizin oder

2. der Biologie – Fachrichtung Zoologie –, wenn diese Personen an Hochschulen oder anderen wissenschaftlichen Einrichtungen tätig sind,

durchgeführt werden. Die zuständige Behörde lässt Ausnahmen von den Sätzen 2 und 3 zu, wenn der Nachweis der erforderlichen Fachkenntnisse auf andere Weise erbracht ist.

(2) Tierversuche sind auf das unerlässliche Maß zu beschränken. Bei der Durchführung ist der Stand der wissenschaftlichen Erkenntnisse zu berücksichtigen. Im einzelnen gilt für die Durchführung folgendes:

1. Versuche an sinnesphysiologisch höher entwickelten Tieren, insbesondere warmblütigen Tieren, dürfen nur durchgeführt werden, soweit Versuche an sinnesphysiologisch niedriger entwickelten Tieren für den verfolgten Zweck nicht ausreichen. Versuche an Tieren, die aus der Natur entnommen worden sind, dürfen nur durchgeführt werden, soweit Versuche an anderen Tieren für den verfolgten Zweck nicht ausreichen.

2. Für den Tierversuch dürfen nicht mehr Tiere verwendet werden, als für den verfolgten Zweck erforderlich ist.

3. Schmerzen, Leiden oder Schäden dürfen den Tieren nur in dem Maße zugefügt werden, als es für den verfolgten Zweck unerlässlich ist, insbesondere dürfen sie nicht aus Gründen der Arbeits-, Zeit- oder Kostenersparnis zugefügt werden.

4. Versuche an Wirbeltieren dürfen vorbehaltlich des Satzes 4 nur unter Betäubung vorgenommen werden. Die Betäubung darf nur von einer Person, die die Voraussetzungen des Absatzes 1 Satz 1 und 2 erfüllt, oder unter ihrer Aufsicht vorgenommen werden. Ist bei einem betäubten Wirbeltier damit zu rechnen, dass mit Abklingen der Betäubung erhebliche Schmerzen auftreten, so muss das Tier rechtzeitig mit schmerzlindernden Mitteln behandelt werden, es sei denn, dass dies mit dem Zweck des Tierversuchs nicht vereinbar ist. An einem nicht betäubten Wirbeltier darf
a) kein Eingriff vorgenommen werden, der zu schweren Verletzungen führt,
b) ein Eingriff nur vorgenommen werden, wenn der mit dem Eingriff verbundene Schmerz geringfügiger ist als die mit einer Betäubung verbundene Beeinträchtigung des Befindens des Versuchstieres oder der Zweck des Tierversuchs eine Betäubung ausschließt. An einem nicht betäubten Wirbeltier darf nur einmal ein erheblich schmerzhafter Eingriff oder eine erheblich schmerzhafte Behandlung durchgeführt werden, es sei denn, dass der Zweck des Tierversuchs anders nicht erreicht werden kann. Bei einem nicht betäubten Wirbeltier dürfen keine Mittel angewandt werden, durch die die Äußerung von Schmerzen verhindert oder eingeschränkt wird.

5. Wird bei einem Wirbeltier ein schwerer operativer Eingriff vorgenommen oder ist das Tier in einem mit erheblichen oder länger anhaltenden Schmerzen oder Leiden oder mit erheblichen Schäden verbundenen Tierversuch verwendet worden, so darf es nicht für ein weiteres Versuchsvorhaben verwendet werden, es sei denn, sein allgemeiner Gesundheitszustand und sein Wohlbefinden sind vollständig wiederhergestellt und der weitere Tierversuch
a) ist nicht mit Leiden oder Schäden und nur mit unerheblichen Schmerzen verbunden oder
b) wird unter Betäubung vorgenommen und das Tier wird unter dieser Betäubung getötet.

6. Bei Tierversuchen zur Ermittlung der tödlichen Dosis oder tödlichen Konzentration eines Stoffes ist das Tier schmerzlos zu töten, sobald erkennbar ist, dass es infolge der Wirkung des Stoffes stirbt.

7. Wirbeltiere, mit Ausnahme der Pferde, Rinder, Schweine, Schafe, Ziegen, Hühner, Tauben, Puten, Enten, Gänse und Fische, dürfen für Tierversuche nur verwendet werden, wenn sie für einen solchen Zweck gezüchtet worden sind. Die zuständige Behörde kann, soweit es mit dem Schutz der Tiere vereinbar ist, Ausnahmen hiervon zulassen, wenn für Versuchszwecke gezüchtete Tiere der betreffenden Art nicht zur Verfügung stehen oder der Zweck des Tierversuchs die Verwendung von Tieren anderer Herkunft erforderlich macht.

8. Nach Abschluss eines Tierversuchs ist jeder verwendete und überlebende Affe, Halbaffe, Einhufer, Paarhufer, Hund, Hamster sowie jede verwendete und überlebende Katze und jedes verwendete und überlebende Kaninchen und Meerschweinchen unverzüglich einem Tierarzt zur Untersuchung vorzustellen. Kann das Tier nach dem Urteil des Tierarztes nur unter Schmerzen oder Leiden weiterleben, so muss es unverzüglich schmerzlos getötet werden. Andere als in Satz 1 bezeichnete Tiere sind gleichfalls unverzüglich schmerzlos zu töten, wenn dies nach dem Urteil der Person, die den Tierversuch durchgeführt hat, erforderlich ist. Soll ein Tier am Ende eines Tierversuchs am Leben erhalten werden, so muss es seinem Gesundheitszustand entsprechend gepflegt und dabei von einem Tierarzt oder einer anderen befähigten Person beobachtet und erforderlichenfalls medizinisch versorgt werden.

(3) Für die Einhaltung der Vorschriften der Absätze 1 und 2 ist der Leiter des Versuchsvorhabens oder sein Stellvertreter verantwortlich. Das Gleiche gilt für die Erfüllung von Auflagen, die mit Genehmigung nach § 8 verbunden sind.

§ 9 a

Über die Tierversuche sind Aufzeichnungen zu machen. Die Aufzeichnungen müssen für jedes Versuchsvorhaben den mit ihm verfolgten Zweck, insbesondere die Gründe für nach § 9 Abs. 2 Nr. 1 erlaubte Versuche an sinnesphysiologisch höher entwickelten Tieren, sowie die Zahl und Bezeichnung der verwendeten Tiere und die Art und Ausführung der Versuche angeben. Werden Wirbeltiere verwendet, so ist auch ihre Herkunft einschließlich des Namens und der Anschrift des Vorbesitzers anzugeben; bei Hunden und Katzen sind zusätzlich Geschlecht und Rasse sowie Art und Zeichnung des Fells und eine an dem Tier vorgenommene Kennzeichnung anzugeben. Die Aufzeichnungen sind von den Personen, die die Versuche durchgeführt haben, und von dem Leiter des Versuchsvorhabens zu unterzeichnen; der Unterschrift bedarf es nicht, wenn die Aufzeichnungen mit Hilfe automatischer Einrichtungen erstellt werden. Die Aufzeichnungen sind drei Jahre lang nach Abschluss des Versuchsvorhabens aufzubewahren und der zuständigen Behörde auf Verlangen zur Einsichtnahme vorzulegen.

Sechster Abschnitt
Eingriffe und Behandlungen zur Aus-, Fort- oder Weiterbildung

§ 10

(1) Zur Aus-, Fort- oder Weiterbildung dürfen Eingriffe oder Behandlungen an Tieren, die mit Schmerzen, Leiden oder Schäden verbunden sind, nur durchgeführt werden

1. an einer Hochschule, einer anderen wissenschaftlichen Einrichtung oder einem Krankenhaus oder

2. im Rahmen einer Aus-, Fort- oder Weiterbildung für Heilhilfsberufe oder naturwissenschaftliche Hilfsberufe.

Sie dürfen nur vorgenommen werden, soweit ihr Zweck nicht auf andere Weise, insbesondere durch filmische Darstellungen, erreicht werden kann. Der zuständigen Behörde ist auf Verlangen zu begründen, warum der Zweck der Eingriffe oder Behandlungen nicht auf andere Weise erreicht werden kann.

(2) Auf Eingriffe oder Behandlungen zur Aus-, Fort- oder Weiterbildung sind die §§ 8 a, 8 b, 9 Abs. 1 und 2 und § 9 a entsprechend anzuwenden. § 8 a Abs. 1 Satz 1 ist mit der Maßgabe entsprechend anzuwenden, dass die Eingriffe oder Behandlungen vor Aufnahme in das Lehrprogramm anzuzeigen sind. § 9 Abs. 1 ist mit der Maßgabe entsprechend anzuwenden, dass die Eingriffe und Behandlungen nur durch die dort genannten Personen, in deren Anwesenheit und unter deren Aufsicht oder in Anwesenheit und unter Aufsicht einer anderen von der Leitung der jeweiligen Veranstaltung hierzu beauftragten sachkundigen Person durchgeführt werden dürfen.

(3) Für die Einhaltung der Vorschriften der Absätze 1 und 2 ist der Leiter der Aus-, Fort- oder Weiterbildung oder sein Stellvertreter verantwortlich.

Siebenter Abschnitt
Gewinnung, Aufbewahrung oder Vermehrung von Stoffen, Produkten oder Organismen

§ 10 a

Zur Herstellung, Gewinnung, Aufbewahrung oder Vermehrung von Stoffen, Produkten oder Organismen dürfen Eingriffe oder Behandlungen an Wirbeltieren, die mit Schmerzen, Leiden oder Schäden verbunden sein können, nur vorgenommen werden, wenn die Voraussetzungen des § 7 Abs. 2 und 3 vorliegen. Wer Eingriffe oder Behandlungen vornehmen will, hat diese spätestens zwei Wochen vor Beginn der zuständigen Behörde anzuzeigen. Die Behörde kann die Frist auf Antrag verkürzen. § 8 a Abs. 2 bis 5, §§ 8 b, 9 Abs. 1 Satz 1, Abs. 2, 3 Satz 1 und § 9 a gelten entsprechend.

Achter Abschnitt
Zucht, Halten von Tieren, Handel mit Tieren

§ 11

(1) Wer

1. Wirbeltiere
a) nach § 9 Abs. 2 Nr. 7 zu Versuchszwecken oder zu den in § 6 Abs. 1 Satz 2 Nr. 4, § 10 Abs. 1 oder § 10 a genannten Zwecken oder
b) nach § 4 Abs. 3 zu dem dort genannten Zweck züchten oder halten,

2. Tiere für andere in einem Tierheim oder in einer ähnlichen Einrichtung halten,

2 a. Tiere in einem zoologischen Garten oder einer anderen Einrichtung, in der Tiere gehalten und zur Schau gestellt werden, halten,

2 b. für Dritte Hunde zu Schutzzwecken ausbilden oder hierfür Einrichtungen unterhalten,

2 c. Tierbörsen zum Zwecke des Tausches oder Verkaufes von Tieren durch Dritte durchführen oder

3. gewerbsmäßig
a) Wirbeltiere, außer landwirtschaftliche Nutztiere, züchten oder halten,
b) mit Wirbeltieren handeln,
c) einen Reit- oder Fahrbetrieb unterhalten,
d) Tiere zur Schau stellen oder für solche Zwecke zur Verfügung stellen oder
e) Wirbeltiere als Schädlinge bekämpfen will,

bedarf der Erlaubnis der zuständigen Behörde. In dem Antrag auf Erteilung der Erlaubnis sind anzugeben:

1. die Art der betroffenen Tiere,

2. die für die Tätigkeit verantwortliche Person,

3. in den Fällen des Satzes 1 Nr. 1 bis 3 Buchstabe a bis d die Räume und Einrichtungen und im Falle des Satzes 1 Nr. 3 Buchstabe e die Vorrichtungen sowie die Stoffe und Zubereitungen, die für die Tätigkeit bestimmt sind.

Dem Antrag sind Nachweise über die Sachkunde im Sinne des Absatzes 2 Nr. 1 beizufügen.

(2) Die Erlaubnis darf nur erteilt werden, wenn

1. mit Ausnahme der Fälle des Absatzes 1 Satz 1 Nr. 2 c, die für die Tätigkeit verantwortliche Person auf Grund ihrer Ausbildung oder ihres bisherigen beruflichen oder sonstigen Umgangs mit Tieren die für die Tätigkeit erforderlichen

fachlichen Kenntnisse und Fähigkeiten hat; der Nachweis hierüber ist auf Verlangen in einem Fachgespräch bei der zuständigen Behörde zu führen,

2. die für die Tätigkeit verantwortliche Person die erforderliche Zuverlässigkeit hat,

3. die der Tätigkeit dienenden Räume und Einrichtungen eine den Anforderungen des § 2 entsprechende Ernährung, Pflege und Unterbringung der Tiere ermöglichen und

4. in den Fällen des Absatzes 1 Satz 1 Nr. 3 Buchstabe e die zur Verwendung vorgesehenen Vorrichtungen und Stoffe oder Zubereitungen für eine tierschutzgerechte Bekämpfung der betroffenen Wirbeltierarten geeignet sind; dies gilt nicht für Vorrichtungen, Stoffe oder Zubereitungen, die nach anderen Vorschriften zu diesem Zweck zugelassen oder vorgeschrieben sind.

(2 a) Die Erlaubnis kann, soweit es zum Schutz der Tiere erforderlich ist, unter Befristungen, Bedingungen und Auflagen erteilt werden. Insbesondere kann angeordnet werden

1. die Verpflichtung zur Kennzeichnung der Tiere sowie zur Führung eines Tierbestandsbuches,

2. eine Beschränkung der Tiere nach Art, Gattung oder Zahl,

3. die regelmäßige Fort- und Weiterbildung,

4. das Verbot, Tiere zum Betteln zu verwenden,

5. bei Einrichtungen mit wechselnden Standorten die unverzügliche Meldung bei der für den Tätigkeitsort zuständigen Behörde,

6. die Fortpflanzung der Tiere zu verhindern.

(3) Mit der Ausübung der Tätigkeit nach Absatz 1 Satz 1 darf erst nach Erteilung der Erlaubnis begonnen werden. Die zuständige Behörde soll demjenigen die Ausübung der Tätigkeit untersagen, der die Erlaubnis nicht hat.

(4) Die Ausübung der nach Absatz 3 Satz 2 untersagten Tätigkeit kann von der zuständigen Behörde auch durch Schließung der Betriebs- oder Geschäftsräume verhindert werden.

(5) Wer gewerbsmäßig mit Wirbeltieren handelt, hat sicherzustellen, dass die für ihn im Verkauf tätigen Personen, mit Ausnahme der Auszubildenden, ihm gegenüber vor Aufnahme dieser Tätigkeit den Nachweis ihrer Sachkunde auf Grund ihrer Ausbildung, ihres bisherigen beruflichen oder sonstigen Umgangs mit Tieren oder ihrer entsprechenden Unterrichtung erbracht haben.

§ 11 a

(1) Wer Wirbeltiere
1. nach § 9 Abs. 2 Nr. 7 zu Versuchszwecken oder zu den in § 6 Abs. 1 Satz 2 Nr. 4, § 10 Abs. 1 oder § 10 a genannten Zwecken oder
2. nach § 4 Abs. 3 zu dem dort genannten Zweck züchtet oder hält oder mit solchen Wirbeltieren handelt, hat über die Herkunft und den Verbleib der Tiere Aufzeichnungen zu machen und die Aufzeichnungen drei Jahre lang aufzubewahren. Dies gilt nicht, soweit für Wirbeltiere wildlebender Arten eine entsprechende Aufzeichnungspflicht auf Grund jagdrechtlicher oder naturschutzrechtlicher Vorschriften besteht.

(2) Wer Hunde oder Katzen zur Abgabe oder Verwendung zu einem der in Absatz 1 Satz 1 genannten Zwecke züchtet, hat sie, bevor sie vom Muttertier abgesetzt werden, dauerhaft so zu kennzeichnen, dass ihre Identität festgestellt werden kann; Affen oder Halbaffen müssen nach dem Absetzen oder dem Entfernen aus dem Sozialverband entsprechend dauerhaft gekennzeichnet werden. Wer nicht gekennzeichnete Hunde, Katzen, Affen oder Halbaffen zur Abgabe oder Verwendung zu einem der in Absatz 1 Satz 1 genannten Zwecke erwirbt, hat den Nachweis zu erbringen, dass es sich um für solche Zwecke gezüchtete Tiere handelt, und deren Kennzeichnung nach Satz 1 unverzüglich vorzunehmen.

(3) Das Bundesministerium wird ermächtigt, durch Rechtsverordnung mit Zustimmung des Bundesrates Vorschriften über Art und Umfang der Aufzeichnungen und der Kennzeichnung zu erlassen. Es kann dabei vorsehen, dass Aufzeichnungen auf Grund anderer Rechtsvorschriften als Aufzeichnungen nach Satz 1 gelten.

(4) Wer Wirbeltiere zur Verwendung als Versuchstiere oder zu den in § 6 Abs. 1 Satz 2 Nr. 4, § 10 Abs. 1 oder § 10 a genannten Zwecken oder Wirbeltiere nach § 4 Abs. 3 zu dem dort genannten Zweck aus Drittländern einführen will, bedarf der Genehmigung durch die zuständige Behörde. Die Genehmigung ist zu erteilen, wenn nachgewiesen wird, dass die Voraussetzungen des § 9 Abs. 2 Nr. 7 erfüllt sind.

§ 11 b

(1) Es ist verboten, Wirbeltiere zu züchten oder durch bio- oder gentechnische Maßnahmen zu verändern, wenn damit gerechnet werden muss, dass bei der Nachzucht, den bio- oder gentechnisch veränderten Tieren selbst oder deren Nachkommen erblich bedingt Körperteile oder Organe für den artgemäßen Gebrauch fehlen oder untauglich oder umgestaltet sind und hierdurch Schmerzen, Leiden oder Schäden auftreten.

(2) Es ist verboten, Wirbeltiere zu züchten oder durch bio- oder gentechnische Maßnahmen zu verändern, wenn damit gerechnet werden muss, dass bei den Nachkommen

a) mit Leiden verbundene erblich bedingte Verhaltensstörungen oder erblich bedingte Aggressionssteigerungen auftreten oder

b) jeder artgemäße Kontakt mit Artgenossen bei ihnen selbst oder einem Artgenossen zu Schmerzen oder vermeidbaren Leiden oder Schäden führt oder

c) deren Haltung nur unter Bedingungen möglich ist, die bei ihnen zu Schmerzen oder vermeidbaren Leiden oder Schäden führen.

(3) Die zuständige Behörde kann das Unfruchtbarmachen von Wirbeltieren anordnen, wenn damit gerechnet werden muss, dass deren Nachkommen Störungen oder Veränderungen im Sinne der Absätze 1 oder 2 zeigen.

(4) Die Absätze 1, 2 und 3 gelten nicht für durch Züchtung oder bio- oder gentechnische Maßnahmen veränderte Wirbeltiere, die für wissenschaftliche Zwecke notwendig sind.

(5) Das Bundesministerium wird ermächtigt, durch Rechtsverordnung mit Zustimmung des Bundesrates

1. die erblich bedingten Veränderungen, Verhaltensstörungen und Aggressionssteigerungen nach den Absätzen 1 und 2 näher zu bestimmen,

2. das Züchten mit Wirbeltieren bestimmter Arten, Rassen und Linien zu verbieten oder zu beschränken, wenn dieses Züchten zu Verstößen gegen die Absätze 1 und 2 führen kann.

§ 11 c

Ohne Einwilligung der Erziehungsberechtigten dürfen Wirbeltiere an Kinder oder Jugendliche bis zum vollendeten 16. Lebensjahr nicht abgegeben werden.

Neunter Abschnitt
Verbringungs-, Verkehrs- und Haltungsverbot

§ 12

(1) Wirbeltiere, an denen Schäden feststellbar sind, von denen anzunehmen ist, dass sie durch tierschutzwidrige Handlungen verursacht worden sind, dürfen nicht gehalten oder ausgestellt werden, soweit dies durch Rechtsverordnung nach Absatz 2 Nr. 4 oder 5 bestimmt ist.

(2) Das Bundesministerium wird ermächtigt, durch Rechtsverordnung mit Zustimmung des Bundesrates, soweit es zum Schutz der Tiere erforderlich ist,

1. das Verbringen von Tieren oder Erzeugnissen tierischer Herkunft aus einem Staat, der nicht der Europäischen Gemeinschaft angehört, in das Inland (Einfuhr) von der Einhaltung von Mindestanforderungen hinsichtlich der Tierhaltung oder des Tötens von Tieren und von einer entsprechenden Bescheinigung abhängig zu machen sowie deren Inhalt, Form, Ausstellung und Aufbewahrung zu regeln,

2. die Einfuhr bestimmter Tiere von einer Genehmigung abhängig zu machen,

3. das Verbringen bestimmter Tiere aus dem Inland in einen anderen Staat zu verbieten,

4. das Verbringen von Wirbeltieren in das Inland oder das Halten, insbesondere das Ausstellen von Wirbeltieren im Inland zu verbieten, wenn an den Tieren zum Erreichen bestimmter Rassemerkmale tierschutzwidrige Handlungen vorgenommen worden sind oder die Tiere erblich bedingte körperliche Defekte, Verhaltensstörungen oder Aggressionssteigerungen im Sinne des § 11 b Abs. 1 oder 2 Buchstabe a aufweisen oder soweit ein Tatbestand nach § 11 b Abs. 2 Buchstabe b oder c erfüllt ist,

5. das Halten von Wirbeltieren, an denen Schäden feststellbar sind, von denen anzunehmen ist, dass sie den Tieren durch tierschutzwidrige Handlungen zugefügt worden sind, zu verbieten, wenn das Weiterleben der Tiere nur unter Leiden möglich ist,

6. vorzuschreiben, dass Tiere oder Erzeugnisse tierischer Herkunft nur über bestimmte Zollstellen mit zugeordneten Überwachungsstellen eingeführt oder ausgeführt werden dürfen, die das Bundesministerium im Einvernehmen mit dem Bundesministerium der Finanzen im Bundesanzeiger bekannt gemacht hat.
Eine Rechtsverordnung nach Satz 1 Nr. 1 bis 5 kann nicht erlassen werden, soweit Gemeinschaftsrecht oder völkerrechtliche Verpflichtungen entgegenstehen.

Zehnter Abschnitt
Sonstige Bestimmungen zum Schutz der Tiere

§ 13

(1) Es ist verboten, zum Fangen, Fernhalten oder Verscheuchen von Wirbeltieren Vorrichtungen oder Stoffe anzuwenden, wenn damit die Gefahr vermeidbarer Schmerzen, Leiden oder Schäden für Wirbeltiere verbunden ist; dies gilt nicht für die Anwendung von Vorrichtungen oder Stoffen, die auf Grund anderer Rechtsvorschriften zugelassen sind. Vorschriften des Jagdrechts, des Naturschutzrechts, des Pflanzenschutzrechts und des Seuchenrechts bleiben unberührt.

(2) Das Bundesministerium wird ermächtigt, durch Rechtsverordnung mit Zustimmung des Bundesrates zum Schutz des Wildes Maßnahmen anzuordnen, die das Wild vor vermeidbaren Schmerzen oder Schäden durch land- oder forstwirtschaftliche Arbeiten schützen.

(3) Das Bundesministerium wird ermächtigt, im Einvernehmen mit dem Bundesministerium für Wirtschaft und dem Bundesministerium für Umwelt, Naturschutz und Reaktorsicherheit durch Rechtsverordnung mit Zustimmung des Bundesrates, soweit es zum Schutz der Tiere erforderlich ist, das Halten von Tieren wildlebender Arten, den Handel mit solchen Tieren sowie ihre Einfuhr oder ihre Ausfuhr aus dem Inland in einen Staat, der der Europäischen Gemeinschaft nicht angehört (Ausfuhr), zu verbieten, zu beschränken oder von einer Genehmigung abhängig zu machen. Als Genehmigungsvoraussetzung kann insbesondere gefordert werden, dass der Antragsteller die für die jeweilige Tätigkeit erforderliche Zuverlässigkeit und die erforderlichen fachlichen Kenntnisse und Fähigkeiten besitzt und nachweist sowie dass eine den Anforderungen des § 2 entsprechende Ernährung, Pflege und Unterbringung der Tiere sichergestellt ist. In der Rechtsverordnung können ferner Anforderungen an den Nachweis der erforderlichen Zuverlässigkeit und der erforderlichen fachlichen Kenntnisse und Fähigkeiten nach Satz 2 festgelegt sowie das Verfahren des Nachweises geregelt werden.

§ 13 a

(1) Das Bundesministerium wird ermächtigt, zur Verbesserung des Tierschutzes durch Rechtsverordnung mit Zustimmung des Bundesrates Anforderungen an freiwillige Prüfverfahren zu bestimmen, mit denen nachgewiesen wird, dass serienmäßig hergestellte Aufstallungssysteme und Stalleinrichtungen zum Halten landwirtschaftlicher Nutztiere und beim Schlachten verwendete Betäubungsgeräte und -anlagen über die Anforderungen dieses Gesetzes und die Mindestanforderungen der auf Grund dieses Gesetzes erlassenen Rechtsverordnungen hinausgehen. Es hat hierbei insbesondere Kriterien, Verfahren und Umfang der freiwilligen Prüfverfahren sowie Anforderungen an die Sachkunde der im Rahmen derartiger Prüfverfahren tätigen Gutachter festzulegen.
(2) Das Bundesministerium wird ermächtigt, durch Rechtsverordnung mit Zustimmung des Bundesrates, soweit es zum Schutz der Tiere erforderlich ist, die Verwendung serienmäßig hergestellter Stalleinrichtungen zum Halten landwirtschaftlicher Nutztiere sowie von beim Schlachten verwendeter Betäubungsgeräte oder -anlagen von einer Zulassung oder Bauartzulassung abhängig zu machen sowie die näheren Voraussetzungen hierfür und das Zulassungsverfahren zu regeln. Dabei können insbesondere Art, Inhalt und Umfang der vorzulegenden Unterlagen oder durchzuführenden Prüfungen näher bestimmt werden.

Elfter Abschnitt
Durchführung des Gesetzes

§ 14

(1) Das Bundesministerium der Finanzen und die von ihm bestimmten Zollstellen wirken bei der Überwachung der Einfuhr und Ausfuhr von Tieren mit. Die genannten Behörden können

1. Tiere sowie deren Beförderungsmittel, Behälter, Lade- und Verpackungsmittel bei der Einfuhr zur Überwachung anhalten,

2. den Verdacht von Verstößen gegen Verbote und Beschränkungen dieses Gesetzes oder der nach diesem Gesetz erlassenen Rechtsverordnungen, der sich bei der Abfertigung ergibt, den zuständigen Behörden mitteilen,

3. in den Fällen der Nummer 2 anordnen, dass die Tiere auf Kosten und Gefahr des Verfügungsberechtigten der zuständigen Behörde vorgeführt werden.

(2) Das Bundesministerium der Finanzen regelt im Einvernehmen mit dem Bundesministerium durch Rechtsverordnung ohne Zustimmung des Bundesrates die Einzelheiten des Verfahrens nach Absatz 1. Es kann dabei insbesondere Pflichten zu Anzeigen, Anmeldungen, Auskünften und zur Leistung von Hilfsdiensten sowie zur Duldung der Einsichtnahme in Geschäftspapiere und sonstige Unterlagen und zur Duldung von Besichtigungen vorsehen.

§ 15

(1) Die Durchführung dieses Gesetzes und der auf Grund dieses Gesetzes erlassenen Rechtsverordnungen obliegt den nach Landesrecht zuständigen Behörden. Die nach Landesrecht zuständigen Behörden berufen jeweils eine oder mehrere Kommissionen zur Unterstützung der zuständigen Behörden bei der Entscheidung über die Genehmigung von Tierversuchen. Die Mehrheit der Kommissionsmitglieder muss die für die Beurteilung von Tierversuchen erforderlichen Fachkenntnisse der Veterinärmedizin, der Medizin oder einer naturwissenschaftlichen Fachrichtung haben. In die Kommissionen sind auch Mitglieder zu berufen, die aus Vorschlagslisten der Tierschutzorganisationen ausgewählt worden sind und auf Grund ihrer Erfahrungen zur Beurteilung von Tierschutzfragen geeignet sind; die Zahl dieser Mitglieder muss ein Drittel der Kommissionsmitglieder betragen. Die zuständige Behörde unterrichtet unverzüglich die Kommission über Anträge auf Genehmigung von Versuchsvorhaben und gibt ihr Gelegenheit, in angemessener Frist Stellung zu nehmen.

(2) Die zuständigen Behörden sollen im Rahmen der Durchführung dieses Gesetzes oder der auf Grund dieses Gesetzes erlassenen Rechtsverordnungen den beamteten Tierarzt als Sachverständigen beteiligen.

(3) Im Bereich der Bundeswehr obliegt die Durchführung dieses Gesetzes und der auf Grund dieses Gesetzes erlassenen Rechtsvorschriften den zuständigen Dienststellen der Bundeswehr. Das Bundesministerium der Verteidigung beruft eine Kommission zur Unterstützung der zuständigen Dienststellen bei der Entscheidung über die Genehmigung von Versuchsvorhaben. Die Mehrheit der Kommissionsmitglieder muss die für die Beurteilung von Tierversuchen erforderlichen Fachkenntnisse der Veterinärmedizin, der Medizin oder einer naturwissenschaftlichen Fachrichtung haben. In die Kommission sollen auch Mitglieder berufen werden, die aus Vorschlagslisten der Tierschutzorganisationen ausgewählt worden sind und auf Grund ihrer Erfahrungen zur Beurteilung von Tierschutzfragen geeignet sind. Die zuständige Dienststelle unterrichtet unverzüglich die Kommission über Anträge auf Genehmigung von Versuchsvorhaben und gibt ihr Gelegenheit, in angemessener Frist Stellung zu nehmen. Die Sicherheitsbelange der Bundeswehr sind zu berücksichtigen.
Sollen Tierversuche im Auftrag der Bundeswehr durchgeführt werden, so ist die Kommission hiervon ebenfalls zu unterrichten und ihr vor Auftragserteilung Gelegenheit zur Stellungnahme zu geben; Absatz 1 bleibt unberührt. Die für die Genehmigung des Versuchsvorhabens zuständige Landesbehörde ist davon in Kenntnis zu setzen. Die zuständige Dienststelle der Bundeswehr sendet auf Anforderung die Stellungnahme zu.

§ 15 a

Die nach Landesrecht zuständigen Behörden unterrichten das Bundesministerium über Fälle grundsätzlicher Bedeutung bei der Genehmigung von Versuchsvorhaben, insbesondere über die Fälle, in denen die Genehmigung von Versuchsvorhaben mit der Begründung versagt worden ist, dass die Voraussetzungen des § 7 Abs. 3 nicht erfüllt waren, oder in denen die Kommission nach § 15 Abs. 1 oder der Tierschutzbeauftragte Bedenken hinsichtlich des Vorliegens dieser Voraussetzungen erhoben hat.

§ 16

(1) Der Aufsicht durch die zuständige Behörde unterliegen

1. Nutztierhaltungen einschließlich Pferdehaltungen,

2. Einrichtungen, in denen Tiere geschlachtet werden,

3. Einrichtungen, in denen
a) Tierversuche durchgeführt werden,
b) Eingriffe oder Behandlungen an Tieren zur Aus-, Fort- oder Weiterbildung vorgenommen werden,
c) Eingriffe oder Behandlungen an Wirbeltieren zur Herstellung, Gewinnung,

Aufbewahrung oder Vermehrung von Stoffen, Produkten oder Organismen vorgenommen werden,
d) Wirbeltiere zu den in § 6 Abs. 1 Satz 2 Nr. 4 genannten Zwecken verwendet werden oder
e) Wirbeltiere zu wissenschaftlichen Zwecken oder zur Aus-, Fort- oder Weiterbildung getötet werden,

4. Betriebe nach § 11 Abs. 1 Satz 1,

5. Einrichtungen und Betriebe,
a) die gewerbsmäßig Tiere transportieren,

b) in denen Tiere während des Transports ernährt, gepflegt oder untergebracht werden,

6. Zirkusbetriebe, die nicht gewerbsmäßig betrieben werden,

7. Tierhaltungen, die auf Grund einer nach § 13 Abs. 3 erlassenen Rechtsverordnung einer Genehmigung bedürfen.

(1 a) Wer nach § 11 Abs. 1 Nr. 2 a und 3 Buchstabe d und § 16 Abs. 1 Nr. 6 Tiere an wechselnden Orten zur Schau stellt, hat jeden Ortswechsel spätestens beim Verlassen des bisherigen Aufenthaltsortes der zuständigen Behörde des beabsichtigten Aufenthaltsortes nach Maßgabe des Satzes 2 anzuzeigen. Für den Inhalt der Anzeige gilt § 11 Abs. 1 Satz 2 entsprechend.

(2) Natürliche und juristische Personen und nicht rechtsfähige Personenvereinigungen haben der zuständigen Behörde auf Verlangen die Auskünfte zu erteilen, die zur Durchführung der der Behörde durch dieses Gesetz übertragenen Aufgaben erforderlich sind.

(3) Personen, die von der zuständigen Behörde beauftragt sind, sowie in ihrer Begleitung befindliche Sachverständige der Kommission der Europäischen Gemeinschaft und anderer Mitgliedstaaten der Europäischen Gemeinschaft (Mitgliedstaaten) dürfen im Rahmen des Absatzes 2

1. Grundstücke, Geschäftsräume, Wirtschaftsgebäude und Transportmittel des Auskunftspflichtigen während der Geschäfts- oder Betriebszeit betreten,

2. zur Verhütung dringender Gefahren für die öffentliche Sicherheit und Ordnung
a) die in Nummer 1 bezeichneten Grundstücke, Räume, Gebäude und Transportmittel außerhalb der dort genannten Zeiten,
b) Wohnräume des Auskunftspflichtigen betreten; das Grundrecht der Unverletzlichkeit der Wohnung (Artikel 13 des Grundgesetzes) wird insoweit eingeschränkt,

3. geschäftliche Unterlagen einsehen

4. Tiere untersuchen und Proben, insbesondere Blut-, Harn-, Kot- und Futterproben, entnehmen,

5. Verhaltensbeobachtungen an Tieren auch mittels Bild- oder Tonaufzeichnungen durchführen.

Der Auskunftspflichtige hat die mit der Überwachung beauftragten Personen zu unterstützen, ihnen auf Verlangen insbesondere die Grundstücke, Räume, Einrichtungen und Transportmittel zu bezeichnen, Räume, Behältnisse und Transportmittel zu öffnen, bei der Besichtigung und Untersuchung der einzelnen Tiere Hilfestellung zu leisten, die Tiere aus den Transportmitteln zu entladen und die geschäftlichen Unterlagen vorzulegen. Der Auskunftspflichtige hat auf Verlangen der zuständigen Behörde in Wohnräumen gehaltene Tiere vorzuführen, wenn der dringende Verdacht besteht, dass die Tiere nicht artgemäß oder verhaltensgerecht gehalten werden und ihnen dadurch erhebliche Schmerzen, Leiden oder Schäden zugefügt werden und eine Besichtigung der Tierhaltung in Wohnräumen nicht gestattet wird.

(4) Der zur Auskunft Verpflichtete kann die Auskunft auf solche Fragen verweigern, deren Beantwortung ihn selbst oder einen der in § 383 Abs. 1 Nr. 1 bis 3 der Zivilprozessordnung bezeichneten Angehörigen der Gefahr strafgerichtlicher Verfolgung oder eines Verfahrens nach dem Gesetz über Ordnungswidrigkeiten aussetzen würde.

(4 a) Wer

1. als Betreiber einer Schlachteinrichtung oder als Gewerbetreibender im Durchschnitt wöchentlich mindestens 50 Großvieheinheiten schlachtet oder

2. Arbeitskräfte bereitstellt, die Schlachttiere zuführen, betäuben oder entbluten, hat der zuständigen Behörde einen weisungsbefugten Verantwortlichen für die Einhaltung der Anforderungen dieses Gesetzes und der auf Grund dieses Gesetzes erlassenen Rechtsverordnungen zu benennen. Wer eine Tierhaltung, eine Einrichtung oder einen Betrieb nach Absatz 1 Nr. 1, 3, 5 oder 6 betreibt oder führt, kann durch die zuständige Behörde im Einzelfall verpflichtet werden, einen weisungsbefugten sachkundigen Verantwortlichen für die Einhaltung der Anforderungen dieses Gesetzes und der darauf beruhenden Verordnungen zu benennen. Dies gilt nicht für Betriebe, die der Erlaubnispflicht nach § 11 Abs. 1 unterliegen.

(5) Das Bundesministerium wird ermächtigt, durch Rechtsverordnung mit Zustimmung des Bundesrates, soweit es zum Schutz der Tiere erforderlich ist, die Überwachung näher zu regeln. Es kann dabei insbesondere

1. die Durchführung von Untersuchungen einschließlich der Probenahme,

2. die Maßnahmen, die zu ergreifen sind, wenn Tiertransporte diesem Gesetz oder den auf Grund dieses Gesetzes erlassenen Rechtsverordnungen nicht entsprechen,

3. Einzelheiten der Duldungs-, Unterstützungs- und Vorlagepflichten,

4. Pflichten zur Aufzeichnung und zur Aufbewahrung von Unterlagen und

5. die zentrale Erfassung von Tierschauen und Zirkusbetrieben mit Tierhaltung, sofern die Tätigkeit an wechselnden Standorten ausgeübt wird (Zirkuszentralregister), regeln.

(6) Personenbezogene Daten dürfen erhoben werden, soweit dies durch dieses Gesetz vorgesehen oder ihre Kenntnis zur Erfüllung der Aufgaben nach diesem Gesetz oder auf Grund dieses Gesetzes erlassener Rechtsverordnungen für die erhebende Stelle notwendig ist. Das Bundesministerium wird ermächtigt, mit Zustimmung des Bundesrates durch Rechtsverordnung die hiernach zu erhebenden Daten näher zu bestimmen und dabei auch Regelungen zu ihrer Erhebung bei Dritten, Speicherung, Veränderung, Nutzung und Übermittlung zu treffen. Im übrigen bleiben das Bundesdatenschutzgesetz und die Datenschutzgesetze der Länder unberührt.

(7) Bestehen bei der zuständigen Behörde erhebliche Zweifel, ob bei bestimmungsgemäßem Gebrauch serienmäßig hergestellte Aufstallungssysteme und Stalleinrichtungen zum Halten landwirtschaftlicher Nutztiere und beim Schlachten verwendete Betäubungsgeräte und -anlagen den Anforderungen dieses Gesetzes sowie der auf Grund dieses Gesetzes erlassenen Rechtsverordnungen entsprechen, kann dem Hersteller oder Anbieter aufgegeben werden, auf seine Kosten eine gutachterliche Stellungnahme einer einvernehmlich zu benennenden unabhängigen Sachverständigenstelle oder Person beizubringen, soweit er nicht auf den erfolgreichen Abschluss einer freiwilligen Prüfung nach Maßgabe einer nach § 13 a Abs. 1 erlassenen Rechtsverordnung verweisen kann. Satz 1 gilt nicht, soweit Stalleinrichtungen oder Betäubungsgeräte oder -anlagen auf Grund einer Rechtsverordnung nach § 13 a Abs. 2 zugelassen sind.

§ 16 a

Die zuständige Behörde trifft die zur Beseitigung festgestellter Verstöße und die zur Verhütung künftiger Verstöße notwendigen Anordnungen. Sie kann insbesondere

1. im Einzelfall die zur Erfüllung der Anforderungen des § 2 erforderlichen Maßnahmen anordnen,

2. ein Tier, das nach dem Gutachten des beamteten Tierarztes mangels Erfüllung der Anforderungen des § 2 erheblich vernachlässigt ist oder schwerwiegende Verhaltensstörungen aufzeigt, dem Halter fortnehmen und so lange auf dessen Kosten anderweitig pfleglich unterbringen, bis eine den Anforderungen des § 2 entsprechende Haltung des Tieres durch den Halter sichergestellt ist; ist eine anderweitige Unterbringung des Tieres nicht möglich oder ist nach Fristsetzung

durch die zuständige Behörde eine den Anforderungen des § 2 entsprechende Haltung durch den Halter nicht sicherzustellen, kann die Behörde das Tier veräußern; die Behörde kann das Tier auf Kosten des Halters unter Vermeidung von Schmerzen töten lassen, wenn die Veräußerung des Tieres aus rechtlichen oder tatsächlichen Gründen nicht möglich ist oder das Tier nach dem Urteil des beamteten Tierarztes nur unter nicht behebbaren erheblichen Schmerzen, Leiden oder Schäden weiterleben kann,

3. demjenigen, der den Vorschriften des § 2, einer Anordnung nach Nummer 1 oder einer Rechtsverordnung nach § 2 a wiederholt oder grob zuwidergehandelt und dadurch den von ihm gehaltenen oder betreuten Tieren erhebliche oder länger anhaltende Schmerzen oder Leiden oder erhebliche Schäden zugefügt hat, das Halten oder Betreuen von Tieren einer bestimmten oder jeder Art untersagen oder es von der Erlangung eines entsprechenden Sachkundenachweises abhängig machen, wenn Tatsachen die Annahme rechtfertigen, dass er weiterhin derartige Zuwiderhandlungen begehen wird; auf Antrag ist ihm das Halten oder Betreuen von Tieren wieder zu gestatten, wenn der Grund für die Annahme weiterer Zuwiderhandlungen entfallen ist,

4. die Einstellung von Tierversuchen anordnen, die ohne die erforderliche Genehmigung oder entgegen einem tierschutzrechtlichen Verbot durchgeführt werden.

§ 16 b

(1) Das Bundesministerium beruft eine Tierschutzkommission zu seiner Unterstützung in Fragen des Tierschutzes. Vor dem Erlass von Rechtsverordnungen und allgemeinen Verwaltungsvorschriften nach diesem Gesetz hat das Bundesministerium die Tierschutzkommission anzuhören.

(2) Das Bundesministerium wird ermächtigt, durch Rechtsverordnung ohne Zustimmung des Bundesrates das Nähere über Zusammensetzung, Berufung der Mitglieder, Aufgaben und Geschäftsführung der Tierschutzkommission zu regeln.

§ 16 c

Das Bundesministerium wird ermächtigt, durch Rechtsverordnung mit Zustimmung des Bundesrates Personen und Einrichtungen, die Tierversuche an Wirbeltieren durchführen oder die Wirbeltiere nach § 4 Abs. 3, § 6 Abs. 1 Satz 2 Nr. 4, § 10 oder § 10 a verwenden, zu verpflichten, in bestimmten, regelmäßigen Zeitabständen der zuständigen Behörde Angaben über Art, Herkunft und Zahl der verwendeten Tiere und über den Zweck und die Art der Versuche oder sonstigen Verwendungen zu melden und das Melde- und Übermittlungsverfahren zu regeln.

§ 16 d

Das Bundesministerium erlässt mit Zustimmung des Bundesrates die allgemeinen Verwaltungsvorschriften, die zur Durchführung dieses Gesetzes und der auf Grund dieses Gesetzes erlassenen Rechtsverordnungen erforderlich sind.

§ 16 e

Die Bundesregierung erstattet dem Deutschen Bundestag alle zwei Jahre einen Bericht über den Stand der Entwicklung des Tierschutzes.

§ 16 f

(1) Die zuständigen Behörden

1. erteilen der zuständigen Behörde eines anderen Mitgliedstaates auf begründetes Ersuchen Auskünfte und übermitteln die erforderlichen Schriftstücke, um ihr die Überwachung der Einhaltung tierschutzrechtlicher Vorschriften zu ermöglichen,

2. überprüfen die von der ersuchenden Behörde mitgeteilten Sachverhalte und teilen ihr das Ergebnis der Prüfung mit.

(2) Die zuständigen Behörden erteilen der zuständigen Behörde eines anderen Mitgliedstaates unter Beifügung der erforderlichen Schriftstücke Auskünfte, die für die Überwachung in diesem Mitgliedstaat erforderlich sind, insbesondere bei Verstößen oder Verdacht auf Verstöße gegen tierschutzrechtliche Vorschriften.

(3) Die zuständigen Behörden können, soweit dies zum Schutz der Tiere erforderlich oder durch Rechtsakte der Europäischen Gemeinschaft vorgeschrieben ist, Daten, die sie im Rahmen der Überwachung gewonnen haben, den zuständigen Behörden anderer Länder und anderer Mitgliedstaaten, dem Bundesministerium und der Kommission der Europäischen Gemeinschaft mitteilen.

§ 16 g

Der Verkehr mit den zuständigen Behörden anderer Mitgliedstaaten und der Kommission der Europäischen Gemeinschaft obliegt dem Bundesminister. Er kann diese Befugnis durch Rechtsverordnung mit Zustimmung des Bundesrates auf die zuständigen obersten Landesbehörden übertragen. Ferner kann er im Einzelfall im Benehmen mit der zuständigen obersten Landesbehörde dieser die Befugnis übertragen. Die obersten Landesbehörden können die Befugnis nach den Sätzen 2 und 3 auf andere Behörden übertragen.

§ 16 h

Die §§ 16 f und 16 g gelten entsprechend für Staaten, die – ohne Mitgliedstaaten zu sein – Vertragsstaaten des Abkommens über den Europäischen Wirtschaftsraum sind.

§ 16 i

(1) Ist eine von der zuständigen Behörde getroffene Maßnahme, die sich auf die Durchführung von Tiertransporten aus anderen Mitgliedstaaten bezieht, zwischen ihr und dem Verfügungsberechtigten streitig, so können beide Parteien einvernehmlich den Streit durch den Schiedsspruch eines Sachverständigen schlichten lassen. Die Streitigkeit ist binnen eines Monats nach Bekanntgabe der Maßnahme einem Sachverständigen zu unterbreiten, der in einem von der Kommission der Europäischen Gemeinschaft aufgestellten Verzeichnis aufgeführt ist. Der Sachverständige hat das Gutachten binnen 72 Stunden zu erstatten.

(2) Auf den Schiedsvertrag und das schiedsgerichtliche Verfahren finden die Vorschriften der §§ 1025 bis 1065 der Zivilprozessordnung entsprechende Anwendung. Gericht im Sinne des § 1062 der Zivilprozessordnung ist das zuständige Verwaltungsgericht, Gericht im Sinne des § 1065 der Zivilprozessordnung das zuständige Oberverwaltungsgericht. Abweichend von § 1059 Abs. 3 Satz 1 der Zivilprozessordnung muss der Aufhebungsantrag innerhalb eines Monats bei Gericht eingereicht werden.

Zwölfter Abschnitt
Straf- und Bußgeldvorschriften

§ 17

Mit Freiheitsstrafe bis zu drei Jahren oder mit Geldstrafe wird bestraft, wer

1. ein Wirbeltier ohne vernünftigen Grund tötet oder

2. einem Wirbeltier
a) aus Roheit erhebliche Schmerzen oder Leiden oder
b) länger anhaltende oder sich wiederholende erhebliche Schmerzen oder Leiden zufügt.

§ 18

(1) Ordnungswidrig handelt, wer vorsätzlich oder fahrlässig

1. einem Wirbeltier, das er hält, betreut oder zu betreuen hat, ohne vernünftigen Grund erhebliche Schmerzen, Leiden oder Schäden zufügt,

2. einer vollziehbaren Anordnung nach § 8 a Abs. 5, § 11 Abs. 3 Satz 2 oder § 16 a Satz 2 Nr. 1, 3 oder 4 zuwiderhandelt,

3. einer
a) nach § 2 a oder
b) nach den §§ 4 b, 5 Abs. 4, § 6 Abs. 4, § 11 a Abs. 3 Satz 1, § 11 b Abs. 5 Nr. 2, § 12 Abs. 2, § 13 Abs. 2 oder 3, §§ 13 a, 14 Abs. 2, § 16 Abs. 5 Satz 1 oder § 16 c erlassenen Rechtsverordnung zuwiderhandelt, soweit sie für einen bestimmten Tatbestand auf diese Bußgeldvorschrift verweist,

4. einem Verbot nach § 3 zuwiderhandelt,

5. entgegen § 4 Abs. 1 ein Wirbeltier tötet,

6. entgegen § 4 a Abs. 1 ein warmblütiges Tier schlachtet,

7. entgegen § 5 Abs. 1 Satz 1 einen Eingriff ohne Betäubung vornimmt oder, ohne Tierarzt zu sein, entgegen § 5 Abs. 1 Satz 2 eine Betäubung vornimmt,

8. einem Verbot nach § 6 Abs. 1 Satz 1 zuwiderhandelt oder entgegen § 6 Abs. 1 Satz 3 einen Eingriff vornimmt,

9. entgegen § 6 Abs. 1 Satz 4 in Verbindung mit § 9 Abs. 3 Satz 1 nicht für die Einhaltung der Vorschriften des § 9 Abs. 1 Satz 1 oder 3 oder Abs. 2 Nr. 4 oder 8 sorgt,

9 a. entgegen § 6 Abs. 1 Satz 5, 6, 7 oder 8 einen Eingriff nicht, nicht richtig, nicht vollständig oder nicht rechtzeitig anzeigt,

10. entgegen § 6 Abs. 2 elastische Ringe verwendet,

11. entgegen § 7 Abs. 4 oder 5 Satz 1 Tierversuche durchführt,

12. Versuche an Wirbeltieren ohne die nach § 8 Abs. 1 erforderliche Genehmigung durchführt,

13. entgegen § 8 Abs. 4 Satz 2 eine Änderung nicht oder nicht rechtzeitig anzeigt,

14. entgegen § 8 a Abs. 1, 2 oder 4 ein Vorhaben oder eine Änderung nicht, nicht richtig, nicht vollständig oder nicht rechtzeitig anzeigt,

15. entgegen § 8 a Abs. 3 Satz 2 die Zahl der Versuchsvorhaben oder die Art oder die Zahl der verwendeten Tiere nicht, nicht richtig oder nicht rechtzeitig angibt,

16. entgegen § 8 b Abs. 1 Satz 1, auch in Verbindung mit § 4 Abs. 3, keinen Tierschutzbeauftragten bestellt,

17. entgegen § 9 Abs. 3 Satz 1 nicht für die Einhaltung der Vorschriften des § 9 Abs. 1 oder 2 oder entgegen § 9 Abs. 3 Satz 2 nicht für die Erfüllung einer vollziehbaren Auflage sorgt,

18. entgegen § 9 a Aufzeichnungen nicht, nicht richtig oder nicht vollständig macht, nicht unterzeichnet, nicht aufbewahrt oder nicht vorlegt,

19. entgegen § 10 Abs. 3 nicht für die Einhaltung der Vorschriften des § 10 Abs. 1 oder 2 sorgt,

20. eine Tätigkeit ohne die nach § 11 Abs. 1 Satz 1 erforderliche Erlaubnis ausübt oder einer mit einer solchen Erlaubnis verbundenen vollziehbaren Auflage zuwiderhandelt,

20 a. entgegen § 11 Abs. 5 nicht sicherstellt, dass eine im Verkauf tätige Person den Nachweis ihrer Sachkunde erbracht hat,

21. entgegen § 11 a Abs. 1 Satz 1 Aufzeichnungen nicht, nicht richtig oder nicht vollständig macht oder nicht aufbewahrt oder entgegen § 11 a Abs. 2 Tiere nicht, nicht in der vorgeschriebenen Weise oder nicht rechtzeitig kennzeichnet,

21 a. ein Wirbeltier ohne Genehmigung nach § 11 a Abs. 4 Satz 1 einführt,

22. Wirbeltiere entgegen § 11 b Abs. 1 oder 2 züchtet oder durch bio- oder gentechnische Maßnahmen verändert,

23. entgegen § 11 c ein Wirbeltier an Kinder oder Jugendliche bis zum vollendeten 16. Lebensjahr abgibt,

24. (aufgehoben)

25. entgegen § 13 Abs. 1 Satz 1 eine Vorrichtung oder einen Stoff anwendet,

25 a. entgegen § 16 Abs. 1 a Satz 1 eine Anzeige nicht, nicht richtig, nicht vollständig oder nicht rechtzeitig erstattet,

26. entgegen § 16 Abs. 2 eine Auskunft nicht, nicht richtig oder nicht vollständig erteilt oder einer Duldungs- oder Mitwirkungspflicht nach § 16 Abs. 3 Satz 2, auch in Verbindung mit einer Rechtsverordnung nach § 16 Abs. 5 Satz 2 Nr. 3, zuwiderhandelt oder

27. (aufgehoben)

(2) Ordnungswidrig handelt auch, wer, abgesehen von den Fällen des Absatzes 1 Nr. 1, einem Tier ohne vernünftigen Grund erhebliche Schmerzen, Leiden oder Schäden zufügt.

(3) Die Ordnungswidrigkeit kann in den Fällen des Absatzes 1 Nr. 1, 2, 3 Buchstabe a, Nr. 4 bis 9, 11, 12, 17, 20, 22, 25 und 27 und des Absatzes 2 mit einer Geldbuße bis zu fünfzigtausend Deutsche Mark, in den übrigen Fällen des Absatzes 1 mit einer Geldbuße bis zu zehntausend Deutsche Mark geahndet werden.

§ 19

Tiere, auf die sich eine Straftat nach § 17 oder eine Ordnungswidrigkeit nach § 18 Abs. 1 Nr. 1, 2, 3, soweit die Ordnungswidrigkeit eine Rechtsverordnung nach §§ 2 a, 5 Abs. 4, § 11 b Abs. 5 Nr. 2 oder § 12 Abs. 2 Nr. 4 oder 5 betrifft, Nr. 4, 8, 9, 12, 17, 19, 21 a, 22, 23, 24 oder 27 bezieht, können eingezogen werden.

§ 20

(1) Wird jemand wegen einer nach § 17 rechtswidrigen Tat verurteilt oder nur deshalb nicht verurteilt, weil seine Schuldunfähigkeit erwiesen oder nicht auszuschließen ist, so kann ihm das Gericht das Halten von sowie den Handel oder den sonstigen berufsmäßigen Umgang mit Tieren jeder oder einer bestimmten Art für die Dauer von einem Jahr bis zu fünf Jahren oder für immer verbieten, wenn die Gefahr besteht, dass er weiterhin eine nach § 17 rechtswidrige Tat begehen wird.

(2) Das Verbot wird mit Rechtskraft des Urteils wirksam. In die Verbotsfrist wird die Zeit, in welcher der Täter in einer Anstalt verwahrt wird, nicht eingerechnet. Ergibt sich nach der Anordnung des Verbots Grund zu der Annahme, dass die Gefahr, der Täter werde nach § 17 rechtswidrige Taten begehen, nicht mehr besteht, so kann das Gericht das Verbot aufheben, wenn es mindestens sechs Monate gedauert hat.

(3) Wer einem Verbot nach Absatz 1 zuwiderhandelt, wird mit Freiheitsstrafe bis zu einem Jahr oder mit Geldstrafe bestraft.

§ 20 a

(1) Sind dringende Gründe für die Annahme vorhanden, dass ein Verbot nach § 20 angeordnet werden wird, so kann der Richter dem Beschuldigten durch Beschluss das Halten von sowie den Handel oder den sonstigen berufsmäßigen Umgang mit Tieren jeder oder einer bestimmten Art vorläufig verbieten.

(2) Das vorläufige Verbot nach Absatz 1 ist aufzuheben, wenn sein Grund weggefallen ist oder wenn das Gericht im Urteil ein Verbot nach § 20 nicht anordnet.

(3) Wer einem Verbot nach Absatz 1 zuwiderhandelt, wird mit Freiheitsstrafe bis zu einem Jahr oder mit Geldstrafe bestraft.

Dreizehnter Abschnitt
Übergangs- und Schlußvorschriften

§ 21

Die Erlaubnis nach § 11 Abs. 1 Satz 1 gilt demjenigen, der am 31. Mai 1998

1. Wirbeltiere

a) nach § 9 Abs. 2 Nr. 7 zu den in § 6 Abs. 1 Satz 2 Nr. 4, § 10 Abs. 1 oder § 10 a genannten Zwecken oder

b) nach § 4 Abs. 3 zu dem dort genannten Zweck züchtet oder hält,

2. Tiere in einem Zoologischen Garten oder einer anderen Einrichtung, in der Tiere gehalten und zur Schau gestellt werden, hält,

3. für Dritte Hunde zu Schutzzwecken ausbildet oder hierfür Einrichtungen unterhält,

4. mit Wirbeltieren handelt, soweit sie landwirtschaftliche Nutztiere sind,

5. Tiere zum Zweck ihres Zurschaustellens zur Verfügung stellt oder

6. Wirbeltiere als Schädlinge bekämpft,

vorläufig als erteilt.
Die vorläufige Erlaubnis erlischt,

1. wenn nicht bis zum 1. Mai 1999 die Erteilung einer endgültigen Erlaubnis beantragt wird,

2. im Falle rechtzeitiger Antragstellung mit Eintritt der Unanfechtbarkeit der Entscheidung über den Antrag.

§ 21 a

Rechtsverordnungen nach diesem Gesetz können auch zur Durchführung von Rechtsakten der Europäischen Gemeinschaft auf dem Gebiet des Tierschutzes erlassen werden.

§ 21 b

Das Bundesministerium kann Rechtsverordnungen nach diesem Gesetz bei Gefahr im Verzuge oder, wenn ihr unverzügliches Inkrafttreten zur Durchführung von Rechtsakten der europäischen Gemeinschaft erforderlich ist, ohne die Zustimmung des Bundesrates erlassen. Sie treten spätestens sechs Monate nach ihrem Inkrafttreten außer Kraft. Ihre Geltungsdauer kann nur mit Zustimmung des Bundesrates verlängert werden.

§ 22

Die Neufassung des Tierschutzgesetzes ist mit Wirkung vom 1. Juni 1998 in Kraft getreten.

Nachweise

»Tiere sehen dich an« / oder / Das Potential Mengele: Geschrieben zwischen Dezember 1986 und März 1987; erstmals erschienen als Nummer 79-81 der Zeitschrift »Die Republik«, herausgegeben von Petra und Uwe Nettelbeck, am 4. April 1987; Nachdrucke: Zürich 1990; Heidelberg 1996. Der Titel reflektiert den einer Montage von John Heartfield in Tucholskys »Deutschland, Deutschland über alles« (Berlin 1929), die wiederum den eines vielgelesenen Tierbuchs von Paul Eipper (Berlin 1928) für ihre Porträt-Collage von Weltkriegmilitärs in der Weimarer Republik umdeutete. – Das Leonardo-Zitat: Leonardo da Vinci, Della crudeltà del' omo, im Codex Atlanticus (1483-1518); Text nach: The Literary Works of Leonardo da Vinci, compiled & edited from the original manuscripts by Jean Paul Richter, [2]Oxford University Press 1939, Band II, S. 302; Übersetzung vom Verfasser. – Das Merck-Zitat: Johann Heinrich Merck, Ueber den engherzigen Geist der Deutschen im letzten Jahrzehend; in: Teutscher Merkur, herausgegeben von Christoph Martin Wieland, 1779. Wieland über den Aufsatz: »Es sind, wie Salomo sagt, güldene Äpfel auf einer silbernen Schale, und ich finde weiter nichts daran auszusetzen, als daß er zu bald abbricht.« – Das Schopenhauer-Zitat: Arthur Schopenhauer, Die Welt als Wille und Vorstellung, Band II, Viertes Buch, Kapitel 46 »Von der Nichtigkeit und dem Leiden des Lebens«, erstmals erschienen 1844. – Das Hahnemann-Zitat: Samuel Hahnemann, Die chronischen Krankheiten, Band I, S. 18 und 20, Dresden und Leipzig 1835 (Ausgabe letzter Hand; Reprint Heidelberg 1979).

Aus den Jahrbüchern der Hölle: Geschrieben im März 1994; erstmals erschienen in: Helmut F. Kaplan (Hg.), Warum ich Vegetarier bin – Prominente erzählen, Reinbek 1995. – Das Schopenhauer-Zitat: Arthur Schopenhauer, Parerga und Paralipomena, Kapitel XV, § 177 »Über das Christenthum«, erstmals erschienen 1851.

Denn es gehet dem Menschen wie dem Vieh...: Geschrieben im Januar/Februar 2001, erstmals – vom Autor gekürzt – erschienen in: Frankfurter Allgemeine Zeitung, Nr. 78 vom 2. April 2001, S. 52 f. Der Titel des ursprünglich »Schlag Dreizehn« genannten Texts wurde, nicht ohne Blick auf den ersten der »Vier ernsten Gesänge« op. 121 von Johannes Brahms (1896), vom Herausgeber Frank Schirrmacher gefunden und wird hier mit Dank übernommen. – Das Salomo-Zitat: Der Prediger Salomo (Koheleth), 3. Kapitel, Vers 19 im ursprünglichen Wortlaut der Übersetzung Martin Luthers.

Tiere – Rechte – Ethik: Geschrieben im Januar 1997 als Eröffnungsvortrag für ein Tierrechts-Symposion gleichen Titels in Braunschweig, gehalten dort in der St. Andreas-Kirche am 6. Februar 1997. – Das Nietzsche-Zitat: Friedrich Nietzsche, Die fröhliche Wissenschaft, Drittes Buch, Aph. 224 »Kritik der Thiere«, erstmals erschienen 1882.

Anhang: Das deutsche Tierschutzgesetz: Bundesgesetzblatt, Jahrgang 1986, Teil I, S. 1320 ff., ausgegeben zu Bonn am 22. August 19 86; die Neufassung: ebda. Jahrgang 1998, Teil I, S. 1105, 1818, ausgegeben am 25. Mai 1998, und Jahrgang 2001, Teil I, S. 530, ausgegeben zu Berlin am 12. April 2001.

Die Texte, aus unterschiedlichen Anlässen entstanden, überschneiden sich in einigen wenigen Passagen. Es schien dem Autor bei der Vorbereitung des vorliegenden Sammelbandes aber nicht sinnvoll, die mit Sorgfalt gesuchten und gesetzten Formulierungen der bloßen Abwechslung halber durch synonyme andere zu ersetzen, und er vertraut darauf, daß der Leser ihre Wiederkehr nicht als ästhetischen Mangel, sondern eher als zusätzliche Gewichtung ihres Inhalts versteht.

Bibliografische Information Der Deutschen Nationalbibliothek

Die Deutsche Nationalbibliothek verzeichnet diese Publikation in der Deutschen Nationalbibliografie; detaillierte bibliografische Daten sind im Internet über http://dnb.d-nb.de abrufbar.

Zweite Auflage 2010

www.wallstein-verlag.de
Vom Verlag gesetzt aus der Stempel Garamond
Druck und Verarbeitung: Hubert & Co, Göttingen

ISBN 978-3-89244-516-6